从现代化
到中国式现代化

FROM MODERNIZATION TO
CHINESE PATH TO
MODERNIZATION

建红英　刘松涛　薛小平
著

社会科学文献出版社
SOCIAL SCIENCES ACADEMIC PRESS (CHINA)

序　言

　　"中国式现代化"是习近平总书记明确提出的一个富有原创性、体现独特性、凸显时代性的重大命题。从 2021 年 7 月 1 日在庆祝中国共产党成立100 周年大会上的讲话，到 2022 年 7 月 26 日在省部级主要领导干部"学习习近平总书记重要讲话精神，迎接党的二十大"专题研讨班上的讲话，习近平总书记对"中国式现代化"重大论断的阐释不断深化，在党的二十大报告中，第一次系统阐述了"中国式现代化理论"。这既是科学社会主义基本原则扎根中国大地的发展逻辑的深刻反映，也是新中国成立以来特别是改革开放以来社会主义现代化建设实践的理论升华。如何深入挖掘和研究这一重大理论成果背后的学理意蕴，是当下和未来一段时期学界关注度极高的热点话题和前沿课题。

　　"中国式现代化"从何而来？其本质内涵是什么？这是研究中国式现代化绕不开、必须要回答的问题。为此，西南民族大学马克思主义学院研究团队从思想探源的角度对之进行了思考、阐释和解读，著成《从现代化到中国式现代化》一书。总体而言，该书呈现出三个较为显著的特点。

　　第一，在章节架构的布局安排中把握研究思路，逻辑链较为顺畅严密。该书在"绪论"部分强调需要进一步厘清研究中国式现代化的相关基本概念，因此，作者对"中国现代化"和"中国式现代化"两个概念进行了简要区分，以此为基，展开了"中国现代化"的历史进程，结合新文化运动和五四运动探讨了"中国式现代化"的出场语境，进而从科学理论和先进政党的双重维度分析了"中国式现代化"的本质内涵，最终得出"中国式现代化归根结底是要开辟出一条适合中国国情的现代化道路"的基本结论，体现出从基本概念区分到本质特性把握、从理论立意阐释到实践内容叙述的研究思路，可见，"思想探源"的研究逻辑合理可行。

　　第二，在一体多元的叙事评价中指向研究目标，问题域较为明确清晰。研究目标的实现在于问题导向的明确。该书另一个特点就是问题意识强烈，其表现就在于问题线索厘定较为明晰。全书所聚焦和回答的一个总问题归纳起来就是：近代以来，中国的现代化探索如何向中国式现代化转变的？其答案的关键就在于马克思主义和中国共产党，但这一答案背后蕴藏的两个子问题则是：中国是如何选择了马克思主义？中国式现代化的本质在何处？全书由此也就围绕这一系列问题而进行论证、展开内容。此外，提出一个问题往往比解决一个问题更为重要，作者还在"结语"部分中对未来研究中国式现代化提出了一系列问题及其若干思考，这说明问题意识是一直贯穿于全书始末，能够促使读者进一步深入思考。

第三，在纵横交错的时空场域中紧扣研究主题，历史感较为突出鲜明。该书所涉及的时间尺度和空间范围还是比较广泛的，既有纵向的现代化历史演进，又有横向的现代化内容比较，既注重宏观视域把握，又注重微观事实研究，始终坚持实事求是与选精择要相统一，以客观的历史态度、科学的历史思维勾勒和展现了从近代中国探索现代化到中国式现代化出场的整体面貌和主题主线，叙史过程中有论的张力，推论过程中有史的支撑，坚持了史论结合的基本原则，书中的历史感也由此浮现出来，这样的研究也就具有较强说服力、富含启发性。

这三个特点的彰显，充分说明该书可读性较强，不仅有利于读者准确、系统地把握从近代中国探索现代化向中国式现代化历史性转变的逻辑理路，同时也有助于读者把握中国式现代化的本质内涵与基本特征，进而深入了解和把握中国式现代化的丰富思想图景与宏阔实践成就。

美则美矣，未尽善焉。鉴于具体实践环境、研究问题视角等制约因素，书中肯定还存在着需要进一步探讨的问题。但是作为一部在新的历史条件下探讨中国式现代化重大理论与实践问题的著作，无论是对于学术问题研究还是具体政策制定，都有一定的理论启发意义和实践借鉴意义。故此，写下前述文字，不仅仅是向广大读者朋友推荐这部作品供大家参考、批判，也希望通过本书的出版能够激发出更多学术同仁持续深入研讨"中国式现代化"的重大理论与实践，为在全面建设社会主义现代化国家新征程中做出更好的成绩而贡献出自己的力量，这也算是达到该书研究团队共同的"初心"了。

是为序。

2023 年 6 月

目　录

绪 论

现代化是人类社会发展演进和文明进步的历史潮流及必然趋势，实现现代化也是世界各个国家矢志不渝共同追求的重要目标，然而由于各国具体的社会历史条件和现实环境情况迥异，走上现代化道路的起点、过程和结果也千差万别，世界现代化的历史和现实呈现出"百花齐放春满园"的多样化图景，本来这是再正常不过的事情了。不正常的是，代表少数人利益的、以霸权崛起为手段的西方资本主义国家率先进入现代化历史大门之中，为人类社会文明的持续性发展作出了应有的贡献，但在世界历史发展进程中也衍生出自身无法克服的经济困境、政治危难、社会动荡和生态危机，其编织"现代化的一元论"的理论，创制"现代化道路仅此一条"的结论，臆想将西方现代化模式复制于全世界其他国家，有些国家受这一神话和假象的迷惑而步入歧途、无路可走，国家四分五裂，民族一蹶不振，现代化尝试纷纷失败。在世界的东方，中国共产党领导中国人民走出了一条代表大多数人利益的、以社会主义为价值取向的、以和平发展为路径的、自主发展的现代化新道路，这就是中国式现代化新道路。中国式现代化新道路的开辟和发展，不仅是对西方现代化模式神话的祛魅，证伪了"现代化道路仅此一条"的谬论，也是对世界现代化多样性的有力证实和丰富完善，还为其他国家尤其是发展中国家探寻符合自身国情的现代化道路提供了现实参照和经验借鉴。

一 问题缘起

不论是某种思想理论，抑或实践样态，其生命力的象征和创造力的彰显就在于能够直面、回答和解决重大现实问题，而问题的源头在于时代境遇和社会现实。中国式现代化新道路既非"飞来峰"也非"空想物"，既有着清晰的历史发展脉络和生成逻辑，也有显著的现实发展境遇和实践旨趣，还有明确的未来发展指向和目标引领，其生命力和创造力的体现就是在特定的时空场域与实践境遇中不断发现问题和解决问题。

1. 中国式现代化新道路的生成和发展需要审视和考察思想史源头

中国式现代化新道路绝对不是从纯粹思辨活动中产生出来的，也不是从其他地方照搬照抄过来的，而是在中国特定时空场域的实践活动和历史发展中创造出来的，正如习近平总书记指出的，"我们坚持和发展中国特色社会主义，推动物质文明、政治文明、精神文明、社会文明、生态文明协调发展，创造了中国式现代化新道路，创造了人类文明新形态"。① 中国式现代化新道路在百年的历史发展长河中始终紧扣和回应不同的时代主题而展现出富有历史阶段性特征的发展面貌，这就要求我们在思想史的审视和考察中把握中国式现代化新道路生成和发展的历史脉络主线，其中，最为关键的就是要厘清其思想史源头。因为，道路的生成、发展从本源上说来自实践，但实践活动的展开又离不开思想的导引，换言之，中国式现代化新道路有其思想史源头及发展脉络，只有从思想层面进行追本溯源，才能在整个中国近现代史的发展进程中真正理解和精准把握"中国式现代化新道路"的独特性。

2. 中国式现代化新道路的时代境遇需要科学理论论证和学理遵循

"中国式现代化新道路"的提出，不仅是党的百年历史奋斗重大成就的体现，也是中国对于人类现代化道路突出贡献的体现。习近平总书记于2021年7月在中国共产党与世界政党领导人峰会上的主旨讲话中进一步强调，"中国共产党将团结带领中国人民深入推进中国式现代化，为人类对现代化道路的探索作出新贡献"。② 同年，《中共中央关于党的百年奋斗重大成就和历史经验的决议》也明确指出，"党领导人民成功走出中国式现代化道路，创造了人类文明新形态，拓展了发展中国家走向现代化的途径，给世界上那些既希望加快发展又希望保持自身独立性的国家和民族提供了全新选择"。③ 这一系列重大政治论断的提出，说明中国式现代化新道路是一个重大的现实问题、重大的理论问题和重大的历史经验总结问题，而这一问

---

① 习近平：《在庆祝中国共产党成立100周年大会上的讲话》，人民出版社，2021，第13~14页。
② 习近平：《加强政党合作 共谋人民幸福——在中国共产党与世界政党领导人峰会上的主旨讲话》，人民出版社，2021，第7页。
③ 《中共中央关于党的百年奋斗重大成就和历史经验的决议》，人民出版社，2021，第64页。

题的背后必然有其相应的学术逻辑和学理遵循，因此对这一重大问题的合理解决需要正确的理论指导，用学术阐释政治、用理论照亮现实，厘清中国式现代化新道路的时代境遇、不断推进中国式现代化新道路向新的发展方向前行十分必要。

二　研究述评

"中国式现代化新道路"是习近平总书记在庆祝中国共产党成立 100 周年大会上的讲话中提出的一个全新概念，但学界关于"中国式现代化新道路"问题的研究并不是一个新话题，对这一问题展开集中性研究的，最早可追溯至 20 世纪 30 年代。1933 年 7 月 15 日，上海《申报月刊》第二卷第七号专门推出"中国现代化问题特辑"并发表杨幸之的《论中国现代化》、戴蔼庐的《关于中国现代化的几个问题》、董之学的《中国现代化的基本问题》等系列研究论文，一时之间催生了研究中国现代化问题的热潮。

新中国的成立，为中国的现代化奠定了根本的政治制度和稳定的社会环境，并开启了向社会主义过渡的新航程。1954 年，周恩来总理在第一届全国人民代表大会第一次会议上所做的《政府工作报告》中提出了建设"强大的现代化的工业、现代化的农业、现代化的交通运输业和现代化的国防"[1] 的四个现代化目标，这一历史目标在 1964 年和 1975 年相继得到重申和细化[2]，中国共产党领导全国各族人民从实践上整体投入到社会主义现代化建设的大潮之中，进行了艰辛探索，中国的现代化在曲折中艰难前进。直至 1978 年改革开放以后，中国的现代化实践进程和道路发展才获得了强大动力，并加速了国内学界对中国现代化的理论与实践研究，其中以罗荣渠教授主编的"世界现代化进程研究丛书"和章开沅教授主编的"中外近代化比较研究丛书"为标志，它们的共同点在于：集理论探索、历史考察

---

[1]　《周恩来选集》（下卷），人民出版社，1984，第 132 页。

[2]　1964 年 12 月 21 日，周恩来在第三届全国人民代表大会第一次会议上所做的《政府工作报告》中指出："要在不太长的历史时期内，把我国建设成为一个具有现代农业、现代工业、现代国防和现代科学技术的社会主义强国。"1975 年 1 月 13 日，周恩来在第四届全国人民代表大会第一次会议上所做的《政府工作报告》中进一步指出："我国国民经济的发展，可以按两步来设想：第一步，用十五年时间，即在一九八〇年以前，建成一个独立的比较完整的工业体系和国民经济体系；第二步，在本世纪内，全面实现农业、工业、国防和科学技术的现代化。"《周恩来选集》（下卷），人民出版社，1984，第 439、479 页。

与现实研究于一体，既"从中国看世界"，也"从世界看中国"，从宏观史学的角度，运用跨学科和比较研究的方法，对世界现代化的总体进程特别是东亚和中国的现代化历程进行了深入探讨，现代化研究的中国学派初步成型，由此打开了中国的现代化研究新局面。进入 21 世纪，我国现代化研究涌现出大量的优秀成果，特别是以何传启教授及其团队——中国现代化研究中心——为代表，他们从自然科学角度开展以知识经济为基础的新现代化研究，所编著的"第二次现代化丛书"和"中国现代化报告"系列等在国内外学界都产生了重要影响。[①] 此外，国外学界也关注着中国的现代化问题，但由于国内外研究整体环境的差异、研究价值取向的不同、研究根本旨趣的区别，国内外呈现出各有风格的研究进路，得出了各有差异的研究结论，造就了各有特色的研究图景。

（一）国内学术史梳理

总体来看，国内学界从不同视角、不同层面、不同学科对这一问题进行了探讨，取得了一大批关于中国式现代化新道路的研究成果。本书主要以中国知网（CNKI）为文献检索工具，鉴于学界有不少观点将"中国式现代化"等同于"中国式现代化新道路"，因此在这一资源平台上以"中国式现代化"为主题词进行模糊检索，收集整合国内研究文献数据并进行计量可视化分析，检索截止时间为 2022 年 5 月 26 日，其主要内容信息分析情况如下。

1. 文献总体概貌

对国内学界关于中国式现代化新道路问题的研究文献总体概貌主要从研究总体态势、学科分类分布、研究主题分布、研究层次分布四个方面进行梳理和把握。

---

① 需要指出的是，在本书中，"中国现代化"和"中国式现代化"是两个各有本质规定性的概念，前者是指鸦片战争之后国人志士艰辛探索和追求从器物层面到制度层面的现代化，后者是指以马克思主义为指导的中国共产党领导中国人民持续探索形成的现代化，二者的本质区别在于是否有科学理论（马克思主义）的指导和先进政党（中国共产党）的领导这两个核心要素。中国现代化的探索尽管是不成功的、悲壮的，但却是有价值的、必要的，它为中国式现代化的出场开辟了道路，二者具有一脉相承、连贯互通的历史逻辑，问题的关键就在于研究和阐释从中国现代化到中国式现代化的跃升，这恰恰也是本书力图达到的研究旨趣。

其一，研究总体态势。通过观察研究的总体态势可以初步了解学界研究的概貌和大致走向。由图 0-1 可知，国内学界对"中国式现代化"的研究兴起于 1980 年，在此之后基本呈增长态势，1980～1993 年年均发文量在 100 篇左右，1994～1998 年年均发文量在 300 篇左右，1999～2000 年年均发文量在 400 篇左右，2021 年发文量已超过 800 篇。可见，对于中国式现代化新道路问题的研究在当下是一个学术热点，其研究视域和研究内容正在不断拓展深化。

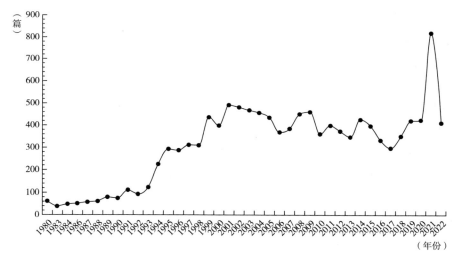

图 0-1　国内关于"中国式现代化"研究发文量的总体态势（1980 年至 2022 年 5 月 26 日）

其二，学科分类分布。学科分类分布可以反映出研究的成熟度和新的学术增长点。由检索结果可知，"中国式现代化"研究的学科分布局面呈现出多样化的特征，跨学科研究或多视域研究特征较为明显。具体来看以"中国政治与国际政治""农业经济""经济体制改革"为主，即以"政治学"和"经济学"为主，"马克思主义"学科视角的研究较前两者相对薄弱，这就说明从马克思主义理论学科的角度研究中国式现代化新道路问题还有较大的空间场域，同时也要注重合理汲取其他学科对这一问题研究的成果积累，在遵循自身学科属性和研究范式的同时也要注重与其他学科研究成果的整合。

其三，研究主题分布。通过分析研究主题的分布情况能够察知研究的热点领域。在国内"中国式现代化"研究中，1980 年至 2022 年 5 月 26 日，研究主题分布发文量比较高的包括"中国现代化""中国共产党""中国现代化进程""社会主义""农业现代化""中国农业现代化""国家治理现代化"等，"中国式现代化"排在前述主题之后。由此可得出三点结论：一是，对于"中国式现代化"的关注和研究并不是近年才兴起的，而是与中国现代化史特别是改革开放以来社会主义现代化建设史研究相伴始终；二是，"中国共产党"和"社会主义"是"中国式现代化"的主要因素，成为学界探究"中国式现代化"的重要主题；三是，学界偏重于"中国现代化进程"研究，"中国式现代化"的历史进程即演进过程、历史脉络、发展成就也是学界研究的重要内容，但从思想史角度探讨中国式现代化的论争与启蒙的成果相对欠缺。

其四，研究层次分布。研究层次能够反映出研究的类型指向及其分布情况，进而可以察知研究意义和价值何在。学界对"中国式现代化"的研究偏向于"应用研究"，其比重约占 56%，"开发研究—政策研究"也占有较大的比重，而"基础研究"的占比微乎其微。由此可以判断，学界关于中国式现代化新道路问题的政策性解读与阐释比较多，挖掘这一问题背后的元理论，深化原理研究、夯实理论基础的工作，则还有很大的研究空间，而这实际上是一项具有重要价值和永恒意义的理论性工作。

2. 文献观点综述

在对文献检索概况综合分析和把握的基础上，我们对学界相关研究成果的学术观点概要如下。

（1）关于现代化研究的概念探讨和理论建构的学术观点概要

从逻辑关系归属来说，"中国式现代化研究"包含于"现代化研究"，"现代化研究"的深入展开也绕不开"中国式现代化研究"，至少对于国内学者是这样。因此国内学者对于现代化研究的若干概念和理论建构进行了深入探讨。具体而言体现在以下几个领域。一是现代化研究的基本概念。这主要涉及"现代"和"现代化"两个概念，国内学者从不同的角度对此进行了研究阐释。罗荣渠从历史的角度来阐释解析"现代化"这一概念，广义而言，现代化作为一个世界性的历史过程，是指人类社会自工业革命以来所经历的一场急剧变革，这一变革以工业化为推动力，使传统的农业社会向现代工业社会转型，它使工业主义渗透到政治、文化、思想各个领域，引起这些领域深刻的变化；狭义而言，现代化又不是一个自然的社会演变过程，它是落后国家采取高效率的途径（其中包括可利用的传统因素），通过有计划的经济技术改造和学习世界先进经验，带动广泛的社会变革，以迅速赶上先进工业国和适应现代世界环境的发展过程。① 孙立平从社会学的角度，指出"现代化"主要包括以工业化为核心的经济现代化，以效率和民主为标志的政治现代化，城市化，以科层制为起点的组织管理的现代化，社会结构的变化，文化和人的现代化，生活方式的现代化七个方面。② 金耀基认为，"现代"的内涵包括工业化、都市化、普遍参与、世俗化、高度的结构分殊性、高度的"普遍的成就取向"六个"变项"，"现代化"主要是文化与社会非平衡、非系统化的变迁过程。③ 何传启认为，现代化具有三层含义：①基本词义：成为具有现代特点的，成为现代的，适合现代需要；大约公元 1500 年以来出现的新特点、新变化。②理论含义：现代化指工业革命以来人类社会所发生的深刻变化，包括从传统经济向现代经济、传统社会向现代社会、传统政治向现代政治、传统文明向现代文明等各个方面的转变。③政策含义：指现代化理论的实际应用，不同国家和地区现代化的政策含义不同，第一次现代化和第二次现代化的政策含义也是不同的。④ 以上学者的共同点是：认识到中国要摒弃西方经典现代化理论的片面性，从整体多层面来认识和推进中国的现代化战略。

　　二是现代化研究的理论建构。罗荣渠在批判吸收西方理论的基础上构建了一套比较完善的一元多线的现代化理论体系，为构建现代化研究的中国学派奠定了坚实的基础。⑤ 胡绳认为，可以以现代化问题为主题来叙述和说明中国近代的历史，将现代化研究与中国近现代史结合起来，这与用马克思主义的阶级观点分析中国近现代史并不冲突，但要区别帝国主义所允许范围内的现代化和独立自主的现代化。⑥ 何传启提出了第二次现代化理论：到 2100 年，人类社会的发展可分为四个阶段，即原始社会、农业社会、

---

① 罗荣渠：《现代化理论与历史研究》，《历史研究》1986 年第 3 期。
② 孙立平：《社会现代化内容刍议》，《马克思主义研究》1989 年第 1 期。
③ 金耀基：《从传统到现代》，中国人民大学出版社，1999，第 98~108 页。
④ 何传启：《什么是现代化》，《中外科技信息》2001 年第 1 期。
⑤ 罗荣渠：《论一元多线历史发展观》，《历史研究》1989 年第 1 期。
⑥ 胡绳：《〈从鸦片战争到五四运动〉再版序言》，《近代史研究》1996 年第 2 期。

工业社会和知识社会；每一个阶段又分为四个时期，即起步期、发展期、成熟期和过渡期；从农业社会向工业社会的转移过程是第一次现代化，从工业社会向知识社会的转移过程是第二次现代化。① 钱乘旦在国内首次提出反现代化的理论假设，他认为，在现代化推进的过程中，在"抗拒"与"接受"这两种显而易见的立场之外，还有第三种可能性，是它在主宰社会的走向，企图把"传统"与"现代"调和起来。它与"现代化"的解决方法刚好相反，是让"现代"服务于"传统"，让"现代"向"传统"过渡，因此是"反现代化"。"反现代化"并不是反对现代化，其实质是用现代化的手段来维护传统的价值取向，用现代化的形式来抵抗现代化的实质。"如果其不能在过程中逐渐溶入现代化，那么暴烈终将产生。"②

（2）关于中国式现代化的生成条件和形成逻辑的研究

中国式现代化不是凭空而来的，而是有深刻的历史文化传统、科学理论基础和社会实践场域等条件，更有其自身的形成逻辑和发展理路，学界对此展开了多方面的研究。

一是研究中国式现代化的生成条件。张跃国认为，从唯物史观的逻辑出发，社会主义规定性是中国式现代化的前提条件，本土资源的现代化"出场"构成基本条件，而主体自觉则是决定性条件。理论上的成熟和清醒对于真正的主体自觉至关重要，是形成中国式现代化最大"历史合力"的第一性的因素。③

二是研究中国式现代化的理论基础。张占斌、王学凯认为，"中国式现代化"的理论基础是马克思主义对世界现代化的认识，即资本主义是世界现代化的"阶段性重合"、社会主义终将取代资本主义、世界现代化旨在实现"人的自由而全面发展"。④

三是研究中国式现代化的形成逻辑。鞠忠美认为，马克思主义及马克思主义中国化成果是中国式现代化新道路形成的理论逻辑。其历史逻辑是党对近代以来中国发展经验教训的总结。在解决现代化建设所面临的实际

---

① 何传启：《第二次现代化理论与中国现代化》，《世界科技研究与发展》1999 年第 6 期。
② 钱乘旦：《反现代化——一个理论假设》，《学术界》2001 年第 4 期。
③ 张跃国：《中国式现代化及其生成条件》，《开放时代》2022 年第 1 期。
④ 张占斌、王学凯：《中国式现代化：理论基础、思想演进与实践逻辑》，《行政管理改革》2021 年第 8 期。

问题过程中不断推进社会主义现代化建设是中国式现代化新道路形成的实践逻辑。中国式现代化新道路形成的文化逻辑是对中华优秀传统文化和革命文化的传承弘扬与发展。① 李俊文认为，中国式现代化道路的理论逻辑在于坚持和发展马克思主义，在"两个结合"中实现马克思主义中国化的理论创新；其历史逻辑在于中国共产党带领人民成为中国现当代历史的创造者，实现了中国现当代历史的巨大发展，取得了中国革命、建设和改革的伟大成就；其实践逻辑在于确立了现代化发展的新内涵、新目标、新路径，使中国人民不可逆转地走在中华民族伟大复兴之路上。② 郑敏认为，中国式现代化新道路起步于社会主义话语体系、由马克思主义话语阐发、其话语也是世界语。③ 张波、孙振威认为，中国式现代化新道路取得成功的理论逻辑主要是坚持唯物史观、群众史观以及东方社会发展理论；党带领全国人民不懈奋斗的四个历史时期形成了中国式现代化新道路的历史逻辑；中国式现代化新道路区别于西方式现代化模式的价值逻辑主要在关于"为什么人的问题"、如何认识"人与自然"关系问题、如何认识"人与世界"关系问题等方面。④ 于金富、郑锦阳认为，中国式现代化新道路是从中国社会历史条件和历史传统中形成的，是由中国国家制度和国家职能形成的，是中国革命和建设实践的必然结果，体现了中国式现代化新道路形成的历史逻辑、制度逻辑和实践逻辑。⑤ 任平认为，全面认识"中国式现代化新道路"的出场，需要方法论自觉，"中国式现代化新道路"的历史逻辑理应涵盖革命逻辑和发展逻辑；"两个大局"构成了"中国式现代化新道路"出场的现实逻辑；开辟"中国式现代化新道路"，以新时代中国方案创新来解答关于世界现代性的"马克思之问""列宁之问"，"唯物史观的中国逻辑"成为马克思主义中国化在新时代的伟大理论创造；从"文明互鉴"视域看"中国式现代化新道路"，其"新"聚焦在"中国式现代化新道路"的中国逻辑；作为现实必然性进程，"中国式现代化新道路"以自己的文明逻辑创造

---

① 鞠忠美：《中国式现代化新道路的形成逻辑》，《山东社会科学》2021 年第 12 期。
② 李俊文：《中国式现代化道路的理论内涵》，《马克思主义哲学》2021 年第 4 期。
③ 郑敏：《深刻把握中国式现代化新道路的出场语境》，《社会科学报》2021 年 11 月 11 日。
④ 张波、孙振威：《论新时代中国式现代化新道路内在逻辑及世界意蕴》，《贵州社会科学》2022 年第 2 期。
⑤ 于金富、郑锦阳：《中国式现代化新道路形成的历史逻辑、制度逻辑与实践逻辑》，《经济纵横》2022 年第 2 期。

了人类文明新形态。^① 涂良川认为，中国式现代化新道路是中国人民融合现代历史、根植实践智慧、创建文明形态三重逻辑合一的现代化道路，即自主地开创发展道路、坚持先进政党领导、不断进行理论创新的历史逻辑，社会革命、社会建设、社会主义现代化建设的实践逻辑，马克思主义中国化、中华优秀传统文化现代化、中国建设实践智慧文明化的文明逻辑。^②

四是研究中国式现代化的动力机制。学界有部分学者研究了"中国式现代化"的动力源泉及机制构成，即解析究竟是什么因素促使了"中国式现代化"的演进和创造。刘军认为，从动力源泉上来讲，中国式现代化是坚持以人民为中心，追求全体人民共同富裕的现代化。人民是历史的主体，既是现代化的创造者和推动者，也应是现代化的受益者。^③ 胡洪彬将"中国式现代化"的动力机制概括为以中国共产党的全面领导为主导性动力、以人民的积极作为为主体性动力、以党和人民的互动配合为特质的协同性动力。^④ 于安龙认为，中国式现代化事业背后必然有着源源不断的强大动力，它不是由单一动力而是由众多动力构成的复杂动力系统，包括目标导向力、文化内蕴力、精神支撑力、制度依托力、改革内驱力、政党领导力、理论指引力、价值引领力、情怀感召力等，能为中国式现代化提供稳定的、持久的、充沛的动能。按生成和作用方式的不同，这些动力大致可分为内源驱动型、效能驱动型、价值驱动型等。它们之间相互影响、相互作用，以合力的形式共同推动着中国式现代化的发展。^⑤

（3）关于中国式现代化的基本内涵和内容结构的研究

中国式现代化究竟"是什么"？它又涵括哪些构成要素？各个要素之间又有怎样的关联？这涉及对中国式现代化内在规定性的认识和定位，学界对这些问题也有一定数量的研究成果。

一是研究中国式现代化的基本内涵。戴木才认为，中国所全面建设的现代化与苏联模式现代化、西方模式资本主义现代化都有本质的区别，中

① 任平：《论全面认识"中国式现代化新道路"的出场逻辑》，《阅江学刊》2022年第1期。
② 涂良川：《中国式现代化新道路的三重逻辑》，《学术交流》2021年第12期。
③ 刘军：《中国式现代化新道路的科学内涵与动力源泉》，《人民论坛》2021年第28期。
④ 胡洪彬：《中国式现代化新道路：生发逻辑、内在机理与成功密码》，《学术界》2021年第10期。
⑤ 于安龙：《中国式现代化发展动力论析》，《上海经济研究》2022年第5期。

国式现代化是把现代化的发展要求与本国基本国情及历史文化传统相适应，注重借鉴与创新、现代化普遍特征与社会主义性质、物质文明与精神文明发展的有机统一，体现了现代化理论在中国特色社会主义现代化实践进程中的创造性发展。① 何传启根据基本实现现代化的水平标准和中国现代化的水平预测，明确 2035 年基本实现现代化的三个内涵：一是国家现代化水平达到中等发达国家水平，国家现代化指数超过高收入国家平均水平的 50%，其排名进入世界 131 个国家的前 40 位；二是国家经济等六个领域（经济、社会、政治、文化、生态和人的现代化）现代化水平平均达到中等发达水平，关键指标水平超过高收入国家平均水平的 50% 和世界平均水平；三是地区现代化水平平均达到中等发达水平。② 董慧认为，中国式现代化道路是中国共产党带领中国人民历经百年探索所形成的不同于西方现代化的道路，是一条全面、协调、可持续、和平、文明的发展道路。③ 李洋认为，中国式现代化是人口规模巨大的现代化、全体人民共同富裕的现代化、物质文明和精神文明相协调的现代化、人与自然和谐共生的现代化、走和平发展道路的现代化，是独具中国特色、中国风格与中国气派的。④ 宋艳华认为，中国式现代化是社会主义的现代化、以人民为中心的现代化、统筹推进的现代化、成己达人的现代化，独具中国特色、中国风格、中国气派。⑤ 荣开明认为，中国式现代化新道路的内在规定其实就是中国特色社会主义道路，其基本内涵包括中国共产党的领导为最本质特征、长期处于社会主义初级阶段为历史方位、"一个中心""两个基本点"的基本路线、"五位一体"总体布局和"四个全面"战略布局、促进人的全面发展并逐步实现全体人民共同富裕为总任务、实现第一个百年奋斗目标等六个主要方面。⑥ 刘军认

① 戴木才：《深刻把握中国式现代化的丰富内涵》，《中国党政干部论坛》2020 年第 12 期。
② 何传启：《中国式现代化与全面建设现代化国家新征程》，《中国党政干部论坛》2020 年第 12 期。
③ 董慧：《中国式现代化新道路的深刻内涵与经验启示》，《学校党建与思想教育》2021 年第 13 期。
④ 李洋：《开创具有中国特色中国风格中国气派的现代化新道路》，《马克思主义研究》2021 年第 7 期。
⑤ 宋艳华：《论中国式现代化的科学内涵、实践优势与价值超越》，《思想教育研究》2021 年第 12 期。
⑥ 荣开明：《中国式现代化新道路几个基本问题的思考》，《江西师范大学学报》（哲学社会科学版）2021 年第 4 期。

为，从内涵上来讲，中国式现代化新道路追求物质文明、政治文明、精神文明、社会文明、生态文明的协调发展，是"五个文明"综合发展的现代化。① 赵义良认为，中国式现代化是以人的现代化为主题，以人的自由全面发展和人类解放为根本价值追求的现代化，它在实践中开辟了一条以"人本"代替"物本"、"人—自然—社会"协同进步的现代化发展道路，创造了人类文明新形态。② 王福兴、尹勇认为，中国式现代化道路的核心特质在于：不是遵循马克思恩格斯所设想的经典社会主义模板，而是社会主义道路的中国版；不是沿用我国既有道路的样板，而是中国特色社会主义道路的现代版；不是其他国家社会主义道路的再版，而是符合我国国情的扩展版；不是西方现代化道路的翻版，而是我国现代化道路的创新版。③ 徐国民认为，中国式现代化新道路的科学内涵及本质规定性在于：中国共产党的全面领导是中国式现代化新道路的根本保证；中国特色社会主义制度体系是中国式现代化新道路的制度基础；社会主义核心价值观是中国式现代化新道路的鲜明特色；实现全体人民共同富裕是中国式现代化新道路的最终归属。④

二是研究中国式现代化的结构要素及其内在关联。阮博从辩证视域来理解中国式现代化新道路：从"中"与"外"的比较视域来理解中国式现代化新道路，揭示出其与西方现代化道路以及其他社会主义国家的现代化道路之根本区别；从"前"与"后"的承接视域来理解中国式现代化新道路，能够揭示出其是一条历时性承续和阶段性超越的现代化道路；从"总"与"分"的结合视域来理解中国式现代化新道路，能够揭示出其总体形态和具体形态；从"守"与"变"的互动视域来理解中国式现代化新道路，能够揭示出其守正创新之道；从"上"与"下"的联动视域来理解中国式现代化新道路，能够揭示出其是作为领导力量的中国共产党与作为根基性力量的中国人民彼此联动所开创的并不断向前推进的现代化道路。⑤ 张润

---

① 刘军：《中国式现代化新道路的科学内涵与动力源泉》，《人民论坛》2021 年第 28 期。
② 赵义良：《中国式现代化的本质意蕴与价值追求》，《中国特色社会主义研究》2022 年第 1 期。
③ 王福兴、尹勇：《中国式现代化道路的百年流变、评判依据以及核心特质》，《高校马克思主义理论教育研究》2022 年第 1 期。
④ 徐国民：《中国式现代化新道路的本质规定性及其方法论基础》，《理论月刊》2022 年第 3 期。
⑤ 阮博：《论理解中国式现代化新道路的辩证视域》，《社会主义研究》2021 年第 6 期。

峰、梁宵认为，中国式现代化道路蕴含着丰富的结构要素及辩证逻辑。集中体现为：在制度属性上坚持现代化运动与世界社会主义运动的辩证统一、在发展动力上坚持现代化外生型动力与内生型动力的辩证统一、在理论内涵上坚持经典现代化理论与后现代化内涵的辩证统一、在系统布局上坚持现代化建设理论形态与实践形态的辩证统一、在基本格局上坚持现代化统筹性推进与重点性发展的辩证统一。① 徐坤认为，中国式现代化道路以现代化作为实现民族复兴的载体，以"五大发展理念"作为指导原则，以"五位一体"统筹现代化战略布局，以"两步走"作为现代化的战略规划。② 杨章文认为，中国式现代化道路有其自身的整体性逻辑，它是一条以坚持党的全面领导为首要原则、以解放和发展生产力为显在特征、以赓续中华文化基因为核心要义、以共同富裕为价值主线、以人与自然和谐共生为本质要求、以和平发展为行动准则和以人的全面发展为根本追求的现代化道路。③

（4）关于中国式现代化的内在意蕴的研究

中国式现代化不仅在实践上丰富多彩、成效显著，在理论上也是意蕴丰富的，学界从不同维度解读了中国式现代化内在的多维理论意蕴。

一是"中国式现代化"的哲学意蕴。"中国式现代化"本身有其内在的哲学根据，彰显出一定的哲学内涵，学界有部分学者从这方面展开研究。臧峰宇认为，中国式现代化新道路体现了现代化的普遍性和中国发展的特殊性、历史规律的决定性和历史主体的选择性、社会发展的系统性与实践探索的创新性。④ 田鹏颖、崔菁颖认为，发展唯物史观为中国现代化道路开辟创设理论前提，反思资本主义为中国现代化道路开辟提供发展空间，接续探索为中国现代化道路开辟注入内生动力，融入世界文明为中国现代化道路开辟标注中国特色。⑤ 陈志刚认为，中国式现代化新道路既突破了马克思对社会主义的设想，也超越了西方的现代化道路，深刻体现了规律性和

---

① 张润峰、梁宵：《中国式现代化道路的结构要素及辩证逻辑》，《西安财经大学学报》2022年第2期。

② 徐坤：《中国式现代化道路的科学内涵、基本特征与时代价值》，《求索》2022年第1期。

③ 杨章文：《论中国式现代化道路的整体性逻辑》，《探索》2022年第1期。

④ 臧峰宇：《中国式现代化新道路的哲学内涵》，《中国人民大学学报》2021年第4期。

⑤ 田鹏颖、崔菁颖：《唯物史观视域下的中国现代化道路探索》，《中国特色社会主义研究》2021年第1期。

多样性、普遍性和特殊性的统一。① 桑明旭认为，中国式现代化新道路的哲学表达是唯物史观的公共性逻辑，"从主体性到公共性"构成了中国式现代化新道路的基本走向，唯物史观的公共性逻辑反对单一主体性和同质化的抽象整体性，倡导个体与共同体协调发展，这一主张具有深厚的中华优秀传统文化渊源并与马克思主义经典作家相关思想内在统一。② 孙琳琼、解缙认为，中国式现代化新道路是对现代化道路的最新把握和客观研判，既体现对中国百年现代化道路探索的历史传承，又具有强烈的新时代特色。新道路对于历史主体、内生动力、发展目标的把握深刻彰显了其对历史辩证法的运用。③ 田旭明、李智利认为，中国式现代化道路蕴藏着丰富的发展伦理智慧，主要表现在坚持人本而非物本的发展价值、协调平衡系统的发展方法、资本逻辑的发展正义批判和构建发展共同体的伦理担当。④ 林伯海、李潘认为，中国式现代化新道路蕴含着坚持世情与国情的辩证统一、坚持普遍规律与特殊规律的辩证统一、坚持普遍价值与特殊价值的辩证统一等若干辩证统一关系，充分体现了其内在合理性。⑤ 周康林认为，中国式现代化道路蕴含着重要的哲学意蕴：从本质特性上看，中国式现代化道路体现世界现代化发展的一般规定性，体现社会主义的本质规定性，体现"两个结合"赋予的特殊性，三者是辩证统一的；从主体意蕴上看，中国式现代化道路体现领导主体与人民主体相结合、事实主体与价值主体相统一，旨在超越资本主义现代化造成的事实性与价值性相异化的悖论；从实践方法论上看，主要包括坚持实事求是与远见卓识相结合、坚持整体推进与重点突破相结合、坚持战略思维与底线思维相结合、坚持"看得见的手"与"看不见的手"相结合、坚持独立自主与改革开放相结合等方面。⑥ 徐坤认为，中国式现代化道路实现了普遍性与特殊性的有机统一、在方法论上体

---

① 陈志刚：《中国式现代化及其规律性和多样性》，《马克思主义理论学科研究》2021 年第 5 期。
② 桑明旭：《中国式现代化新道路与唯物史观的公共性逻辑》，《理论探索》2021 年第 5 期。
③ 孙琳琼、解缙：《中国式现代化新道路深刻彰显历史辩证法意蕴》，《哈尔滨工业大学学报》（社会科学版）2022 年第 3 期。
④ 田旭明、李智利：《中国式现代化道路的发展伦理智慧》，《湖湘论坛》2022 年第 3 期。
⑤ 林伯海、李潘：《正确把握中国式现代化新道路中的若干辩证统一关系》，《思想理论教育导刊》2021 年第 11 期。
⑥ 周康林：《中国式现代化道路的哲学意蕴探析》，《中国特色社会主义研究》2022 年第 1 期。

现了守正性与创新性的统一、充分凸显了民族性与世界性的有机统一。① 杨荣刚认为，中国式现代化道路蕴含着极富哲学特质的辩证逻辑：在发展规律层面，它体现了普遍性与特殊性的辩证统一；在发展要素层面，它体现了全面性与协调性的辩证统一；在发展过程层面，它体现了客观必然性与主观选择性的辩证统一；在发展意义层面，它体现了民族性与世界性的辩证统一。②

二是"中国式现代化"的经济意蕴。洪银兴认为，中国式现代化的经济目标包括以人民为中心的目标定位，促进人的现代化，由追赶型现代化逐步转向赶超型现代化，高质量开启中国式现代化的基本路径是转变经济发展方式，指导原则是完整准确全面贯彻新发展理念，落脚点在于建设现代化经济体系。③ 刘方平、吴争春认为，共同富裕是中国式现代化的重要特征，实现共同富裕的政治经济学逻辑有：推动生产力实现"质"的转变，在高质量发展中促进共同富裕；坚持基本经济制度，在"双轮驱动"中促进共同富裕；完善收入分配制度，在有效市场、有为政府、有情社会协同发力中推进共同富裕；逐步实现基本公共服务均等化，在循序渐进中推进共同富裕；畅通国际国内"双循环"，在共建普遍繁荣的世界中推进共同富裕等。④

三是"中国式现代化"的政治意蕴。"中国式现代化"之所以成就巨大，其根源在于"中国式现代化"探索出一条适合国情民情和历史文化的发展道路，并以政治制度的方式固定下来，从而为现代化发展提供了制度保障。韩爱勇认为，中国现代化实现全过程人民民主的制度安排，超越了西方国家对政治现代化、民主理念、政党、政府效能和有限政府的固有认知；"一国两制"为解决领土问题提供了新思路，为人类政治文明作出独特贡献和为政治制度创新发展提供了基本经验；弘扬全人类共同价值、推动国际

---

① 徐坤：《中国式现代化道路的哲学意蕴》，《人文杂志》2022 年第 3 期。
② 杨荣刚：《中国式现代化道路蕴含的辩证逻辑及其实践要求》，《马克思主义研究》2022 年第 2 期。
③ 洪银兴：《论中国式现代化的经济学维度》，《管理世界》2022 年第 4 期。
④ 刘方平、吴争春：《中国式现代化的政治经济学分析：共同富裕及其建构逻辑》，《新疆社会科学》2022 年第 1 期。

关系民主促进了国际政治文明的进化。①

四是"中国式现代化"的文化意蕴。"中国式现代化"有其特定文化基因，离不开中华民族几千年来的文化积淀和海纳百川的文化借鉴，学界也有部分学者从这方面展开研究。沈江平认为，优秀传统文化、红色革命文化和社会主义先进文化以及外来有益文化的融会贯通，分别构成了中国式现代化道路的根基、灵魂和催化剂，汇聚于中国式现代化道路的形成发展之中，共同锻造出中国式现代化道路的文化基因并彰显其精神质地。② 潘丽嵩、范晓阳认为，中国式现代化新道路丰富的传统文化底蕴在于民本思想、共富思想、和合思想、公平正义、创新思维等。③

五是"中国式现代化"的生态意蕴。董慧、汪筱茹认为，中国式现代化道路蕴含的丰富生态意蕴，形成了"人与自然和谐共生"的理论智慧，以满足人民对优美生态环境需要为奋斗目标，以全方位、全地域、全过程加强生态环境保护为工作要求，以坚持绿色发展为发展方案，以引领全球生态治理为责任担当。④

（5）关于中国式现代化的演进历程和发展脉络的研究

中国式现代化的演进、发展和创造有清晰的历史脉络，而这一发展脉络呈现出各具特点各有区分的发展阶段，但学界对于中国式现代化历史发展阶段的划分有不同的观点，关键在于对中国式现代化历史起点的定位不一样。一是以中国古代的资本主义萌芽为历史起点。这种观点主要考察的是中国现代化运动，而非"中国式现代化"。张琢把中国现代化运动的酝酿、发展及其曲折坎坷的历史进程放在整个中国历史乃至世界历史的深远背景下加以考察，从中国古代的资本主义萌芽、近代资本主义工业的发展和新中国成立后的社会主义现代化建设三个阶段揭示中国现代化发展的整个过程。⑤

---

① 韩爱勇：《中国现代化道路中的政治制度、政治理念及其世界贡献》，《东南学术》2022 年第 3 期。

② 沈江平：《中国式现代化道路文化基因阐析》，《东南学术》2022 年第 3 期。

③ 潘丽嵩、范晓阳：《中国式现代化新道路的传统文化底蕴研究——在"两个结合"中坚定中国特色社会主义理论自信》，《西北民族大学学报》（哲学社会科学版）2022 年第 1 期。

④ 董慧、汪筱茹：《中国式现代化道路的生态意蕴及其经验启示》，《湖北大学学报》（哲学社会科学版）2022 年第 3 期。

⑤ 张琢：《九死一生：中国现代化的坎坷历程和中长期预测》，中国社会科学出版社，1992。

二是以 1840 年鸦片战争为历史起点。罗荣渠把鸦片战争至新中国成立这近百年的中国现代化称为"被延误的现代化"，提出了以衰败化、半边缘化、革命化、现代化四大趋势作为近代中国变革的基本线索的观点。① 马敏将中国现代化历程划分为资本主义近代化和社会主义现代化两个大的历史阶段，同时细分为若干个小的阶段，但他指出，"中国式现代化"主要是指在中国共产党领导下的社会主义现代化，而不是指旧中国的资本主义近代化。但中国近现代毕竟是一个连续的历史过程，发生在当代中国的社会主义现代化，必然会受到近代早期现代化进程中诸多不利因素的制约和影响。研究中国式现代化，首先要将以 1949 年为界的两大阶段现代化进程进行关联性分析，既要看到二者间的历史连续性，又要看到二者间的本质区别，从而厘清中国式现代化道路的历史起源及相关特征。②

三是以 1921 年中国共产党成立为历史起点。这一观点认为"中国式现代化"所历经的四个阶段是与百年党史四个时期即新民主主义革命时期、社会主义革命和建设时期、改革开放和社会主义现代化建设新时期、中国特色社会主义新时代相吻合的，这成为学界关于"中国式现代化"发展阶段划分研究的主流，如许耀桐③、董慧④、胡鞍钢⑤、燕连福⑥等持这样的观点。但不同观点各有不同的表述和具体历史阶段划分，其一，对四个历史时期的主题主线表述各有差异。豆勇超认为，中国的百年现代化探索的光辉历程主要分为范式转换的革命时期（1921～1949 年）、曲折发展的建设时期（1949～1978 年）、突破创新的改革时期（1978～2012 年）以及最新发展的新时代（2012 年至今）四个阶段。⑦ 宋学勤分析了中国式现代化道路生

① 罗荣渠：《现代化新论——世界与中国的现代化进程》，北京大学出版社，1993。
② 马敏：《现代化的"中国道路"——中国现代化历史进程的若干思考》，《中国社会科学》2016 年第 9 期；马敏：《中国式现代化新道路的历史演进及前瞻》，《历史研究》2021 年第 6 期。
③ 许耀桐：《中国共产党对中国式现代化新道路的百年探索》，《中共福建省委党校（福建行政学院）学报》2021 年第 5 期。
④ 董慧：《中国共产党探索现代化道路的百年进程》，《人民论坛》2021 年第 32 期。
⑤ 胡鞍钢：《中国式现代化道路的特征和意义分析》，《山东大学学报》（哲学社会科学版）2022 年第 1 期。
⑥ 燕连福：《中国式现代化的历史演进、内涵扩展和未来指向》，《西北师大学报》（社会科学版）2022 年第 3 期。
⑦ 豆勇超：《百年中国式现代化探索：历程、成就与经验》，《中国延安干部学院学报》2021 年第 4 期。

成的历史逻辑，在新民主主义革命时期，中国共产党就开始了对中国现代化目标的规划，提出要将中国由落后的农业国变成先进的工业国。社会主义革命和建设时期，中国的现代化发展战略从最初单一的"工业化"逐步转变为"四个现代化"。改革开放新时期，"中国式现代化"成为社会主义现代化建设的总体指导思想。进入新时代，中国共产党创造性地提出了"中国式现代化道路"，开辟了中国现代化发展的新境界。[①] 其二，把革命与建设时期合并为一个历史阶段。石建国认为，新民主主义革命时期、社会主义革命和建设时期的探索及其实践为现代化的后继探索提供了宝贵经验、理论准备和物质基础，改革开放时期的"三步走"发展战略为中国现代化提供了清晰的时间表和路线图，新时代"两个阶段"的战略安排为把我国建成社会主义现代化强国、实现中华民族伟大复兴指明了奋斗方向。[②] 其三，对不同阶段的历史事件划分有所差异。任志江、林超、汤希认为，中国现代化的目标经历了工业化—四个现代化—中国式现代化三种类型，其百年探索历程可分为新民主主义工业化道路（1921~1952 年）、过渡时期工业化道路（1953~1956 年）、"四个现代化"道路（1957~1978 年）、中国式现代化道路（1979~2012 年）、中国式现代化新道路（2013 年至今）五个阶段。[③]

四是以 1978 年改革开放为历史起点。黄建跃分析了中国式现代化自改革开放以来 40 多年的接力奋斗和渐进发展演进历程，改革开放完成和实现了战略目标的历史演进、战略内涵的伟大跨越、总体布局的系统提升、人民生活水平的根本变革。[④] 张神根、黄晓武认为，中国式现代化道路的提出，是科学有效引领改革开放和社会主义现代化建设的需要，随着改革开放的全面展开，中国式现代化道路的探索进一步深化，建设社会主义现代化国家的内涵不断丰富发展，实现现代化的战略步骤也不断推进。[⑤]

（6）关于中国式现代化显著特征和独特优势的研究

① 宋学勤：《中国式现代化道路生成的历史逻辑》，《学术前沿》2021 年第 24 期。
② 石建国：《中国共产党矢志现代化强国的百年历程及其启示》，《邓小平研究》2021 年第 5 期。
③ 任志江、林超、汤希：《从新民主主义工业化道路到中国式现代化新道路——中国共产党对现代化道路的百年探索》，《经济问题》2022 年第 2 期。
④ 黄建跃：《从小康社会到美好社会：中国式现代化战略的演进》，《探索》2020 年第 6 期。
⑤ 张神根、黄晓武：《改革开放与中国式现代化新道路》，《马克思主义与现实》2022 年第 1 期。

　　这是一条从横向角度比较区分的研究进路，注重的是中国式现代化道路与其他现代化道路尤其是与西方资本主义现代化道路、苏联模式的国家发展道路比较而彰显出来的显著特征和独特优势。孟鑫认为，中国式现代化道路的鲜明特点和显著特征在于它是一条以科学理论作为现代化道路的指导思想、以先进的政党作为现代化建设的领导核心、以人民为中心作为现代化事业的宗旨理念、以共同富裕作为现代化进程的奋斗目标、根植于中华优秀传统文化的现代化道路。[①] 孙照红认为，"中国式"现代化是循着从站起来到富起来再到强起来的历史轨迹一步步走向现实的，具有鲜明的外生—学习性、后发—追赶性、务实—渐进性、阶段—接续性、时代—全面性特色。[②] 李龙强、罗文东认为，中国式现代化坚持人民主体、实现共同富裕；坚持独立自主、适合中国国情；坚持开放合作、维护世界和平；坚持绿色发展、保护生态环境，具有欧美资本主义现代化无可比拟的本质特征和显著优势。[③] 宋艳华认为，相较于西方，中国式现代化不仅规模大、效率高，而且步子稳、可鉴性强，它以人的现代化为核心要义，超越了西方现代化的资本至上法则；以文明多元共生为基本前提，超越了西方现代化的一元霸权格局；以各国互利共赢为最高追求，超越了西方现代化的独占通吃逻辑。[④] 刘守英主要从中国共产党非凡的组织和领导特性、基于超大人口规模基本国情、走自己的路、以人民为中心等方面分析了中国式现代化这条独特路径。[⑤] 王衡认为，中国式现代化新道路的要义与优势在于：社会主义的现代化破除资本主义弊端；科学发展的现代化超越西方模式局限；和平发展的现代化颠覆国强必霸逻辑；独立自主的现代化解构普世价值神话。[⑥] 张浩、邹志鹏认为，与西方式现代化道路以资本为中心不同，中国式现代化道路以人民为中心，彰显了道路的人民性；与苏联模式社会主义现代化道路的封闭与僵化不同，中国式现代化道路坚持开放与创新，彰显了

---

① 孟鑫：《中国式现代化道路的显著特征》，《科学社会主义》2020 年第 4 期。
② 孙照红：《"中国式"现代化：历程、特色和经验》，《中州学刊》2021 年第 2 期。
③ 李龙强、罗文东：《中国式现代化新道路：历程、特征和意义》，《马克思主义与现实》2021 年第 5 期。
④ 宋艳华：《论中国式现代化的科学内涵、实践优势与价值超越》，《思想教育研究》2021 年第 12 期。
⑤ 刘守英：《中国式现代化的独特路径》，《经济学动态》2021 年第 7 期。
⑥ 王衡：《中国式现代化新道路的要义与优势》，《中国社会科学报》2021 年 12 月 1 日。

道路的时代性；与一些后发国家走依附性现代化道路过度依靠外来动力不同，中国式现代化道路坚持自主性发展，彰显了道路的自主性。① 李建平、叶静认为，中国式现代化虽带有现代化的若干共同性，但却基于中国的特殊国情，具有有别于其他国家现代化的鲜明特征，主要体现在：中国人口规模巨大是最大特征；实现全体人民共同富裕是中国式现代化的重要特征；物质文明和精神文明相协调是中国式现代化的鲜明特征；中国式现代化要形成人与自然共生共美的新格局；坚持和平发展，致力合作共赢，是中国式现代化的又一鲜明特征。② 仰海峰认为，中国式现代化的特点表现在坚持党的领导、发挥政府的合理作用、总体性的现代化、坚持人民至上四个方面。③ 秦宣认为，中国式现代化道路的鲜明特征是物质文明、精神文明、政治文明、社会文明和生态文明五个文明协调推进。④ 林进平认为，中国式现代化从开启之初就具有区别于西方现代化的鲜明特征，即是以人民为中心、维护最广大人民根本利益的中国式现代化发展之路，以其独特的价值诉求、崭新的人类文明形态重塑世界力量格局，引领人类发展的未来。⑤ 唐爱军认为，与西方串联式现代化战略不同，中国式现代化选择的是并联式现代化战略，这超越了单一线性论，体现了现代化的多样性与非线性逻辑；超越了渐序发展逻辑，遵循了跨越式发展逻辑；摆脱了跟随西方亦步亦趋的依附性发展，开辟了独立自主发展道路；超越了简单现代化，担负着复杂现代化的时代课题。⑥ 董德福、齐培全认为，中国式现代化道路的独特性在于：以党的领导作为其独特的政治保障、以中国化马克思主义作为其独特的理论优势、以中华优秀传统文化作为其独特的文化底蕴、以共同富裕作为其独特的价值取向。⑦ 胡鞍钢认为，中国式现代化道路的特征包括十个方

---

① 张浩、邹志鹏：《在比较中彰显中国式现代化道路的优越性》，《贵州社会科学》2022 年第 1 期。
② 李建平、叶静：《中国式现代化的特征、路径和优势》，《当代经济研究》2022 年第 1 期。
③ 仰海峰：《中国式现代化的特点》，《马克思主义理论教学与研究》2022 年第 1 期。
④ 秦宣：《中国式现代化是"五个文明"相协调的现代化》，《光明日报》2022 年 5 月 27 日，第 11 版。
⑤ 林进平：《中国式现代化是推进中华民族伟大复兴的必由之路》，《中山大学学报》（社会科学版）2022 年第 3 期。
⑥ 唐爱军：《中国式现代化的"并联式"逻辑》，《中国社会科学报》2022 年 4 月 26 日。
⑦ 董德福、齐培全：《论中国式现代化道路的独特性与超越性》，《思想教育研究》2022 年第 4 期。

面：坚持中国共产党的领导，其核心任务是坚持和完善中国特色社会主义制度、推进国家治理体系和治理能力现代化；中国的基本国情与西方的基本情况有着显著不同；基本性质是中国特色社会主义现代化，而不是其他什么现代化；发展的本质追求是逐步实现全体人民共同富裕；经济基础是实现工业化、信息化、网络化、数字化；要同步实现城镇化与农业、农村、农民现代化；创新绿色的现代化；中华民族伟大复兴的现代化；世界大国和平发展道路；人类共发展、共命运的现代化。[1] 王治东认为，中国式现代化新道路具有三重逻辑特性：内含马克思主义、中国共产党领导和现代化的同构性；体现了历史逻辑、理论逻辑和实践逻辑的统一性；具有人民作为现代化期待者、建设者和享有者的同一性。[2] 黄宝成、周育国认为，中国式现代化道路既有现代化建设的一般性特征，又有主体性、价值性、全面性、和谐性、世界性的内涵特质。[3] 张恺、孙培军认为，全体人民共同富裕是中国式现代化的鲜明特征，共同富裕实现了中华文化价值的复归；共同富裕克服了资本逻辑的缺陷；共同富裕彰显了社会主义制度的巨大优越性。[4] 辛向阳认为中国式现代化具有一系列鲜明特质，即原创性的现代化、民主的现代化、世界性的现代化三大特质。[5] 邹一南认为，从现代化的时空视角上看，中国式现代化新道路具有显著的"并联"特征，表现为发展任务的高度叠加性、发展时间的高度压缩性、发展要求的多重协调性和发展战略的后发赶超性。[6]

（7）关于中国式现代化的历史成就和重大贡献的研究

中国式现代化之所以是一条正确的符合中国实际的道路，就在于它创造了巨大的历史成就，不仅深刻地改变了中国人民和中华民族的前途命运，也为人类社会发展和世界历史走向作出了重大贡献，因此关于中国式现代

① 胡鞍钢：《中国式现代化道路的特征和意义分析》，《山东大学学报》（哲学社会科学版）2022 年第 1 期。
② 王治东：《论中国式现代化新道路的三重逻辑特性》，《思想理论教育》2021 年第 11 期。
③ 黄宝成、周育国：《中国式现代化道路的内涵特质、原则遵循、实践方略》，《经济问题》2022 年第 2 期。
④ 张恺、孙培军：《共同富裕是中国式现代化的鲜明特征》，《湖北行政学院学报》2022 年第 2 期。
⑤ 辛向阳：《中国式现代化的三大特质》，《思想理论教育导刊》2022 年第 3 期。
⑥ 邹一南：《中国式现代化新道路的时空特征与实践逻辑》，《理论视野》2022 年第 3 期。

化的历史成就和重大贡献也引起了学界的关注和研究。钟慧容、刘同舫认为，中国现代化实践的变革和所创造的"奇迹"主要表现在三个方面：突破和克服"资本逻辑"，凸显为人的现代化的根本价值追求；超越"征服自然"模式，追求的是人与自然和谐共生；打破"国强必霸"的发展定式，追求的是和平共处共荣发展。① 王增智认为，中国式现代化的成功，从理论和实践的结合上证伪了西方现代化唯一论神话，赋予了现代化以新内涵：在社会主义制度条件下、在人口规模巨大的发展中国家也可以取得现代化的巨大成功，从而彰显了中国特色社会主义制度优势，推动了世界历史向着有利于社会主义的重大转变，为广大发展中国家走向现代化提供了全新选择。② 寇美琪、商志晓认为，中国式现代化道路在物质文明、政治文明、精神文明、社会文明、生态文明等领域取得举世瞩目的创造性成就。中国式现代化道路超越现代化的西方模式，创造了人类文明新形态；坚持从国情实际出发，奉献出中国智慧和中国方案；凝聚起人类命运共同体共识，为人类文明发展作出新贡献。③ 刘一博认为，中国式现代化为破解历史周期率探索出更为完整的答案。中国坚持独立自主，走出以共同富裕为价值旨归的社会主义现代化道路，使生产力为人民所有，发展成果为人民共享，构建破解历史周期率的坚实经济基础；通过全过程人民民主的制度程序和参与实践，实现党的主张、国家意志和人民意愿有机统一，让"人人起来负责"，形塑了破解历史周期率的主体力量；以马克思主义为指导，站稳中华文化立场，破解西方文化霸权，培育民族的科学的大众的中国特色社会主义文化，以高度的文化自信铸就破解历史周期率的强大精神动力；坚持中国共产党的领导，以全心全意为人民服务为根本宗旨，将实现中华民族伟大复兴的主题贯穿百年奋斗进程中，以自我革命锻造破解历史周期率的领导核心。④

---

① 钟慧容、刘同舫：《中国共产党现代化事业的百年历程与经验》，《北京师范大学学报》（社会科学版）2021年第4期。

② 王增智：《中国式现代化的世界历史意蕴及其意义》，《福建师范大学学报》（哲学社会科学版）2022年第3期。

③ 寇美琪、商志晓：《中国式现代化道路的创造性成就与创新性价值》，《东岳论丛》2022年第4期。

④ 刘一博：《中国式现代化对破解历史周期率难题的探索与贡献》，《马克思主义理论教学与研究》2022年第2期。

（8）关于中国式现代化的历史影响和世界意义的研究

中国式现代化新道路的创造，不仅深刻地改变了中华民族和中国人民的前途命运，使东方大国绽放出蓬勃生命力和无穷活力，同时也为人类社会文明的进步作出了巨大贡献，丰富了世界现代化发展演进的理论形态和实践样态。因此，学界也注重研究中国式现代化的历史影响和世界意义。段妍认为，从世界现代化发展的历史进程看，中国式现代化道路的成功开辟，超越了以往各种现代化发展模式，为人类对现代化道路的探索作出了新贡献，为解决人类发展问题贡献了中国智慧和中国力量。[1] 鲁明川认为，中国式现代化道路的开创，宣告了发展中国家走一条完全不同于西方现代化道路的实践的成功，对尚在进行现代化探索甚至深陷现代化泥潭中的国家、世界社会主义发展以及人类文明转型与发展具有重要的理论和现实意义。[2] 荣开明认为，从历史视角去考察中国式现代化新道路的意义，至少有中华民族发展史、世界社会主义发展史、人类社会发展史三个视角。[3] 郭晗、任保平认为，中国式现代化新道路的世界意义在于：改变现代化的传统版图，为世界现代化进程作出新贡献；打破现代化的"一元论"谬误，为世界现代化模式提供多样性；改变现代化的传统逻辑，为世界现代化道路开拓新境界。[4] 徐建飞认为，中国式现代化道路的开创，回答了建设一个什么样的美好现代性世界、如何建设这一现代性世界的时代之问，为美好现代性世界的建构贡献了中国智慧和中国力量；建构了具有中国特色、中国风格、中国气派的中国式现代性理念，为人类文明的未来发展提供了新形态；打破现代化"一元论"谬误，为正在进行现代化探索甚至深陷现代化泥潭的国家走向现代化提供中国方案。[5] 刘勇、章钊铭认为，中国式现代化道路坚持胸怀天下，坚守了马克思主义世界历史理论的原则，遵循了共产党执政规律、社会主义建设规律和人类社会发展规律，汲取了中华文化

---

① 段妍：《中国式现代化道路及其实践的世界意义》，《思想理论教育》2021 年第 8 期。

② 鲁明川：《中国式现代化道路的生成逻辑与世界意义》，《行政论坛》2021 年第 4 期。

③ 荣开明：《中国式现代化新道路几个基本问题的思考》，《江西师范大学学报》（哲学社会科学版）2021 年第 4 期。

④ 郭晗、任保平：《中国式现代化新道路的世界意义》，《国家治理》2021 年第 37 期。

⑤ 徐建飞：《中国式现代化道路的生发脉络与世界意义》，《江苏社会科学》2022 年第 3 期。

天下理念的智慧，具有深远的世界历史价值。① 段妍认为，中国式现代化以社会主义为本质属性、以独立自主为鲜明特征，以人民民主为突出优势，赋予了现代化新的内涵，创造了超越西方的现代化理论与实践模式，打破了新兴国家追求现代化过程中对西方资本主义国家的依附，有力反驳了西方现代化进程中对民主形成的话语霸权，为世界各国提供了实现现代化的全新选择，具有深远的世界意义。② 运迪主要分析了中国式现代化新道路对人类文明的新贡献：中国式现代化坚持人民主体地位，彰显社会主义文明的价值追求；实现"一般"与"特殊"的结合，体现人类文明的多样性；"五位一体"的文明结构，展现人类文明形态的"全面性"；"文明交往"的发展逻辑，彰显人类文明的包容性。③ 张艳涛、王婧薇认为，中国式现代化新道路的开创意义在于：人类现代化道路不再是"单选题"，而是"多选题"，破除了西方现代化道路的唯一性，建构了中国现代性，开创了人类文明新形态，彰显了中国共产党的新现代化观。④ 赵昌文主要分析了中国式现代化道路对人类文明具有独特的贡献：丰富了对现代化的认知、拓展了发展中国家走向现代化的途径、给世界走出当前的全球困境提供了钥匙、创造了人类文明新形态。⑤ 邢云文认为，中国式现代化道路吸收借鉴了人类文明优秀成果，以古老的中国智慧回应了西方现代化过程中出现的各种新问题，是对人类文明发展模式的新探索；中国式现代化道路是一条与传统社会主义道路相区别的全新发展道路，对科学社会主义理论和实践作出了重要历史贡献；中国式现代化道路承载了中国人民追求国家富强、人民幸福、民族振兴的中国梦，对经济落后国家实现现代化具有重要启示意义。⑥ 艾四林认为，中国式现代化新道路是一条正路，充分彰显了社会主义的强大生机活力；中国式现代化新道路是一条好路，是对西方现代化道路的超越，

① 刘勇、章钊铭：《胸怀天下：中国式现代化道路的三重意蕴》，《江苏社会科学》2022 年第 3 期。
② 段妍：《比较视域下中国式现代化道路的世界意义》，《东岳论丛》2022 年第 4 期。
③ 运迪：《中国式现代化新道路对人类文明的新贡献》，《同济大学学报》（社会科学版）2021 年第 6 期。
④ 张艳涛、王婧薇：《中国式现代化的基本内涵及其开创意义》，《中国浦东干部学院学报》2021 年第 6 期。
⑤ 赵昌文：《中国式现代化道路对人类文明的主要贡献》，《红旗文稿》2021 年第 24 期。
⑥ 邢云文：《中国式现代化道路的世界历史意义》，《天津社会科学》2022 年第 1 期。

引领了世界现代化的新方向；中国式现代化新道路是一条可选之路，为发展中国家走向现代化提供了新的选择。① 韩喜平、郝婧智认为，中国式现代化道路突破西方现代化模式的唯一性、为发展中国家提供新的参考、促进了世界的和平与发展、改变了世界分化的格局、发展创造了人类文明新形态。② 朱丽颖、张小鹏认为，中国式现代化新道路革除了西方资本主义现代化魅影的"绝对统治"，证明了马克思主义的真理性与中国现代化进程的可靠性，表征着人类文明发展的新路标，为有效应对世界历史的新挑战和全球化发展困境提供了中国方案。③

（9）对习近平关于中国式现代化新道路重要论述的研究

党的十八大以来，习近平总书记在系统总结探索中国现代化道路根本成就、基本经验及未来路径等方面作出了一系列的重要论述，特别是在2021年提出了"中国式现代化新道路"的新命题新论断，这为全面建设社会主义现代化国家、实现中华民族伟大复兴提供了理论指导和行动指南。由此，学界对习近平关于中国式现代化新道路的系列重要论述展开了研究。邱海平认为，党的十八大以来，习近平总书记关于现代化的重要论断有很多重大创新：提出国家治理体系和治理能力现代化的概念；提出建设现代化经济体系；关于现代化的概念及其目标的新发展；提出"新发展阶段"的重要判断。④ 亓光、魏凌云认为，习近平关于中国式现代化重要论述扎根于中国共产党对现代化问题的历史思考，在独立探索、统筹规划、诠释建构中逐步形成对中国式现代化的总体认识，充满了马克思主义的政治智慧，系统阐释了中国式现代化由何而来、如何建设、为何成功等重大问题。⑤ 阎树群、黎日明认为，习近平关于中国式现代化新道路重要论述，系统回答了什么是中国式现代化新道路、如何拓展中国式现代化新道路等一系列重大理论和实践问题，深刻揭示了中国式现代化新道路的丰富内涵、鲜明特征和世界意义，科学阐明了中国式现代化新道路是由质的规定和目标设定

① 艾四林：《中国式现代化新道路的世界意义》，《马克思主义理论教学与研究》2022年第1期。
② 韩喜平、郝婧智：《中国式现代化道路的世界意蕴》，《马克思主义理论学科研究》2022年第2期。
③ 朱丽颖、张小鹏：《中国式现代化新道路的世界历史定向》，《理论探讨》2022年第2期。
④ 邱海平：《中国共产党现代化思想的发展》，《理论与现代化》2021年第6期。
⑤ 亓光、魏凌云：《习近平关于中国式现代化重要论述的理论阐释》，《行政论坛》2021年第6期。

所构成的有机整体，是自主性、全面性、人民性、包容性、道义性的统一，在丰富发展模式、引领时代走向、提升治理效能、坚定信念信心等诸多方面为中国特色现代化理论作出了原创性贡献，为广大发展中国家实现现代化提供了中国智慧和中国方案。① 习近平关于中国式现代化重要论述科学阐释了中国式现代化的本质属性，高度概括了中国式现代化的基本特征，深刻揭示了中国式现代化的历史方位，系统谋划了中国式现代化的战略目标，统筹安排了中国式现代化的战略部署，明确回答了中国式现代化的领导力量，透彻论析了中国式现代化的价值旨归等，不断丰富和充实了中国式现代化理论。② 中共天津市委党校课题组认为，习近平总书记关于中国式现代化新道路的系列论述，深刻阐明了中国式现代化新道路的内涵体系、内在机理、时代价值与发展趋向。③

（10）关于中国共产党与"中国式现代化"关系的研究

这一研究进路主要是学界结合中国共产党成立 100 周年的重大契机来阐释中国共产党与"中国式现代化"之间的内在关联，着重研究中国共产党在"中国式现代化"中究竟起着什么样的作用，从中国的现代化成就层面来挖掘和解释中国共产党为什么"能"的学理意蕴，因为"中国式现代化"的创造和发展离不开中国共产党这一先进政党组织。

一是从中国共产党历史贡献作用的角度分析百年党史视域中的中国现代化探索。陈理、罗平汉认为，中国共产党在百年奋斗过程中为中国现代化奠定了根本政治前提和制度基础，为中国现代化的持续推进提供了宝贵经验、理论准备、物质基础，改革开放为加快实现社会主义现代化注入强大动力，并推动中国特色社会主义进入新时代，在全面建成小康社会基础上，乘势而上开启全面建设社会主义现代化国家新征程。④ 燕继荣认为，中国式现代化道路取得中国现代国家建设与治理平稳推进、百年来人民生活

---

① 阎树群、黎日明：《习近平关于中国式现代化新道路重要论述的原创性贡献》，《学习论坛》2022 年第 3 期。
② 于安龙：《习近平关于中国式现代化重要论述的新贡献》，《经济学家》2022 年第 3 期。
③ 中共天津市委党校课题组、田野：《习近平关于中国式现代化新道路重要论述的理论贡献》，《天津行政学院学报》2022 年第 2 期。
④ 陈理：《中国共产党与中国现代化》，《马克思主义与现实》2021 年第 2 期；罗平汉：《中国共产党与中国现代化》，《历史研究》2021 年第 2 期。

的全面改善、为后发国家的现代化进程提供借鉴等重大成就和历史贡献。①

二是从中国共产党历史经验总结的角度分析中国共产党领导中国现代化所取得的基本经验。石建勋认为中国共产党的领导是中国现代化演进的最本质特征和最大政治优势；不断推进执政党的革命化和现代化建设，永葆党的先进性和战斗力是顺利推进国家现代化的根本保障；坚持以人民为中心，充分调动最广大人民群众积极性和创造性，是中国现代化的力量源泉和历史规律；不断深化对中国现代化建设的规律性认识，做好现代化建设的发展战略和规划布局，是推进国家现代化的方法论等。② 王赟鹏认为中国共产党现代化道路百年探索的基本经验在于：始终坚持中国共产党的领导，充分发挥党在现代化建设中统筹全局、协调各方的领导核心作用；始终坚持社会主义发展方向，不断激发和释放制度优势；始终坚持从中国实际出发，不断探索适合国情的现代化发展道路；始终坚持充分认识和科学把握客观规律，推进现代化历史的、开放的、全方位的发展。③ 李红军、刘晓鹏认为，秉承共产党领导的政治基因、坚定马克思主义的政治信仰、坚决站稳以人民为中心的政治立场、保证社会主义的政治方向、遵循一切从实际出发的政治工作方法是中国共产党推动现代化建设的主要历史经验。④ 张占斌认为，中国共产党领导的中国式现代化在守初心担使命、以马克思主义理论为指导、坚守人民立场、牢牢把握我国所处社会发展阶段的阶段性特征等多方面提供了经验启示，最重要的历史经验和启示就是：依靠中国共产党这个最高政治领导力量的坚强领导和开拓创新，依靠中国共产党在中国式现代化道路中发挥全面领导和关键作用。⑤ 蒋永穆、祝林林认为，中国式现代化道路彰显了中国共产党百年奋斗的辉煌成就与历史经验：坚持人民至上，改变了中国人民的前途命运；坚持中国道路，开辟了实现中华民族伟大复兴的正确道路；坚持胸怀天下，拓展了发展中国家走向现代

① 燕继荣：《中国共产党领导的中国现代化：探索、成就与经验》，《学术前沿》2021年第11期。

② 石建勋：《中国共产党领导中国现代化的历史进程、规律与基本经验》，《海南大学学报》（人文社会科学版）2021年第4期。

③ 王赟鹏：《中国共产党现代化道路的百年探索与基本经验》，《湖南科技大学学报》（社会科学版）2021年第3期。

④ 李红军、刘晓鹏：《论中国共产党百年现代化建设的三重维度》，《青海社会科学》2021年第3期。

⑤ 张占斌：《中国共产党领导中国式现代化的经验启示》，《学术前沿》2021年第22期。

化的路径；坚持党的领导，锻造了走在时代前列的中国共产党；坚持理论创新，展现了马克思主义的强大生命力。①

三是从中国共产党思想史发展的角度分析中国共产党百年来的现代化思想。杨文圣、李旭东认为，从演进理路来看，中国共产党的现代化思想可从时代背景、战略部署、战略步骤、客体向度四个维度进行梳理归纳；从演进规律来看，党的"整合型领导力"是这一思想的内生动力，不断推进马克思主义中国化是其逻辑主线，对内"发展追求"与对外"和平指向"的辩证统一是其基本进路。② 成龙、郭金玲认为中国共产党在百年奋斗中依次形成五个既一脉相承又创新发展的重大构想：融汇东西、立足救国的"第三文明"构想；突破美苏、立足建立新中国的新民主主义构想；独立自主、立足兴国的"适合中国"构想；放眼世界、立足富国的中国特色构想；整体布局、立足强国的国家治理现代化构想。③

（11）关于人类文明新形态与"中国式现代化"关系的研究

习近平总书记在庆祝中国共产党成立 100 周年大会上的讲话中，"文明"一词共出现 12 次，浮现出近代以来中国 5000 年文明"蒙尘"的历史线索，充分肯定了党百年来创造的伟大成就在"人类文明发展史册"上的重要价值，展现出在未来发展中主动积极学习借鉴"人类文明的一切有益成果"的自信和决心，最终落脚于中国式现代化、人类文明新形态的"两大创造"，这就为学界关注、理解和阐释"中国式现代化"提供了一个"文明新形态"的分析视角。董志勇、毕悦认为，中国式现代化的发生逻辑植根于文明的传承与创造，中国式现代化的基本内涵展现了文明的价值与意涵，中国式现代化的时代价值在于擘画了文明的目标与前景。④ 韩喜平、郝婧智认为，中国式现代化道路从人与自身、人与人、人与社会、人与自然、人与世界关系等多种角度，不仅实现了人口规模最大的现代化，而且以共同

①　蒋永穆、祝林林：《中国共产党百年中国式现代化道路探索的历史经验》，《求是学刊》2022 年第 2 期。

②　杨文圣、李旭东：《中国共产党百年现代化思想的演进与启示》，《天府新论》2021 年第 4 期。

③　成龙、郭金玲：《中国共产党对中国现代化道路的百年探索》，《武汉大学学报》（哲学社会科学版）2021 年第 4 期。

④　董志勇、毕悦：《中国式现代化的发生逻辑、基本内涵与时代价值——基于文明新形态的视角》，《政治经济学评论》2021 年第 5 期。

富裕、两个文明、绿色发展、和平道路等根本特质，赋予人类文明新形态。① 王岩、吴媚霞认为，从人类文明新形态的高度来审视中国式现代化新道路的历史合理性和时代进步性，既要看到人类文明新形态是从中国式现代化不断向前推进的实践中产生和发展起来的，又要看到中国式现代化蕴含着人类文明新形态的内在文明逻辑。只有从已然和应然两个维度，才能充分把握中国式现代化新道路与人类文明新形态的内在逻辑。② 张晓明认为，中国式现代化新道路通向人类文明新形态，与中国特色社会主义通向共产主义具有相同机理，两者衔接在政治经济文化社会生态"五位一体"建设中，五大文明发展到极致就是生产力极大发展，人的精神境界极大提高、每个人自由全面发展。③ 黄广友、韩学亮认为，中国式现代化道路所创造的"人类文明新形态"，既是对过去人类文明成果的扬弃，更是在坚持中国共产党领导，坚持"五位一体"统筹推进，坚持物质文明、政治文明、精神文明、社会文明和生态文明协调发展基础上的崭新创造。"人类文明新形态"因其独特的生成条件，其发展路向既具有中国特色，又符合人类文明发展的一般规律，彰显了人类文明未来发展的基本方向。④ 中国式现代化道路是中国社会实现自我跃升开创人类文明新形态的发展路径，它内含着丰富的文明意蕴：在文明理论的选择上，中国式现代化道路以马克思主义为指导，实现了社会主义文明的中国式构建，体现了文明进步；在文明基因的延续上，中国式现代化道路厚植于中华文明，有效规避了西方现代化模式弊端，实现了文明创新；在文明价值的构建上，中国式现代化道路坚持胸怀天下，坚守全人类共同价值，兼顾全人类共同进步，引领人类文明走向美好未来。⑤ 陈锡喜认为，把握中国式现代化新道路对人类文明新形态的贡献，需要科学的方法论。它包含两个视角。其一，把握人类文明贡献的评价尺度，即按照历史辩证法，把人类文明的发展视为人类解放趋势的

---

① 韩喜平、郝婧智：《人类文明形态变革与中国式现代化道路》，《当代世界与社会主义》2021 年第 4 期。

② 王岩、吴媚霞：《中国式现代化新道路与人类文明新形态的内在逻辑理路》，《思想理论教育》2021 年第 11 期。

③ 张晓明：《中国式现代化新道路通向人类文明新形态》，《特区实践与理论》2022 年第 1 期。

④ 黄广友、韩学亮：《中国式现代化道路与人类文明新形态的生成——基于马克思恩格斯文明理论的分析》，《山东大学学报》（哲学社会科学版）2022 年第 3 期。

⑤ 董慧：《中国式现代化道路的文明意蕴》，《思想理论教育导刊》2022 年第 3 期。

同一性与文明发展道路的多样性的辩证统一。其二，把握透过现象看本质的思维方法，即按照唯物辩证法，从辩证的否定到更高程度的肯定，来评价中国式现代化新道路同其他发展道路的关系。① 王水兴认为，中国式现代化扬弃了传统现代化文明异化和单向度发展风险，超越了资本逻辑驱动的传统现代化文明局限，突破了资本主义现代化文明的路径依赖。中国式现代化建立了人和社会全面发展的新文明形态。②

3. 文献观点评析

党的十八大以来特别是 2021 年以来，呈井喷式的研究态势足以说明国内学界对中国式现代化研究的重视程度越来越高，研究的力度和深度也得到加强和拓展。研究所涉及的领域和研究主题范围越来越广，在阐释中国式现代化形成的历史条件及逻辑理路、梳理中国式现代化的演进历程和发展阶段、总结中国式现代化发展演进的历史成就及基本经验、评价中国式现代化的历史影响与世界意义、展望中国式现代化的实践推进及未来路向等方面取得了值得充分肯定的研究成果，不过在研究成果质量提升和研究深度拓展方面还需要进一步前行。从国内学界所取得的研究成果来看，现代化研究呈现出以下三个特点。其一，现代化研究有成为独立学科的趋势，逐步摆脱对历史学、社会学、政治学等单一学科的依附。其二，注重对先行发达国家现代化进程中经验教训的研究。其三，现代化研究的学科虽涉及领域广泛，但多聚焦于中国的现代化，强调理论研究和解决现实问题并重。

学界虽然在近年来出现了对"中国式现代化"井喷式的研究，但还可以从以下两方面进行深化和拓展。一方面，相关的基本概念需要进一步厘清。作为理论思维和理论表达的基本单位，概念是一切研究的逻辑起点。与"中国式现代化"相关的基本概念有"现代化""中国式现代化""中国式现代化新道路"等，学界多把"中国式现代化"="中国式现代化新道路"，甚至等同于中国现代化，尽管二者在本质上并无多少差异，但术语的表达方式不一样说明概念的内涵与外延也存着各自的边界与特征。更重要的是，这些概念的提出多为政治论断和政治命题，对其相应的理论阐释并

① 陈锡喜：《把握中国式现代化新道路对人类文明新形态贡献的方法论研究》，《思想理论教育导刊》2022 年第 3 期。
② 王水兴：《中国式现代化新道路与人类文明新形态》，《学术界》2021 年第 10 期。

没有得到充分的供给，这就更需要从基本概念梳理与厘定的角度进行解读，特别是对概念史的研究。事实上，邓小平于 1979 年就提出了"中国式的现代化"① "中国式的现代化道路"② 等概念，这就说明改革开放以来的历史进程其实就是"中国式现代化"的发展道路，但"中国式现代化"与"中国式的现代化""中国的现代化道路""中国式的现代化道路""中国式现代化新道路"等概念既有所区别又有所联系。值得注意的是，学界有成果提出了"中国式现代化"这一概念的内涵演进，但多为对"内涵扩展和变迁了什么"做了介绍与解读，少有对"内涵为什么会扩展和变迁"进行深度解析与阐释。另一方面，学界对"中国式现代化"的历史溯源和历史起点问题还需要进一步研究。诚然，学界的相关研究成果较为清晰地说明了中国式现代化新道路的历史脉络、生成逻辑、历史成就及基本经验，展现出这一道路承载的丰富历史内涵和现实意蕴，但对于这一历史过程起于何时即历史起点介于何处却存在分歧较为明显的问题，这个问题既涉及理论层面上"中国式现代化"相关基本概念的界定，又关涉实践层面上回答"中国式现代化"从何而来、向何而去的问题。特别是对于具有特殊历史语境的中国来说，它与世界其他大多数国家有明显不同的历史传统和现实条件，因而前者的现代化历史进程也就表现出鲜明的特色，可以说，中国式现代化是在经济文化皆相对落后国家中规模最为宏大、背景极其复杂、影响至为深远历经艰辛而探索出来的一条现代化之路。到底是什么因素促使中国探索这条道路？这既有中国式现代化思想史的追溯，也有中国式现代化实践史的回顾，二者交相呼应、互为一体，而这恰恰是国内学界还需要进一步研究和回答的重要问题，也是本书探索和研究的方向。

（二）国外学术史梳理

本书主要通过 Web of Science 数据库检索获取与本论题相关的国外研究文献数据，文献检索截止时间为 2022 年 5 月 31 日。检索对象是"主题"（Topic）中含有"现代化"（Modernization）和"中国现代化"（Modernization of China）的文献，检索时限为 1900~2022 年。综合检索结果分析如下。

---

① 《邓小平文选》第 2 卷，人民出版社，1994，第 164 页。
② 《邓小平文选》第 2 卷，人民出版社，1994，第 163 页。

1. 文献总体概貌

总体来看，国外关于"现代化"和"中国现代化"在研究方向分布情况上大同小异，并没有出现十分明显的差别，从自然科学领域研究现代化问题的发文数量所占比重较大，前三名为"Environmental Sciences""Green Sustainable Science Technology""Energy Fuels"，而从哲学社会科学领域研究现代化问题的发文数量所占比重相对来说较小，如"History Philosophy of Science""Economics"。这既表明国外基本形成了从生态学、社会学、经济学、哲学、历史学等多学科及跨学科、交叉学科的角度探讨"现代化"和"中国现代化"相关问题的研究趋势，也表明国外学者侧重于从生态学、环境学等学科研究现代化系列问题，这与全球性生态问题的凸显及时代发展的需要紧密相关。

2. 文献观点综述

由于现代化率先在西方发生发展并一时之间呈现出繁荣的景象，国外学界尤其是西方学者自然获得了研究现代化问题的优先权，因此他们在关于现代化问题基本概念的提出和主要理论的创建方面作出了一定的贡献，并且以超然的方式对中国现代化问题进行了研究和探讨，一定程度上为国内学界提供了可以借鉴和参考的研究成果。但总体来说，国外学界的研究成果有其自身的价值立场，有必要以批判性的眼光审视和剖析国外现代化研究中的概念和理论。

（1）对国外关于现代化问题研究的学术史梳理及简要概述

国外对现代化问题的研究，既关注资本主义发达国家的现代化道路问题，也关注新兴发展中国家的发展道路问题。总体来说，国外关于现代化的研究起步于20世纪50年代，发展于20世纪60年代，活跃于20世纪70年代及以后。具体来看，20世纪50年代的现代化研究主要集中于经济学与社会学领域。1954年，刘易斯（W. A. Lewis）针对后起发展中国家的经济发展提出了一个二元经济的"古典"模型，他把发展中国家经济划分为两个部门：一个是以传统生产方法进行生产的、劳动生产率极低的非资本主义部门，另一个是以现代方法进行生产、劳动生产率和工资水平较高的资本主义部门。[1] 这其实是给发展中国家设计了一条效仿欧美等西方国家的资

---

① 〔英〕阿瑟·刘易斯：《经济增长理论》，周师铭、沈丙杰、沈伯根译，商务印书馆，2011。

本主义道路。1959 年，罗斯托（Walt Whitman Rostow）提出了经济成长阶段的理论，试图用经济理论解释经济历史的进程，把现代化的社会发展分为必须依次经过的 6 个阶段：传统社会阶段、起飞准备阶段、起飞进入自我持续增长的阶段、成熟阶段、高额群众消费阶段和追求生活质量阶段。① 其本质是以英美等发达资本主义国家的经济发展为蓝本构建的新经济增长阶段理论。帕森斯则从社会学领域对现代化展开研究，在梳理马歇尔、帕雷托、涂尔干、韦伯四位学者理论体系的基础上，批判了各自的单一论，提出了结构—功能分析理论。②

　　进入 20 世纪 60 年代之后，现代化研究被各学科涉足，出现了"百花齐放、百家争鸣"的局面。经济学、社会学、政治学、心理学、历史学领域均对现代化展开研究。在经济学领域，库兹涅茨（Simon Smith Kuznets）从经济增长过程的分析、增长率的变动、资本的供给（储蓄）和需求（投资）、资本形成的作用、经济结构的变化、人口和生产率的增长，以及收入分配的变动等方面对美国和其他国家国民收入的长周期时间数列进行了研究③；在社会学领域，M. 列维关注了现代化社会和相对非现代化社会的差异，认为现代化是人类社会唯一普遍出路，任何民族都没有理由怀疑这条道路，只有"先行者"和"后来者"之分、"普遍性"与"特殊性"差异。④ 此外，艾森斯塔德（S. N. Eisenstadt）指出，在现代化过程中会发生急剧的社会变迁，这需要形成一种能够"容纳"这种社会变迁的社会结构⑤；在政治学领域，有"比较政治学之父"之称的阿尔蒙德（G. A Almond）在研究政治现代化方面作出了开拓性贡献，他提出，政治发展就是在社会经济现代化较为普遍的环境中已经发生和正在发生的一系列相互关联的政治系统、过程和政策的变化⑥；在心理学领域，英格尔斯（Alex

---

① 〔美〕W. W. 罗斯托：《经济增长的阶段：非共产党宣言》，郭熙保、王松茂译，中国社会科学出版社，2012。
② 〔美〕塔尔科特·帕森斯：《社会行动的结构》，张明德、夏遇南、彭刚译，译林出版社，2012。
③ 〔美〕西蒙·库兹涅茨：《各国的经济增长》，常勋等译，商务印书馆，2011。
④ 〔美〕M. 列维：《现代化与社会结构》，载谢立中、孙立平主编《20 世纪西方现代化理论文选》，上海三联书店，2002，第 102~108 页。
⑤ 〔以〕艾森斯塔德：《现代化：抗拒与变迁》，张旅平等译，中国人民大学出版社，1988。
⑥ 〔美〕加布里埃尔·A. 阿尔蒙德等：《当代比较政治学——世界视野》，杨红伟等译，上海人民出版社，2010。

Inkeles）在大量的田野调研基础上得出结论：经济和政治的现代化固然重要，但如果忽视了现代化进程中所需要的人，不去讨论他们是否跟得上现代社会的节奏，将是严重失误。[1] 他对人的现代化问题的关注，大大拓宽了现代化的研究领域。在历史学领域，布莱克（C. E. Black）从比较近代史入手，重视现代化的起始条件和过程因素，把民族国家和政治现代化作为研究的基本单元和中心课题，对各国现代化的个案进行了深入的研究，通过比较得出对人类整体发展进程的一般看法。[2]

在 20 世纪 70 年代以后，学者们提出了诸多后工业、后现代的社会理论。1976 年，布莱克明确反对现代化即西化、现代性与传统性截然对立的观点，认为每个社会的传统性内部都有发展出现代性的可能，现代化是传统的制度与价值观念在功能上对现代性的要求不断适应的过程。[3] 德国社会学家茨阿波夫（Wolfgang Zapf）从社会学视角出发，对现代化理论做了更加深入的探讨，他指出，要把趋同性发展的进化观与不同发展路向的观点结合起来，对现代化的不同层次、不同路向进行细致的探讨，才有可能构建起一个新的现代化理论。[4] 日本学者富永健一从社会学视角出发，梳理了近代以来的社会变迁理论，认为社会变迁是一个长期宏观复杂联动的过程，社会变迁的过程实际上就是现代化过程。不同类型的国家，现代化的道路也不尽相同。这为我们深入认识现代化进程中的社会变迁以及现代化的不同道路提供了重要参考。[5] 1985 年，德国学者约瑟夫·胡伯（Joseph Huber）提出生态现代化理论，成为西方国家普遍接受的对环境与发展问题的分析工具和理论指南。[6] 在 20 世纪 80 年代后，现代化研究热在西方逐渐消退，原因有多方面，但这从一个侧面表明对于传统与现代、后现代的关系需要

---

[1] 〔美〕英格尔斯：《人的现代化：心理·思想·态度·行为》，殷陆君编译，四川人民出版社，1985。

[2] 〔美〕C. E. 布莱克：《现代化的动力》，段小光译，四川人民出版社，1988。

[3] 〔美〕西里尔·E. 布莱克编《比较现代化》，杨豫、陈祖洲译，上海译文出版社，1996。

[4] 集中于茨阿波夫《现代化、福利发展与体制转型》一书，该书于 1994 年由德国柏林西格马（Sigma）出版社出版，转引自陈黎《茨阿波夫〈现代化、福利发展与体制转型〉一书介绍》，《国外社会科学》1997 年第 4 期。

[5] 〔日〕富永健一：《社会结构与社会变迁——现代化理论》，董兴华译，云南人民出版社，1988。

[6] Joseph Huber, Die Regenbogengesellschaft, Okologie und Sozialpolitik, Frankfurt am Main: Fischer, 1985.

重新认识，同时也意味着需要突破西方学者所建构创制的现代化理论。

（2）对国外关于中国现代化问题研究的学术史梳理及简要概述

国外集中性系统性研究"中国现代化"问题的成果相对较少，他们主要是在关注和研究中国近现代史、中共党史和中华人民共和国史等问题的过程中探讨中国的现代化问题。自 20 世纪 70 年代中国改革开放以来，中国的现代化问题逐渐进入西方学者的研究视域，如美国学者吉尔伯特·罗兹曼（Gilbert Rozman）、美籍华人学者成中英（Chung-Ying Cheng）等就专门研究中国现代化问题。但他们对于中国现代化问题的解读又受到西方哲学社会科学理论基础和研究方法的影响，进而呈现出与国内学者研究"中国式现代化"迥异的理论范式和话语体系。其中一个重要的原因就在于他们研究的理论基础来自西方现代化理论，以"传统—现代"的二分化方法分析中国历史，认为中国只有受到"西方的冲击"才能走上现代化道路且是西方式的现代化道路。具有代表性的就是美国学者 F. 莫尔德，他认为，如果没有西方的入侵，中国革命绝不可能发生，中国社会将一如既往不会受到任何触动。工业国家对于非工业国家的影响基本上是有助于后者发展的，而本国社会、文化、民族特征等各种因素则是推动发展的阻力。工业国家已经历史地向非西方世界提供了一种发展经济的"刺激"和前提。① 诸如此类的观点其实都存在一个"通病"即站在自身的立场来看中国社会历史的变迁，忽视了中国经济发展、政治秩序和社会结构变迁的内在动力和主体性因素。但随着西方现代化理论的发展演进，有部分学者（如罗兹曼、成中英）对这些观点进行了一定程度的"修正"，他们认为中国的历史在传统与现代之间并非绝对对立，而是互为渗透的。罗兹曼考察了新中国成立前后各个时期的艰难发展历程，分析了中国现代化发展过程中的利弊因素，一定程度上肯定了中国在现代化发展的道路上既借鉴了其他现代化国家的发展路线又开创了自己的发展道路。② 而成中英从文化的视角对中国现代化问题进行了研究，认为中国现代化要以中国文化的现代化为原动力，实现伦理与管理的现代化进而保证经济有效而合理地发展。中国文化现代化包

---

① 〔美〕F. 莫尔德：《日本、中国和现代世界经济》，裴长洪摘译，《国外社会科学》1981 年第 9 期。

② 〔美〕吉尔伯特·罗兹曼主编《中国的现代化》，国家社会科学基金"比较现代化"课题组译，江苏人民出版社，1988。

含了伦理与管理两方面，而中国文化现代化的动力和基础也是来自伦理及管理的现代化。①

1978 年以来，中国改革开放的启动、展开、推进和发展，引起了国外学者的广泛关注和研究，因此在新的历史语境下对中国现代化问题的研究是国外学者的主要聚焦点之一，他们采用不同的研究视角、研究方法取得了丰富多元的研究成果。国外研究的关注视域在于中国道路、中国模式和中国治理等，主要是总结和研究当中的经验，展望中国现代化的未来走向。例如，美国学者阿里夫·德里克的理解是，改革开放不过是中国实现社会主义目标的一种手段而已，实行改革开放并不等于中国就不是社会主义国家了，而是展现出与以前实现社会主义的手段不同而已，就未来走向来看，实现社会主义的方式多种多样，但对于中国来说，社会主义依然是必然要选择和坚定走下去的道路。② 值得注意的是，海外有一定比例的左翼人士也充分肯定中国选择的改革开放是一条正确的社会主义发展道路，这条道路能够实现现代化，能够实现创新，能够追求社会公平正义，能够实现和平发展。③

自中国特色社会主义进入新的历史方位以来，国外学界对中国现代化的关注聚焦于中国共产党人的治国理政新思想和新战略。例如，有部分学者关注到中国共产党"四个全面"战略布局在中国现代化进程中的作用定位，全球中小企业联盟主席、联合国工业发展组织原总干事卡洛斯·马格里诺斯认为，实现全面建成小康社会不仅对于中国具有重要意义，也对构建世界各国共赢格局，助推国际平衡，促进国际社会的现代化进程也具有显著价值，巴西应用经济研究所研究员爱迪生·B.达席尔·菲略也发表了与此大同小异的观点，认为"四个全面"其实是一个能够实现可持续发展和保持平衡的行动纲领，对于中国及世界皆能够发挥重要作用，这恰恰也应该是其他新兴国家认真借鉴、学习的地方。④ 此外，国外其他学者、智库

---

① 〔美〕成中英：《文化、伦理与管理——中国现代化的哲学省思》，贵州人民出版社，1991。

② 〔美〕阿里夫·德里克：《重访后社会主义：反思中国特色社会主义的过去、现在和未来》，吕增奎译，《马克思主义与现实》2009 年第 5 期。

③ 参见陈爱茹《海外一些左翼对中共十八大和中国改革开放历史的评价》，《马克思主义研究》2013 年第 2 期。

④ 参见《外国学者看"四个全面"战略》，《人民日报》2015 年 4 月 10 日，第 7 版。

人士和诸多媒体从理论与实践、历史与现实相结合的角度对中国梦、中国模式、中国经验、中国道路、中国发展态势和前景等相关问题进行了深入分析，提出了一定的有创见性的意见和建议。

党的十九大以来，国外学者对习近平新时代中国特色社会主义思想的关注和研讨逐渐兴起，原因很简单，这一思想是中国式现代化的理论载体，研究二者之间的关联也就成为必然。国外学界围绕这一主题从不同角度展开研究，提出了一些具有一定创新价值和启发意义的观点。比如，印度学者曼诺吉·乔什比较了邓小平理论和习近平新时代中国特色社会主义思想，并探讨这两种思想之间的内在关联，他认为后者继承、坚持和发展了邓小平关于"集中精力进行国内经济建设"和实现"四个现代化"目标及其外交等方面观点，因此在不同的历史阶段皆取得了令人惊讶的宏伟成就，由此，现在的中国，"告别邓小平时代"而进入了"习近平领导的新时代"。① 再如，还有一些学者高度赞扬中国 2012～2017 年这五年时间在现代化进程、经济财富创造、科技发展等方面所取得的巨大进步和惊人成就，中华民族伟大复兴取得了实质性的进展，提出了习近平和中国共产党领导下的中国显然处于几百年来最强大时期这样的论断和观点。以上是对中国共产党及中国现代化发展成就的肯定性评价和赞赏。此外，国外也存在对中国现代化的质疑、误解甚至污蔑的观点。比如有的观点认为，中国在展开现代化的进程中涉及利益问题的主张是"决不放弃自己的正当权益"，这就很有可能让有时与中国存在利益冲突的邻国"感到恐惧"。② 类似于这样的观点其实就是在没有充分掌握客观事实材料的情况下作出的武断性评论，对中国明显带有成见和误解，其分析自然脱离实际而必然立不住脚。

3. 文献观点评析

他山之石，可以攻玉。需要肯定的是，国外学者关于中国现代化问题的研究成果能够为"中国式现代化"的理论建构和实践推进提供一定意义

---

① Manoj Joshi, "What the End of the Deng Era and the Beginning of Xi's 'New Era' Means for China," https://thewire.in/190804/china-party-congress-ends-with-beginning-of-new-era-led-by-xi-jinping/.

② Rush Doshi, "Xi Jinping just Made It Clear Where China's Foreign Policy Is Headed," http://www.washingtonpost.com/news/monkey-cage/wp/2017/10/25/xi-jinping-just-madeit-clear-where-chinas-foreign-policy-is-headed/? utm_term=.1b3b558ca851.

的参考借鉴，但目前的研究除了存在非深刻非全面非系统的缺点之外，还在研究的根本立场、基本方法等方面存在偏颇。

其一，在研究的立场站位上，国外一些学者对于中国现代化问题的研究始终持"西方中心主义"的态度，甚至以"西方化＝现代化"的方式来解读中国现代化，表面上是以"价值中立"的立场来研究问题，其本质还是一种以"戴有色眼镜"的方式来观察和看待中国现代化问题，其研究结论最终还是会出现历史和文化虚无主义问题、出现意识形态偏见和"西方价值"的输出倾向。

其二，在研究的现实观照上，国外部分学者对中国现代化问题的研究只关注于或停留于战略判断和政策解释层面，对中国现代化的实践图景并没有系统的学理性研究，对中国传统文化、中国具体的基本国情、中国的具体制度形态与中国现代化实践的内在关系参照得甚少，质言之，理论解读与预测多于实践解析与回应以至于脱离了中国现代化的具体实际。

其三，在研究的解释框架上，国外学者明显存在以西方理论范式来解读独特的活生生的中国现代化实践的现象，极易出现以一般抹杀个别、以理论误读实践的错误倾向，这也反过来提醒中国学者，要避免用西方的学术概念和理论体系，甚至用西方的语言来解释中国式现代化实践，就必须不断增强中国特色哲学社会科学学科体系建设的自觉性和自主性，用中国的学术话语体系讲好中国式现代化的系列故事、反映中国式现代化的实践，使解释中国式现代化的理论、研究的范式和方法等要有中国的特色。

三　研究思路及内容架构

本书各章节安排的总体思路及内容概况大致如下。

绪论主要是介绍本书所研究的问题是如何缘起的，以及对这一问题的国内外研究概况作学术史梳理及总体评析，并对本书各章节的安排作简要说明。

中国式现代化不是空穴来风，其起源的重要历史背景就是"西学东渐"，中国近代史是一部既要争取自身独立又要力求实现现代化的历史。从鸦片战争后中国丧失完全的独立的地位起，中国人已经开始为中国的独立而进行着现代化的探索。从西学的介绍到西洋器物的引进，从洋务运动到戊戌维新，从辛亥革命到新文化运动，中国人除了在政治、经济等领域探索中国的现代化之路外，在意识形态和思想文化领域，也从没有停止过如何实现救国救民、走上真正现代化道路的思考与谋划。"西学东渐"之后，以儒学为主流的中国传统文化作出了怎样的回应？它们与近代中国的现代化探索又有怎样的关联？这便是本书第一章要回答的问题。

新文化运动是继"器物救国"和"制度救国"之后的"文化救国"运动，在社会上掀起了思想解放的潮流，为近代中国探索现代化之路提供了思想准备。随着新文化运动的兴起，先进知识分子从思想文化的高度去寻求救国救民的出路，在文化领域里批判"旧文化"，掀起了文化大论争的热潮，形成了东西文化论争的"百家争鸣"局面。更重要的是，随着社会主义思潮的涌入，历史局面得到进一步改变。那么，新文化运动与近代中国现代化的走向究竟发生了怎样的关联？这是本书第二章要解决的问题。

五四运动既是界分中国新旧民主主义革命的重要历史事件，也是近代中国探索现代化发生根本转向的重要标志。五四时期，在中国思想市场颇有分量和影响力的要数杜威的新自由主义与罗素的中国社会主义方案两种思潮，他们所提出的中国现代化方案有一定的合理性，但他们对中国社会现状的了解不可能十分深刻，因此，他们关于中国现代化的方案设计其实存在无法解答的难题。正当中国各界人士在为找寻现代化道路陷入疑惑困境之时，马克思主义来到东方中国大地上并广泛传播，部分知识分子开始接触、认识和接受马克思主义，马克思主义逐渐为中国的现代化指明了新的符合国情的方向，中国现代化由被动走向主动。这是本书第三章的内容安排。

马克思主义在中国的传播并不是也不可能一下子让所有人都接受，而是在思想的较量和论争中为先进的中国知识分子和思想精英所率先认同和接受，一些马克思主义的哲学家在对新儒学的批评中成长起来，成为引领中国现代化之路走向新阶段的开路先锋，发生于20世纪30年代的三次论战进一步促进了马克思主义在中国的传播和发展，此外，马克思主义者也对其他哲学进行了批判，为近代中国的现代化运动扫除了思想障碍。这是本书第四章的内容安排。

无论何种现代化，思想引领都尤为必要。在近代中国的历史场域中，"落后掉队""被动挨打"等言辞不仅是对当时中国社会现实处境的事实描述，更是在思想层面上对当时中国社会总体精神状态的深刻标识。近代中国如何走当下的路？未来向何处去？这必须要科学思想的出场予以回答和解决，以此实现中国社会在精神状态上由被动转为主动、理论认知上由模糊转为清醒，这是开辟中国式现代化道路的逻辑起点。可见，寻求和定位中国社会的科学思想坐标成为历史必然。这是本书第五章的内容安排。

任何现代化，组织跟进势在必行。现代化是利益结构不断分化和资源要素不断积聚的历史过程，需要一种组织化机制来支撑，政党便是其中重要的支撑力量。但政党本身随复杂外部环境变化而发展，它在不同的现代化道路中扮演的角色千差万别，这从根本上决定了政党在现代化中的地位、性质和使命。近代中国追求现代化一度失败的历史经验也说明需要政党这一组织力量的主导与支撑，且只有先进的政党方可在中国式现代化发展进程中担负艰巨的历史使命。这便是本书第六章的内容安排。

近代中国探索现代化历经艰难曲折终于找到马克思主义这一科学思想和中国共产党这一先进组织，但科学思想需要在现代化实践中落地生根，先进组织需要在现代化实践中持久发力，质言之，只有在实践中实现科学思想与先进组织的有机融合才能真正开辟出中国式现代化新道路。从人类社会现代化的一般规律和中国历史场域的特殊境遇综合分析可以把握中国式现代化问题其实是道路问题，但问题在于中国式现代化究竟是一条什么样的道路，即这条道路包括哪些基本要素。这便是本书第七章的内容安排。

结语部分主要是对本书研究的几点结论和未来展望作一些交代，其主要结论是：中国现代化的探索历程彰显出鲜明的文化冲突和思想碰撞、中国现代化到中国式现代化跃升的关键在于科学理论指导和先进政党领导、中国式现代化归根结底是要开辟出一条适合中国国情的现代化道路；其未来展望有：阐释中国式现代化研究的基本概念、厘清中国式现代化研究的若干关系、构建中国式现代化研究的知识体系。

第一章 "西学东渐"与中国现代化的探索

毛泽东曾指出："没有独立、自由、民主和统一，不可能建设真正大规模的工业。没有工业，便没有巩固的国防，便没有人民的福利，便没有国家的富强。"[①] 这说明要先"独立"，才能进行"现代化"。其实，毛泽东的这两句话贯彻了他的辩证法思想。前一句话是说，发展工业要坚持独立自主的原则，以期收到更大的效果，建设起真正大规模的工业，而不是说一个不独立的国家不可能搞现代化探索。后一句话是说，没有现代化便没有巩固的国防，便不能巩固已经取得的独立。这就是说，要独立就必须现代化，要现代化就必须坚持独立自主，两者是不可分离的。事实上，中国近代史是一部既要独立又要现代化的历史。从鸦片战争后中国丧失完全独立地位起，中国人已经开始为中国的独立而进行着现代化的探索。从西学的介绍到西洋器物的引进，从洋务运动到戊戌维新，从辛亥革命到新文化运动，中国人除了在政治、经济等领域探索中国的现代化之路外，在思想文化领域，也从没有停止过探索救国救民的中国现代化之路，特别是对于用哪一种思想来指导和引领中国的现代化之路。

第一节 "西学东渐"与中国现代化的启蒙

西学东渐，泛指自上古以来一直到当代的各种西方事物传入中国的现象。在近代中国以前，西学东渐促进了中西文化的交流但对中国传统社会的变革影响并不深刻，直至鸦片战争以后，西方的器物、制度和文化涌入中国，相对先进的资本主义现代文明与中国的传统社会体制难免发生冲突，通过这一冲突，中国的现代化逐渐开始启蒙，开启了国人志士探索现代化

---

① 《毛泽东选集》第3卷，人民出版社，1991，第1080页。

的艰难历程。

一 从"睁眼看世界"到引介西学

中国 2000 余年的封建社会，到清末已显其穷途末路之相，龚自珍形容为"日之将西，悲风骤至"。① 而自 1840 年西方列强入侵中国之后，中国社会发生了诸多变化，被称为"三千余年一大变局"。② 然而，我们却看到，无论发生怎样的变化，根本未变的还是占统治地位的封建的自然经济和深入到人们骨子里的封建思想意识，这是中国近代社会发展的一个沉重的包袱，因此近代很多问题必须从此说起。西方资产阶级革命已经取得了反封建制度的伟大胜利，尤其是资本主义的工业革命促进了社会生产力的迅速发展。18 世纪后半期，欧洲发生了工业革命，这使大多数西方国家逐渐成为资本主义发达的工业国家；而中国这时则处在一种远离世界现代文明体系的隔绝状态，鸦片战争拉开了近代东西文化冲突与撞击的序幕。鸦片战争后所发生的严重的社会危机和民族危机，既构成了影响近代中国社会发展进程的重要因素，又成为刺激爱国的志士仁人去探寻自强御侮之道的直接原因。因此，一批有见识的知识分子发出了要求改变现状的呼声。为了挽救民族和国家的危亡，他们积极主张学习西方先进的技艺；他们把眼光投向中国的传统范围之外，试图寻求克敌制胜的法宝；他们察夷情，办夷务，提出了"师夷长技"的思想，希望从此能使"西洋之长技尽为中国之长技"，以增强清王朝御敌"制夷"的能力。质言之，鸦片战争的失败，使封建统治阶级"天朝上国"的迷梦破灭，同时也促使国人开始深刻反省，一批先进的知识分子开始探索救亡图存的道路。林则徐、魏源、姚莹、包世臣就是这批先进知识分子的杰出代表。

先进的知识分子在鸦片战争后的转变，首先是从"睁眼看世界"开始的。他们从传统的"天朝上国"的"至善至美、无所不有、无所不好"的

---

① 龚自珍：《尊隐》，载《中国近代政治思想论著选辑》（上），中华书局，1986，第 6 页。
② 李鸿章于同治十一年（1872 年）在一份名为《筹议制造轮船未可裁撤折》的奏议中指出："窃维欧洲诸国百十年来，由印度而南洋由南洋而东北，闯入中国边界腹地，凡前史之所未载，亘古之所未通，无不款关而求互市，我皇上如天之度，概与立约通商以牢笼之，合地球东西南朔九万里之遥，胥聚于中国，此三千余年一大变局也。"顾廷龙、戴逸主编《李鸿章全集》（奏议五），安徽教育出版社，2008，第 107 页。

迷梦中惊醒，从战争失败的严酷现实中看到了清朝的腐朽衰败与西方世界的先进，从而萌生出了解西方、认识西方和学习西方的想法。当时，林则徐提出的"睁眼看世界"的新观念和魏源开拓的"师夷长技以制夷"的新思维，开创了近代挽救民族危机、倡导学习西方先进技术之先河，这是"西学为用"思想的最初表述。可见，"中体西用"说最初发端于鸦片战争时期的林则徐和魏源。

林则徐是近代中国"睁眼看世界"的第一人。在鸦片战争前后，他开始认识到西方经济军事实力的强大，萌生向西方学习的念头，并通过组织译书、搜集有关西方情报等途径来了解和认识西方。他经常通过阅读外文书报来了解和认识西方世界。如他十分重视《广州周报》《广州纪事报》《新加坡自由报》《孟买新闻报》中有关中国时事的报道和评论，并按时间顺序将其编订成册作为参考。又如林则徐编译的《四洲志》是近代中国第一本相对完整、比较系统的世界地理志书，被魏源视为时代巨著，读后能使人知道宇宙之广大。林则徐提出的"睁眼看世界"的口号和所编译的《四洲志》可称为"中体西用"思想的肇始。林则徐不仅在思想上主张了解西方世界，在实践中更积极主张向西方学习。他主张"师敌之长技以制敌"，将"战船制造、火器制造和养兵练兵"作为探求西方世界的重要内容。为此，林则徐精心搜集了外国多种战船资料，并根据有关书籍介绍的西方技术加固了虎门炮台。在他的署衙中，"养有善译之人"，在他的主持下，翻译了《澳门月报》《华事夷言》《各国律例》等一批有关西方军事、政治、经济和法律方面的书籍。林则徐就是通过这条途径获得近代西方知识的，中国知识界最早也正是通过这些资料而获得了新的世界知识。

在林则徐之后，魏源提出了"以彼长技，御彼长技"，"以夷攻夷"①的"师夷"主张。他认为，中国要打败西方国家，就要"尽收外国之羽翼为中国之羽翼，尽转外国之长技为中国之长技"。② 在《海国图志》50卷本中，魏源更明确地提出了"师夷长技以制夷"的思想，指出"夷之长技""战舰、火器和养兵练兵之法"值得我们学习。从"师夷长技"的内容来看，林则徐和魏源可以说殊途同归。他所编撰的《海国图志》，不仅介绍了

---

① 魏源：《圣武记》卷14，道光二十四年古微堂重刻本，第391页。
② 魏源：《圣武记》卷10，道光二十四年古微堂重刻本，第336页。

西方的船炮之类的军事知识，而且还对西方的政治制度、风土人情、婚姻制度、文化艺术等做了详细的介绍。这些介绍对于近代国人的思想启蒙无疑起到积极的促进作用。

在鸦片战争后的若干年里，知识界出现了对于西方情况全面介绍和探讨的热潮。以编译西书来说，出现了比较系统地介绍西方情况的巨著，如林则徐的《四洲志》，介绍了80多个国家和地区；徐继畬的《瀛环志略》，比较系统地介绍了80多个国家和地区的情况；姚莹的《康輶纪行》在介绍西南边疆形势的同时，还记载了英、法、俄、印度等国的历史、地理知识。此外，梁廷枏的《海国四说》、夏燮的《中西纪事》、何秋涛的《朔方备乘》等，都较为详细地介绍了西方的情况。在这一批书中，值得指出的是，在西方文化的影响下，进步知识界的眼界逐渐开阔，新的思想和观念开始出现。在鸦片战争后，最具有深远意义的便是"师夷长技以制夷"思想的提出。在学习西方的过程中，起先，鉴于当时的官吏多为拘陋、贪墨之士，国家自造的舟、炮多不管用，为了应付战争，魏源曾主张"造炮不如购炮，造舟不如购舟"。① 然而，《南京条约》的签订强烈地刺激了魏源敏感的神经，他清醒地认识到要想真正"制夷"，必须迅速"转外国之长技"为我所用，自己制造船炮。为此，他建议"奏仿钦天监用西洋历官之例，行取弥利坚、佛兰西、葡萄亚三国各遣头目一、二人，赴粤司造船局，而择内地巧匠精兵以传习之"，② 并积极主张在广东虎门的沙角和大角两处置设造船厂和火器局，"行取佛兰西、弥利坚二国各来夷目一二人，分携西洋工匠至粤，司造船械，并延西洋柁师司教行船演炮之法……而选闽、粤巧匠精兵以习之。工匠习其铸造，精兵习其驾驶、攻击"。③ 魏源认为，只有自己亲自动手制造船炮，才能摆脱"外夷"牵制的窘境。魏源不仅在思想上倡导"师夷长技以制夷"，而且在实践中还努力地去探索具体的"师夷长技""尽得西洋长技为中国之长技"的途径。他在亲自编撰的《海国图志》中，对西方先进的兵器，如洋炮、火轮船、地雷、攻船水雷、望远镜等器械的制造和使用的方法进行了详细的介绍，并且附上插图，以便仿造。

① 魏源：《圣武记》卷14，道光二十四年古微堂重刻本，第39页。
② 魏源：《圣武记》卷10，道光二十四年古微堂重刻本，第324页。
③ 魏源撰《海国图志》（上），陈华等点校注释，岳麓书社，1998，第27页。

魏源在《海国图志》的序言中，着重提出了"师夷长技以制夷"的思想。这一命题的提出，反映了进步的知识界在观念上开始走向世界的近代化。过去，中国传统的士大夫是以"内中国而外夷狄"的眼光来看待中国以外的一切事物的，认为除中国之外的"夷狄"均是"化外之邦"。而"师夷长技以制夷"口号的提出，则以客观的态度来重新认识"外夷"，把中国与西方各国置于一个平等的地位来看待。

不仅如此，鸦片战争时期进步知识界还把"师夷长技"与探寻中国近代化的前途紧密联系起来。林则徐在广州查禁鸦片时就指出，必须时常"刺探西事，知其虚实，始可定控制之方"①；魏源则更明确地指出："善师四夷者，能制四夷；不善师四夷者，外夷制之。"② 这就提出了"师夷长技"的目的就在于"制夷"。鸦片战争后，从"睁眼看世界"到西学的大量介绍，开启了中国思想界的新风气。如果说洋务运动是中国现代化的实质性开端的话，那么从"睁眼看世界"到对大量西学的介绍则是中国现代化意识的最早启蒙，这也反映出了一批地主阶级的先进知识分子从中国传统文化的优越感中摆脱出来，冲破了闭关自守、盲目自信的樊篱，清醒地认识到"师夷长技"的重要性，树立了一种朴素的中西文化交流观，为中国近代思想的启蒙发挥了积极的促进作用。

二 西学对中国传统社会的冲击

毋庸置疑，西学的传入对中国传统社会起了强烈的冲击作用，中国的传统社会发生了一系列的变化。鸦片战争前，中国是一个领土完整、主权独立的国家，战后，中国的领土完整遭到破坏，中国的关税自主权、司法权和领海主权也受到西方列强的侵犯，中国由一个独立的主权国家开始逐步沦为半殖民地的国家。

同时，中国社会经济自立的地位也发生了变化。鸦片战争以前，中国是一个自给自足的自然经济社会。战后，西方列强通过一系列的不平等条约，获得了种种经济特权；随着大量的外国商品输入中国，中国的经济日益为西方列强所控制，成为世界资本主义的商品倾销地和原料产地。资本

---

① 林则徐：《四洲志》，张曼评注，华夏出版社，2002，第 27 页。
② 林则徐：《四洲志》，张曼评注，华夏出版社，2002，第 29 页。

主义的经济入侵，逐步瓦解了中国传统的自然经济，中国开始沦为半封建社会的国家。

中国近代社会性质的变化，使社会矛盾也发生了新的变化。在鸦片战争以前，中国社会的主要矛盾是封建地主阶级与农民阶级的矛盾。鸦片战争以后，由于外国资本主义的入侵，社会矛盾更加尖锐和复杂了，不仅给广大的农民群众造成了痛苦和危害，也给统治阶级的统治造成了威胁，从而产生了帝国主义与中华民族之间的矛盾。这样，在封建地主阶级与农民阶级的矛盾之外，又增加了帝国主义与中华民族之间的矛盾，这两大矛盾成为近代中国社会的主要矛盾，制约着近代社会的发展与变化。同时，随着外国资本主义侵略的加深，中华民族与帝国主义的矛盾又成为这两大矛盾中的最主要矛盾，并贯穿于中国近代历史进程的始终。西方列强的入侵，使中国社会内部的矛盾也发生了相应的变化。统治阶级内部的矛盾，逐步带上了变革势力与保守势力之间相互斗争的色彩。在封建自然经济解体和资本主义逐步萌芽的历史条件下，是固守祖宗成法，反对一切新的变革现象，还是适应社会发展的潮流，向西方学习，逐步改变落后的状况，就成为封建统治阶级内部矛盾的焦点。

三 现代化意识的萌生

中国的传统文化在西学的冲击下，无论是从其历史走向，还是从其形态和内容上来看，都发生了根本性的变化，其结果是一种既不同于"中学"亦不同于"西学"的所谓"不中不西、即中即西"文化格局的形成。对此，梁启超形容道："志士扼腕切齿，引为大辱奇戚，思所以濯拔"，又"海禁既开，所谓'西学'者逐渐输入，始则工艺，次则政制。学者若生息于漆室之中，不知室外更何所有，忽穴一牖外窥，则粲然者皆昔所未睹也，还顾室中，则皆沈黑积秽。于是对外求索之欲日炽，对内厌弃之情日烈"。①在这"千古变局"中，人们赖以生存的社会、文化环境都发生了前所未有的变化：新的社会生产力的出现以及由此形成的社会交往形式、社会生活方式、社会结构的变化，从根本上改变了人们的生存环境；传统的闭锁文

---

① 梁启超：《清代学术概论》，朱维铮校注，载《梁启超论清学史二种》，复旦大学出版社，1985，第59页。

化体系被打破，中国传统文化开始由大一统的封闭格局变为直面世界文明的大势。这种局面的变化，使得"中学"不再可能在传统学术文化的天地里自我打转、自然变异，而是"以其极幼稚之'西学'知识，与清初启蒙期所谓'经世之学'者相结合，别树一派，向于正统派公然举叛旗"。①

同时，内忧外患的双重煎迫要求近代中国实现社会的转型，但转型的知识却是中国传统文化所缺少的，于是，经世实学就为中国人提供了接受西学的最初依据，"经世致用"思想便成为推陈出新的重要催化剂。从这个意义上说，"经世致用"之学可称为传统文化母体中的现代因子。

鸦片战争开启了一个全然不同于以往的时代，中国人所面对的问题，已不再是传统生活中所熟悉的问题。以林则徐、魏源等为代表的经世派，以求实的精神面对新的历史局面。他们提出"睁眼看世界"和"师夷长技以制夷"的口号，迈开了向西方学习的关键性一步，"师夷长技"的思想也因此成为现代化意识的萌芽。

第二节　早期东西文化论战与中国现代化的初步尝试

"西学东渐"让先进的中国人看到了西方的各种事物，特别是见识到了部分现代化文明成果，于是，中国社会各阶级各阶层的仁人志士开展了一场又一场的运动，试图通过"向西方学习"的方式找到通往现代化的道路，尽管最终都失败了，但探索中国现代化的初步尝试既彰显了他们力图挽救国家、解救民族危亡的爱国主义精神品格，同时也为中国寻找新的出路提出了鲜明的问题指向。

一　从"鸦片战争"到"洋务运动"（1840~1860年）

鸦片战争以后西方列强的入侵，一方面使中国沦为半殖民地半封建社会，另一方面也使中国人被动地选择了向西方学习的现代化道路。在这一时期，虽然林则徐和魏源对西方文化的认识仅停留在器物的层面上，但却迈出了向西方学习的第一步，从此，先进的中国人便没有停止过向西方学

---

① 梁启超：《清代学术概论》，朱维铮校注，载《梁启超论清学史二种》，复旦大学出版社，1985，第 59 页。

习、探索中国现代化道路的脚步。

从 19 世纪 60 年代开始，随着中华民族危机的进一步加深，封建地主阶级的有识之士开展了以"求强求富"为口号的洋务运动。洋务运动以"中学为体，西学为用"为指导思想。所谓"中体西用"是企图在封建专制制度纲常名教的前提下，引进西方一些先进的经济技术。从本质上说，"中体西用"是中国传统的封建主义思想与外来的资本主义思想碰撞交织的产物，是一种具有两重性的思想。"中体西用"作为洋务派的指导思想，在维护封建主义的政治制度和意识形态方面，反映了洋务派与封建主义思想体系的根本一致性；其区别只在于是赞同还是反对"西学为用"，而这种区别是枝节的、非本质的。因此，"中学为体，西学为用"的洋务思想仍然是一种封建主义思想。"中体西用"是中西文化冲突与融合在这一时期一个很好的例证。在中国面临生死存亡的关键时刻，洋务派选择向西方学习，开展洋务运动，以达到求强求富的目的。然而，面对强大的封建统治势力，洋务派又不得不作出妥协，因而提出了"中体西用"的中庸之策。虽然洋务派坚持"变器不变道"，但他们毕竟承认并主张学习西方先进的技术，比顽固派拒绝学习西方任何先进东西的态度要开明和进步。洋务派正是以此为纲领，先后创办了军事工业和民用工业，创设同文馆，翻译了大量的西方科技著作，开展了洋务运动的实践。虽然洋务运动最终失败了，但它在客观上却为中国现代化道路的探索提供了可贵的经验和教训。

在 19 世纪 60 年代至 90 年代，洋务派的"中学为体，西学为用"思想不仅与封建顽固派的思想并存，而且与早期的维新派思想和后来的康梁改良派思想也有相似之处。"中体西用"思想的这种两重性，反映出洋务派既可以容纳早期维新派的思想，并与之结成同盟，以反对顽固派；同时也可以与封建顽固派结成同盟，以反对康梁维新派。因此，根据"中学为体，西学为用"的不同历史作用，我们可以将它划分为前后两个时期。

第一个时期，从 19 世纪 60 年代到 1883 年中法战争以前，"中体西用"思想在冲破顽固保守思想的禁锢，提倡向西方学习的思想斗争中，起到了解放思想的进步作用。这是因为当时中国社会和思想界面临的最主要问题，是要不要向西方学习的问题。在这个问题上，封建顽固派坚持用所谓"无形之巧"来对抗西方坚船利炮的"有形之巧"，反对向西方学习，把学习西方讥为"事鬼"，试图用所谓"以夷变夏"和"离经叛道"这两根绳索捆住人们的手脚。而这个时期的洋务派，一方面反复强调"泰西各国，一切政事皆无足法"，"中国文武制度，事事远出西人之上"①，表白自己无意改变中国的封建主义政体和纲常礼教，即在"中学为体"这一点上与封建顽固派并无二致；另一方面又坚持认为"道贵乎因时制宜"，必须随时代的不同而变通，并认为"世局之变，非圣人及知，外国之善治，又圣人所未及，古今变局相径庭，不能以圣人之言治治也，即有圣哲复起，亦必师于外国"。甚至认为"即使孔子而生乎今日，其断不拘泥古昔，而不为变通有可知也"，表明"西学为用"即用"泰西之器"以卫中国圣贤之道②，是符合孔子经义的，绝非离经叛道。因此，在中法战争前那种"朝士皆耻言西学，有谈者诋为汉奸，不齿士类"的顽固和僵化的思想状态下，在人们对"西学"的理解仅局限于"西技"与"西艺"认识水平的时期，"中体西用"思想无疑起到了冲破罗网、振聋发聩的积极作用。

第二个时期，1883年中法战争，特别是1894年中日甲午战争以后，"中体西用"论逐渐丧失了历史的进步意义，成为中国社会经济继续近代化的思想障碍。这一时期，谈西学不再如以往那样被诋毁为"士林败类""名教罪人"，而是"识者渐知西法之不能尽拒，谈洋务者亦不以为深耻"③，对于"西学为用"的主张，甚至一些顽固派也表示某种程度的容忍和赞同。因此，当"西学为用"的主张不再被视为离经叛道，"以夷变夏"不再是中国思想界争论的主要问题之后，是否应该对中国的封建政治制度及其意识形态这个"体"进行某些改革，以适应西学即科学技术和资本主义进一步发展的需要，便成为时代前进的主旋律。随着西学更多更广泛地传入中国，人们已逐步认识到，西方国家之所以强盛，不仅在于拥有坚船利炮和先进的科学技术，而且在政治经济制度方面也有许多优于自己的地方，并且认为后者比前者更加重要，因而得出西方国家也有自己的"体"与"用"的概念。当时封建地主阶级的开明人士郑观应谈道："余平日历查西人立国之本，体用兼备。育才于书院，论政于议院，君民一体，上下同心，此其体；练兵、制器械、铁路、电线等事，此其用。"并进而指出："中国遗其体效

① 中国史学会主编《中国近代史资料丛刊·洋务运动》（二），上海人民出版社，1961，第489页。
② 《筹办夷务始末（同治朝）》第25卷，中华书局，1979，第10页。
③ 梁启超：《戊戌政变记》，岳麓书社，2011，第32页。

其用，所以事多扦格，难臻富强。"① 中国仅仅学习西方的制船造炮技术和自然科学是不够的，那样做仅仅是"尚袭皮毛，有其名而鲜其实"，没有学到根本。而要使中国富强，就必须"借法自强"，即参照西方国家的某些政治经济管理制度，对中国的"体"进行全面的改革。对此，封建地主阶级的改革派王韬指出："故昔时患在不变，而今日又患在徒变！"② 这就是说，如果19世纪六七十年代人们担心的是因循保守，不知变通，不愿意学习西方的话；那么，现在所担心的不再是要不要变的问题，而是担心能否从根本上变，而不是在枝节上变的问题，否则将徒劳无功。正是在这个关键问题上，曾经赞同和宣传过洋务思想的早期维新思想家开始与继续坚持"中学为体，西学为用"的洋务派分道扬镳。虽然在19世纪八九十年代，还有少数维新思想家继续借用"中学为体，西学为用"的概念，但已将它局限于学术范围之内。同时，他们对将"体"与"用"割裂开来的"中学为体，西学为用"说提出了严厉的批评，维新派的代表人物严复强调指出："体用者，即一物而言之也。有牛之体，则有负重之用；有马之体，则有致远之用；未闻以牛为体，以马为用者也。中西学之为异也，如其种人之面目然，不可强谓似也。故中学有中学之体用，西学有西学之体用，分之则两立，合之则两亡。"③ 因此，当维新派将其由理论宣传发展成为1898年的维新政治运动时，"中体西用"说便完全成为对封建君主制度进行改革的思想障碍。

历史表明，洋务运动企图在不改变封建专制制度和文化观念的前提下，引进西方先进的经济技术，以达到"富国强兵"的目的，只能是一种不切实际的幻想。因此，洋务运动的失败就成为历史的必然。同时，洋务运动的失败再次激发先进的中国人继续探索中国的现代化之路。

二　从"洋务运动"到"维新变法"（1860～1898 年）

甲午战争的失败使中国的士大夫认识到，器物救国不能从根本上解决问题，洋务运动失败的根源在于封建制度的腐朽和落后，因此，除了学习

---

① 中山市人民政府编《郑观应志》，广东人民出版社，2009，第341页。
② 忻平：《王韬评传》，华东师范大学出版社，1990，第119页。
③ 马勇、徐超编《严复书信集》，福建教育出版社，2022，第127页。

西方先进的科学技术之外，还要学习西方先进的政治制度。康有为、梁启超所领导的戊戌维新运动则标志着探索中国现代化的新阶段的到来。

戊戌维新思想的主要代表人物是康有为、梁启超、严复和谭嗣同。康有为在新孔学的名义下形成了一个较为完整的思想体系；梁启超着重于对民权和变法思想的宣传；严复则成为传播西学的大师；谭嗣同反封建最为激烈，把批判的锋芒直指清王朝。他们的思想互相影响，形成了一个紧密联系的整体。这一时期维新思潮的内容主要有以下几个方面。一是以社会历史进化论为理论基础的变法思想。二是对封建专制主义的全面批判。三是以西学"天赋人权"为核心的初步民主思想。以进化论为变法的理论基础，具有振聋发聩，唤起民族觉醒，号召人们挽救民族危亡的作用，向世人表明要解决民族危机，必须要变法。对封建专制主义的批判，藐视君主权威，用资产阶级的观点解释君臣关系，对后来资产阶级革命派产生了直接的影响。"天赋人权"的思想突破了早期改良派"中体西用"论的局限，强调学习西方的政治学说，形成了初步的民主思想。在维新思想的指导下，以康有为为首的改良派，突破了顽固派"天不变道亦不变"和洋务派"变器不变道"的框框，认为"变"是宇宙间的普遍规律，主张"能变则全，不变则亡，全变则强，小变仍亡"。同时，他们还主张在经济上发展资本主义工商业；在政治上设议院，实行君主立宪；在教育上废科举，办学校，学西学；在思想上传播西方的科学和民主精神。这无疑将中国现代化道路的探索再次向前推进了一步。

戊戌维新运动时期，维新派和洋务派从不同的阶级利益出发，赋予"中体西用"以不同的内涵和外延，从而引发了在文化教育领域里的激烈斗争。当时斗争的焦点，在于是否要改变封建专制政体，是否要在中国发展资本主义。洋务派的所谓"中学"，是指中国经史之学，即封建的伦理道德，包括四书、五经、中国史事、政书、地图等。洋务派认为，学生学习应该首先从"经、史、子、集"学起，然后才可以学有利于巩固封建统治的"西学"。为此，张之洞指出："讲西学必先通中学，乃不忘其祖也。"①只想"先通经以明我中国先圣、先师立教之旨；考史以识我中国历代之治乱、九州之风土；涉猎子集以通我中国之学术文章，然后择西学之可以补

---

① 苑书义等主编《张之洞全集》，河北人民出版社，1998，第 9705 页。

吾阙者用之、西政之可以起我疾者取之，斯有其益而无其害"。① 在 "为体" 的 "中学" 中，张之洞更看重 "三纲五常" 的伦理道德，认为它是 "五经之要，百行之原"。同时，他还引用董仲舒的 "道之大原出于天，天不变，道亦不变" 的观点来论证 "三纲" 乃是千年不易之道，强调 "圣人所以为圣人，中国所以为中国，实在于此"。② 此外，张之洞还将 "三纲" 中的 "明君臣之纲" 作为第一要义，反对维新派提倡的有限民权和君主立宪思想，指责 "民权之说无一益而有百害"，"是无父无君之邪说"。③ 由此可见，洋务派 "中学为体" 思想的本质，就是为了维护封建的专制制度和传统的纲常名教，这无疑阻碍了社会历史的进步。

清政府第一位驻外使节郭嵩焘也看出了 "西学" 的本末之道。他在《条议海防事宜》中，对当时只单纯学习西方 "坚船利炮" 的现象提出了批评，指出："诚使竭中国之力，造一铁甲船及各兵船，布置海口，遂可以操中国之胜算，而杜海外之觊觎，亦何惮而不为之？……果足恃乎，果不足恃乎？此所不敢知也。"④ 在他看来，中国应首先了解西方的国政、军政和商情，然后才可效法 "用兵制器" 的方略。"夫政教之及人本也；防边末也……敬绎六条之议：如练兵、制器、造船、理财，数者皆末也。"⑤ 继郭嵩焘之后，类似的观点接踵而来。马建忠认为，西方强盛的根本原因在于："学校建而志士日多，议院立而下情可达。"⑥ 郑观应也认为，"乃其知治乱之源，富强之本，不尽在船坚炮利，而在议院上下同心，教养得法"⑦，并倡导在中国设议院，行立宪。"所冀中国上效三代之遗风，下仿泰西之良法……则长治久安之道，固有可预期矣。"⑧

"戊戌变法" 时期的中国思想界已清醒地看到政法制度是西学之本，是中国 "扫除更张，再立堂构" 所首应接纳的 "洋务" 之 "根本"。"中体西用" 论者自己也不同程度地看出 "西洋立国，有本有末，其本在朝廷政教，

---

① 苑书义等主编《张之洞全集》，河北人民出版社，1998，第 9725 页。
② 苑书义等主编《张之洞全集》，河北人民出版社，1998，第 9715 页。
③ 苑书义等主编《张之洞全集》，河北人民出版社，1998，第 9721 页。
④ 《郭嵩焘奏稿》，杨坚校补，岳麓书社，1983，第 346 页。
⑤ 《郭嵩焘奏稿》，杨坚校补，岳麓书社，1983，第 344 页。
⑥ 马建忠：《适可斋记言记行》，辽宁人民出版社，1994，第 54 页。
⑦ 中山市人民政府编《郑观应志》，广东人民出版社，2009，第 161 页。
⑧ 夏东元编《郑观应集》（上册），上海人民出版社，1982，第 103 页。

其末在商贾、造船制器"①，西人不再是"形而下""以器胜"，西洋之末胜
于中学之末，其依据还在朝廷政教之本。

我们应该看到，同样主张"中体西用"说的人，各自的直接目的并不
一样。因此，他们对这一命题的理解角度和强调侧面便大相径庭。洋务派
以"中体西用"为理论纲领，本意是用"西用"来捍卫"中体"，其中既
包括用西方先进的火炮来屠杀太平天国农民军，以捍卫被革命浪潮冲得摇
摇欲坠的封建朝廷；又包括面对咄咄逼人的西方列强的不断要挟恫吓，有
必要用"西艺""西技"来加强清廷的力量，以保全"天朝上国"的虚骄
面子。洋务派鼓吹"中体西用"，是为了在陈腐、僵化的封建文化的一统天
下之中，为新思想的立足打进一个楔子，为的是让"西用"得以在"中体"
之中存身。而维新派对"中体西用"表示出的强烈兴趣，则是由于他们机
敏地将这一现成口号服务于自己的变法活动，他们认为："考东西各国，无
论何等学校，断未有尽合本国之学而能讲他国之学者；亦未有绝不通本国
之学而能通他国之学者。"②

此后，在政治变革的浪潮中，中国封建社会政治体制的保守性日益显
露。然而，当中国的统治者在政治上固守"中体西用"的防线，拒绝近代
的民主主义精华之时，知识分子在思想上日益倾慕西洋文化，以至于后来
出现了全盘西化的思潮。

三 从"维新变法"到"辛亥革命"（1898～1911 年）

维新变法运动的失败使国人认识到，走改良式的现代化之路是行不通
的，只有采用暴力革命的手段才能实现自己的目标。

这一历史的重担就落在了以孙中山为代表的民族资产阶级身上。孙中
山以三民主义为其革命纲领。其三民主义纲领中民族主义的直接目标是推
翻封建专制制度；民生主义的内容是平均地权；而最具特色的民权主义是
从西方知识中搬来的天赋人权和资产阶级共和国方案。孙中山首先提出一
切权力归人民，但因担心民众觉悟水平低下不可能实行直接民权，孙中山

---

① 广东省地方史志编纂委员会编《广东省志·人物志》（上），广东人民出版社，2002，第
163 页。

② 朱有瓛主编《中国近代学制史料》第 1 辑（上册），华东师范大学出版社，1983，第 602 页。

又提出"权""能"分开说，即民众把治权托付给能者，而有能者则忠心为人民服务。为防止权力被滥用及过分集权而产生腐败，孙中山还规定了有关权力制衡机制。其中外部制衡机制是人民享有选举权、罢免权、创制权、否决权等直接民权；内部制衡机制则吸收了欧美国家三权分立原则，并结合古制形成了行政、立法、司法、考试和监察五权分立说，并为其实现而浴血奋战。

可是辛亥革命因对传统文化的影响和巨大潜力的低估，使其没有彻底扫荡三纲五常等腐朽观念，因而没有能够取得经济政治改革的彻底胜利。但在思想文化上，它开始了科学与民主的启蒙；在国民素质上，它启动了人的现代化工程；在社会建构上，它引发了现代团体活动和意识；在经济秩序上，它初步建立了资本主义经济伦理。

在中国早期现代化的进程中，如果说洋务运动是中国早期现代化在器物层次的探索阶段，那么戊戌维新使它开始进入制度层次的探索阶段，而戊戌维新改良式的制度探索失败，促使民族资产阶级发动了辛亥革命，破旧立新，建立共和政体，继而进行制度改革，企图以此使中国尽快走上现代化之路。可事非所愿，这就促使中国人开始反思自己传统文化的力量。五四运动便使早期现代化进程的探索开始转向文化层次阶段。综上所述，在中西文化的交流与融合中，如何继承和发扬中华民族固有之优秀文化传统，吸收外来文化之精华以补本国文化之缺失；在中国现代化的进程中，如何从中国的国情出发，借鉴西方发达国家的文明成果，仍然是中国今天面临的一个重要问题，也是我们需要继续探讨的问题。

第三节 "西学东渐"与中国儒学的价值走向

晚清时期，中国儒学在东西文化冲突中面临着爱国保皇、好利求富、民主自由等多种价值选择，儒学在挑战与选择中对西学作出了不同程度的回应，从在传统框架下探知西学到反思传统、学习西学，从改造儒学、学习西学到批判儒学、文明西化，儒学走过了一段艰难的改造与裂变历程。儒学的价值选择、对西学的回应、改造的历程折射出晚清传统文化的演变特征。

一 东西文化冲突中儒学面临的价值选择

晚清时期，西学东渐，东西文化冲突加剧，西方工业文明与东方农业文明第一次交锋。西方工业文明在这次较量中显示出其无与伦比的优越性，东方农业文明则遭遇了前所未有的挫折。在这场东西文明直面交锋、激烈碰撞的背景下，儒学受到了严重挑战，面临多种价值选择，呈现出由主动防守到被动开放、由浅层调整到深层改革的多层面全方位变化特征，其价值取向也由传统到现代、由中学到西学渐行渐进。

1. 爱国保皇取向

鸦片战争结束后，清政府面临着内忧外患的困境。士大夫们对中国面临的危机认识较深刻。如李鸿章说："倘山陬海隅，有不肖之徒，潜师洋法，独出心意，一旦辍耕太息，出其所为精能，官兵陈陈相因之兵器，孰与御之？"① 清政府面对生存危机，在"师夷长技以制夷"思想的指导下，购买西洋武器，以期救亡图存。"东南贼氛蔓延，果能购买外国船炮剿贼，必能得力。"② 这流露出士大夫们反思儒学、爱国保皇的价值取向。这是在传统儒学母体中分离出来，以"忠君"为核心内容，以"变"为指导思想的价值观，首次冲决了"夷夏大防"说的思想桎梏，开始"睁眼看世界"，萌生出"师夷长技""购买外国船炮"等利用夷人之长补自己之短的价值理念，尽管这一价值观仅存在于少数士大夫阶层，但它走在时代前沿，代表了当时儒学价值观的发展趋势。

2. 好利求富取向

随着西方列强对中国侵略的加剧，西洋的器物、知识、观念深入持久地渗透到中国社会各层面，影响到中国人的日常生活方式，冲击着人们的伦理价值观。首先，是"重本抑末"观念的动摇。建立在农业文明基础之上的价值观以"重本抑末"为核心，长期以来很少有人对其提出质疑。但在晚清洋务运动"求强""求富"思想的推动下，"兴工商"不再被人们排斥，取而代之的是接受和肯定。这意味着"重本抑末"思想开始受到"重商"观念的挑战。其次，"重本抑末"深层的伦理观念即"重义轻利"思想

① 《筹办夷务始末（同治朝）》第25卷，中华书局，1979，第10页。
② 《曾国藩全集·奏稿》（中卷），河北人民出版社，2016，第125页。

逐步瓦解。从董仲舒到朱熹，均一步步强化"重义轻利"的伦理观，朱熹的"存天理，灭人欲"把这一伦理观发展到了极致。但在晚清东西文化冲突交锋中，"以贫交富，以弱敌强，未有不终受其弊者"①，以富求强不仅是历史必然，而且成为当时引领潮流的伦理价值观。以"好利求富"为价值取向，一股寻"富"、求"富"的风气在中国悄然兴起。如《申报》所言："天下之攘攘而往者何为？熙熙而来者又何为？曰为利耳。……利，时之义大矣！……吾茫茫四顾，见四海之大，五洲之众，非利无以行。"② 还有一些现象反映了市民阶层消费观的变化：人们不耻于"行为不端""目不识丁"，却耻于奢华不如人。"一耻衣服之不华也"，"一耻不乘肩舆也"，"一耻坐只轮小车也"，等等。③

3. 民主自由取向

维新运动失败，慈禧太后提出"量中华之物力，结与国之欢心"④，国人对之甚为失望。随着西学持续深入的渗透，人们的价值观从"好利求富"上升到了"民主""自由"高度。如薛福成指出："西国富强之原"在于"通民气""保民生""牖民衷""养民耻""阜民财"，⑤ 强调了"民"是国家主体、财富之源、富强之本，要求"民"在政治上有发言权，体现出"民主、自由"的伦理价值观。

二 西学冲击下儒学的多重反应

在中西文化冲突中，儒学在新的伦理价值观的推动下，被动、被迫地回应，并展开了艰难的改造历程。在儒学体系下成长起来的人们或坚决捍卫之，或温婉改造之，或猛烈抨击之，不一而足。

1. 固守传统，窥视西学

在新价值观的驱动下，面对西学冲击，儒学最初的反应是居高临下，在儒学的框架中从缝隙里看西学，并没有突破传统儒学的窠臼，呈现出

---

① 金满楼：《细读晚清七十年》，华文出版社，2021，第71页。
② 《利害辨》，《申报》1890年7月23日，第1版。
③ 《申江陋习》，《申报》1873年4月7日，第2版。
④ 《1901年2月14日慈禧太后上谕："宁与友邦，不予家奴。量中华之物力，结与国之欢心。"
⑤ 丁凤麟、王欣之编《薛福成选集》，上海人民出版社，1987，第626页。

"器求新，道求旧"① 的文化特征。

早在春秋战国时期，中国就有"夷狄虽有君长，而无礼仪，中国虽偶无君，而礼义不废"② 的观念，此意为华夏是文明之邦，夷狄是野蛮之邦，因此，需以华夏为中心，遵循华夏流向夷狄的单向文明传播路径。此种建立在农业文明基础上的"夷夏大防"观在中国持续了近三千年。当"师夷长技以制夷"思想提出后，立即引起众人的反对，绝大多数清朝文武官员坚持认为西人之技是不符合伦理纲常的"奇技淫巧"，不值得一提。进而引发了一场"夷夏大防"说与"师夷长技"说的辩论。"夷夏大防"说认为，西学不能学也不足学，从"仁、义、礼、智、信"等为首的纲常伦理出发来驳斥西学，认为西学重术数而轻礼仪。而"师夷长技"说认为，中国要想御敌于国门之外，必须学西方军事制造之术、算学格致之理。

继"师夷长技"说之后，"西学中源"说和"中体西用"说并行，"西学中源"说为"中体西用"说提供了理论依据，"中体西用"说则为"西学中源"说拓展了时代空间，两者相互补充、互为彼此。"西学中源"说核心为"外夷奇器，其始皆出中华；久之中华失其传，而外夷袭之"。③ 从该理论出发，"中体西用"说者找到了理论依据与心理依托，西学既然源自中国，因为时势所需再来学习西学无非学习中国原有的东西罢了。学西学的目的是为"中体"所用，即用来维护中国封建专制体制、道德观念与文化体系。

2. 反思传统，学习西学

"西学中源"说与"中体西用"说因社会深刻变革与"好利求富"价值观的深入渗透已不能适应时势发展，中国社会掀起了反省儒学的思潮，开始在反思传统中学习西学。

甲午战后，中国民族危机加深，习惯于学习中华文明的日本，在甲午战争中大败中国，中国人的民族自尊心严重受挫，开始深刻反思传统儒学。主要体现在以下几个方面。一是对"夷夏大防"说的怀疑和批判，如，康有为主张："当以开创之势治天下，不当以守成之势治天下；当以列国并立

① 龚书铎主编《中国近代文化概论》，中华书局，1997，第 26 页。
② 蒋绍愚：《论语研读》，中西书局，2021，第 35 页。
③ 林昌彝：《射鹰楼诗话》，王镇远、林虞生标点，上海古籍出版社，1988，第 43 页。

之势治天下，不当以一统垂裳之势治天下。"① 王韬认为："华夷之辨，其不在地之内外，而系于礼之有无也，明矣。苟有礼也，夷可进为华。苟无理也，华则变为夷。岂可沾沾自大，厚己以薄人哉？"② 二是对"西学中源"说的否定。如严复认为："古人发其端，而后人莫能竟其绪；古人拟其大，而后人未能议其精，则犹之不学无术未化之民而已。祖父虽圣，何救子孙之童昏也哉！"③ 他承认中国传统儒家文化与西方外来文化之间有相通之处，且中国文明曾一度领先世界，但他坚决反对"西学中源"说。他认为以古人的成就来掩饰当前的落后，是一种自欺欺人的行为。

在对"夷夏大防"说与"西学中源"说的批判中，人们理出了一条新的中西文化观，即"中西会通"说。"中西会通"说摆脱了中主西辅的文化理路，把西学提到与中学对等的地位来加以认识。如梁启超认为："居今日而言经世，与唐宋以来之言经世者，又稍异。必深通六经制作之精意，证以周秦诸子，及西人公理公法之书，以为之经，以求治天下之理；必博观历朝掌故沿革得失，证以泰西希腊、罗马诸古史，以为之纬，以求古人治天下之法；必细察今日天下郡国利病，知其积弱之由，及其可以图强之道，证以西国近史宪法章程之书，及各国报章以为之用，以求治今日之天下所当有事，夫然后可以言经世。"④

3. 改造儒学，肯定西学

儒学在西学冲击下，被内外双重力量所作用，从而逐渐被解构。国人的中西文化观逐渐突破儒学的窠臼，开始追求用西学改造儒学。当时部分国人充分认识到西方文明的优越性，彻底抛弃了"中体西用"说及"西学中源"说，以"兴民权"、实行"君主立宪"为目标，呼吁和敦促中国传统政教向西方学习，与世界接轨。从学习西方的"器皿技艺"到学习西方的"校体官制"，中国经历了洋务运动、维新运动、清末的"新政"和"预备立宪"，尽管它们在不同程度上取得了一定的社会效应，但与当时急剧发展的国内外形势相比，步伐仍显滞后，不足以应对内忧外患的国情，也不足以安抚处在水深火热之中以求解脱的民情。

---

① 汤志钧编《康有为政论集》（上册），中华书局，1981，第122页。
② 王韬：《弢园文新编》，李天纲编校，中华书局，2012，第131页。
③ 〔英〕赫胥黎：《天演论》，严复译，欧阳哲生导读，贵州教育出版社，2014，第27页。
④ 夏晓虹编《梁启超文选》（下卷），福建教育出版社，2020，第288页。

1903~1911 年，部分知识分子提出习西方之公理，扫清灭洋。如《国民报》所言："我同胞之国民，当知一国之兴亡，其责任专在于国民。世界万国，以有民权兴，无民权而亡者，而踵相接、背相望。是故我今日即不念亡国为奴之惨，亦当外鉴当世，而蹶然兴起矣。"[1] 又如邹容在《革命军》中指出，"张九世复仇之义，作十年血战之期，磨吾刃，建吾旗"，同清王朝驰骋于枪林弹雨中，然后，扫除干涉中国主权的"外来之恶魔"。[2] 他主张以革命的手段推翻清政府，以结束象征旧文化、推行旧儒学的政体。以邹容为代表的一批知识分子通过维新运动与义和团运动，对清政府认识得更为深刻，这时不再羞羞答答、言辞含混地为维护其统治找文化依据，而是直面清政府，揭穿其镇压人民、崇洋媚外、阻碍社会进步的本质，坚决主张推翻之。

如果说挑战权威、改造儒学是文化手段，那么，这些知识分子最终目的是倡导建立西学体系下的民权政体，要求"建立中央政府，为全国办事之总机关"，"于各省中投票公举一总议员，由各省总议员中投票公举一人为暂行大总统，为全国之代表人；又举一人为副总统。各州府县又举议员若干"，"凡是国人，男女一律平等，无上下贵贱之分"，"不得侵人自由，如言论、思想、出版等事"。[3] 从学习西学之"公器"上升到了学习西学之"公理"。在这一文化观的指导下，中国社会掀起了革命浪潮，全国各地大大小小以"扫清灭洋"为目标的革命活动风起云涌。

4. "文明西化"，"保存国粹"

在"民主自由"价值观的推动下，学西学之风日盛，"学生日多，书局日多，报馆日多"[4]，中国出现"文明西化"与"保存国粹"思想的并立。

文明论者学习西学心态急切，坦言中国落后，甚至承认并宣讲"白优黄劣"论，坚持在文化、风俗、语言上"脱亚入欧"。辛亥革命后，一批文明论者认为革命之所以流产是因为国民意识保守、落后，必须启发民智、改造国民性，因此在国内掀起了以《新青年》为主要阵地的新文化运动。运动前期，西学如决堤的洪流以不可阻挡之势弥漫于中国社会，深入到各

---

① 《二十世纪之中国》，《国民报》1901 年 5 月 10 日。
② 邹容：《革命军》，中华书局，1971，第 5~6 页。
③ 赵恒烈、徐锡祺主编《中国历史资料选》（近代部分），河北人民出版社，1986，第 202 页。
④ 梁启超：《饮冰室合集》第 2 册，中华书局，1989，第 36 页。

阶级、各阶层、各领域，兴起了"全盘西化"之风。

当"白优黄劣"论传出之后，提出者的本意是用以优劣汰的道理启发国民，结果经辗转流传被部分民众所误解，成为带有民族自卑心理的论断。这是有强烈爱国心的广大民众所不能接受的，也是坚持"保存国粹"论者所不能容忍的。国粹论者驳"醉心西化"者说："海波沸腾，宇内士夫，痛时事之日亟，以为中国之变，古未有其变，中国之学，诚不足以救中国。于是醉心欧化，举一事革一弊，至于风俗习惯之各不相侔者，靡不惟东西之学说是依。"①

"文明西化"者与"保存国粹"者虽在文化态度、文化方向上势不两立，但"保存国粹"论有保守固执、落伍于时代之嫌。需要肯定的是，无论是"全盘西化"论还是"保存国粹"论，均以救国救民为基础积极探索中国的出路。

三 从儒学的价值走向看晚清传统文化的演变特征

儒学作为中国传统文化的主体，在 20 世纪初受到了西方文明的剧烈冲击，由主流文化形式逐步演变为边缘文化形式，其价值选择过程和对西学的系列反应折射出中国传统文化的演进理路与时代特征。

1. 中国传统文化演变呈现出新旧杂陈徘徊式前进的特点

从儒学的价值观来看，其呈现出价值观念评价体系新旧杂陈的特点。如《申报》中反映市民阶层消费观变化的表述，人们不耻于"行为不端""目不识丁"，却耻于奢华不如人，"一耻衣服之不华也"，"一耻不乘肩舆也"，"一耻坐只轮小车也"。② 其内容反映出"好利求富"价值观之新，"不耻于"却揭示出评价体系之旧。从儒学的反应过程来看，"夷夏大防"说与"师夷长技"说之间的辩论、"西学中源"说与"中西会通"说之间的论争、"文明西化"论与"保存国粹"论之间的论战，均呈现出新旧文化形态并存交错、徘徊前进的特征。

2. 中国传统文化演变呈现出"剥洋葱"式的解构态势

儒学自身发展脉络和对西学的反应过程揭示出传统文化的发展理路，

---

① 黄节撰《"国粹学报"叙》，《国粹学报》第 1 卷第 1 期，1905 年 2 月。
② 《申江陋习》，《申报》1873 年 4 月 7 日，第 2 版。

传统文化走出了一条从固守传统、以旧化新到反思传统、直面西学乃至抛弃传统、宣扬西学的解构之路。"西学中源"说较之"夷夏大防"说，其进步之处在于不盲目排外，开始考虑中西文化的关系问题，但仍以中学为大自居。"中西会通"说较之"西学中源"说，开始把西学置于和中学同等重要的地位加以学习。"文明西化"论较之"中西会通"说，则把西学上升到比中学更加优越的地位，部分知识分子开始抛弃传统、全盘西化。从中可以看出，西方文化在步步进逼，传统文化在层层解构，其形式犹如"剥洋葱"。

3. 中国传统文化同西学之间有冲突又有融合，二者在碰撞交织中相互扬弃

中国传统文化与西方文化、农业文明与工业文明之间，并没有一条"非此即彼"的道路。西方文明固然卓越，但毕竟是工业文明培育下的另一种历史经验，一种与当时中国国情迥然不同的文化体系。想要以某种陌生的经验完全取代我们所固有的一切，是不可能的。当然，这并不意味着文化的移植、转换和更新亦无可能。它不过向我们证明：冲突与震荡之中的文化更新绝不可能离开传统而独立地完成。诚如陈寅恪所说："释迦之教义，无父无君，与吾国传统之学说，存在之制度，无一不相冲突。输入之后，若久不变易，则决难保持。是以佛教学说，能于吾国思想史上，发生重大久远之影响者，皆经国人吸收改造之过程。其忠实输入不改本来面目者，若玄奘唯识之学，虽震动一时之人心，而卒归于消沉歇绝。"[①]

---

① 陈寅恪：《金明馆丛稿二编》，生活·读书·新知三联书店，2001，第283页。

第二章　新文化运动与中国现代化的走向

正值国人志士探索现代化屡屡受挫之时，一批具有现代思想观念的中国先进知识分子，着手从文化转型和政治变革的视域重新谋划国家出路，试图找到救国救民和实现中国现代化的新路径，由此掀起了轰轰烈烈的新文化运动，这是一场促进思想解放的启蒙运动，是近代中国探索现代化的历史进程中一个重要转折点，它加速了中国现代化的历史进程。正是这场运动，孕育了领导未来中国现代化的新生力量，打开了思想解放的闸门，为新的科学的先进思想在中国的广泛传播扫清了思想障碍。

第一节　早期中国现代化探索实践的层次演进

先进的中国人之所以发起新文化运动，是与早期中国现代化的一系列探索实践成效甚微分不开的。中国在鸦片战争中的惨败让一些国人直观性地认为是"器物不如人"，由此试图通过器物层面的现代化来实现国富民强，但最终失败；后来，部分知识分子通过观察和反思又认为是"制度不如人"，试图通过改良中国政治制度走上资本主义道路，也未能成功；再后来，部分国人痛定思痛，认为解决国家出路问题的根源在于思想文化层面，觉得是"思想文化不如人"，要用新文化取代旧文化，于是掀起了新文化运动。

一　器物层面的现代化

中国文化与西方文化接触后，立刻就形成一个全面的抗阻阵线；而第一道被西方文化冲破的便是最外层的器物技术防线。这就是张之洞所说的西学为"用"的"用"，其中最明显的就是洋务运动提倡学习西方的"坚船利炮"。因为在当时的文化意识上，中国知识分子认为西方文化之高于中国者在此（即"坚船利炮"）而不在彼。在当时的政治情势下，这是中国政治人物认为唯一可免于亡国的道路（即魏源所谓"师夷长技以制夷"），汤因比在《远东与西方》一书观察中、日两国对西方的反应时指出，19世纪之际，中国的政治家认为采取西方技术是一种合理的冒险与迫切的需要。此足以表示，为何他们从西方选择一些他们并不感兴趣的事物。因为这比之被西方人征服，无论如何是一"较少的罪恶"。[1]

在中西文化接触的过程中，器物技术的转变是最先的。这不仅是洋枪取代了中国的大刀，洋船取代了帆船，在中国都市与乡村，还可以看到电灯取代了油灯，汽车取代了人力车，机器取代了大水牛，等等，在某种意义上说，经济发展代表的是器物技术的转变，所以经济的现代化总是比政治与思想的现代化来得早而且顺利。但是当器物层面的现代化受阻后，人们便开始深入思考其内在原因，于是，制度上的现代化便被部分先进的中国人所认识。

二　制度层面的现代化

制度层面的现代化较之器物技能层面的现代化更深一层。因为制度较之器物对人的影响更大，所以阻力也更大。

制度层面涉及西学的"体"，当西学之"体"与中学之"体"碰头时，冲突便进一步激化。"用"触及文化的表层，"体"却触及文化之内层。所以在中国现代化的行动中，制度的现代化是较器物技能的现代化落后一步的。洋务运动的代表人物虽然是时代的先觉者，但他们的识见却只局限于器物技能的现代化上，蒋廷黻指出，他们对于西洋的机械是十分佩服的，十分努力要接受的，他们对于西洋的科学也相当尊重，并且知道科学是机械的基础。但是他们毫无科学机械的常识，此处更不必说了。他们觉得中国的政治制度及立国精神至善美，无须学西洋的。事实上他们的建设事业遭到旧的制度和旧的精神的阻碍。[2] 中国制度上的现代化实际上是从维新运动才开始的，而真正大规模的改革则到孙中山领导的辛亥革命爆发后才得以展开。

---

[1]　A. Toynbee, *The World and West*, Meridian Book, The World Publishing Co, 1964, p. 271.
[2]　蒋廷黻：《中国近代史》，上海古籍出版社，2004，第62页。

维新运动的宗旨在于在中国建立英国式的君主立宪制度。维新派所主张的废八股、设学校、开办银行、鼓励创办报纸等，的确比洋务派所做的更"切中要害"，更能推动中国的现代化。然而，维新派的点滴改良，也不为以慈禧太后为代表的封建顽固势力所允许，维新运动以失败而告终。

孙中山领导的辛亥革命可以说是继承了维新派的现代化精神，向前迈进了一步。中华民国的成立，是中国亘古以来制度上的一大变革，这种变革改变了中国传统的政治结构。但中国封建文化势力的强大使他始料未及。很快这种现代化尝试的革命果实被封建军阀所窃取。这使先进的中国人再次深入思考中国的现代化出路障碍何在。

三　思想文化层面的现代化

由上可见，西方的器物技术已被中国采用而部分实现现代化了，西方制度已被中国陆续模仿而具有现代化的因子了，但是西方的思想行为却很少为中国接受，这就形成了文化的"脱序"现象。它一方面形成了器物技术与思想行为的"脱序"，另一方面也形成了制度与思想行为的脱节。因此，新文化运动便从思想行为伦理纲常的深处来启发国民，以推动中国思想文化的现代化。

中国思想行为的现代化以陈独秀为首而展开，在思想文化界引起了长达十多年的论争。但几十年后，人们才发现中国人的思想行为始终是一只脚向"前"，另一只脚向"后"，科学与民主的口号人人都会喊，但科学与民主的精神始终是模糊的。新文化运动在"破"的方面相当深入，但在"立"的方面还显不足。中国传统的价值系统已被推倒，但西方新的思想却没能在中国系统地生根，1919 年前后的几次关于东西文化的论争没有也不可能真正引起中国现代化的质变，只有马克思主义在中国传播后，才为中国现代化结出了新的种子。"走俄国人的路"成为中国人的最终选择。

第二节　新文化运动的兴起和东西文化的论争

新文化运动的倡导者以改造中国的国民性为目的，毅然发起一场新的启蒙运动，试图把国人从封建思想的束缚中解放出来。他们致力于宣传新思想和新文化，主张用新文化批判旧文化、用西方文化取代中国传统文化，如此的态度和行为必然激起一些人的强烈反对，这就势必要引起一场关于中西文化问题的论战。

一　新文化运动的兴起

辛亥革命推翻了清王朝，但是并没能从政治上、经济上摧垮封建势力在中国的统治。政治上，封建复辟闹剧此起彼伏；文化上，尊孔复礼纷至沓来。这就使得先进的知识分子开始认识到，封建的旧思想、旧文化、旧道德严重地束缚着中国现代化的步伐，必须实行观念形态的彻底变革，中国的现代化才有希望。同时，他们力图吸取辛亥革命失败的教训，从思想文化的高度去寻求救国救民的出路，在文化领域里展开批判"旧文化"的"新文化"运动，掀起了文化大论争的热潮，形成了百家争鸣的局面。

首先举起新文化运动旗帜的是陈独秀。陈独秀认为思想文化上的变革对社会政治变革起着重要的推动作用，他指出："自西洋文明输入吾国，最初促吾人之觉悟者为学术，相形见绌，举国所知矣；其次为政治，年来政象所证明，已有不克守缺抱残之势，继今以往，国人所怀疑莫决者，当为伦理问题。此而不能觉悟，则前之所谓觉悟者非彻底之觉悟，盖犹在惝恍迷离之境。"[①]

从 1915 年 9 月《新青年》（前身为《青年杂志》，第二卷起改为《新青年》）创刊起，以陈独秀为代表的先进知识分子拉开了新文化运动的帷幕。陈独秀以《法兰西人与近世文明》开篇，树起了新文化运动的大旗。这篇文章刊登在《青年杂志》第 1 卷第 1 号上。陈独秀在该文中将世界文明分为两个部分，即"东洋文明"和"西洋文明"。他说："代表东洋文明者，曰印度，曰中国，此二种文明虽不无相异之点，而大体相同，其质量举未能脱古代文明之窠臼，名为近世，其实犹古之遗也。可称曰近世文明者，乃欧罗巴人之所独有。"[②] 他认为"欧罗巴文明"即为"近代文明"，而"近代文明之特征，最足以变古之道，而使人心社会划然一新者，厥有三事：一曰人权说，一曰生物进化论，一曰社会主义是也"。[③] 陈独秀以《人

---

① 陈独秀：《吾人最后之觉悟》，《青年杂志》第 1 卷第 6 号，1916 年 2 月。
② 陈独秀：《法兰西人与近世文明》，《青年杂志》第 1 卷第 1 号，1915 年 9 月。
③ 陈独秀：《法兰西人与近世文明》，《青年杂志》第 1 卷第 1 号，1915 年 9 月。

权宣言》中的"自由、平等、博爱"为其战斗口号，并以此作为反对封建专制特权的思想内核。

继《法兰西人与近世文明》之后，陈独秀又发表了《东西民族根本思想之差异》，从三个方面比较了东西民族根本思想之差异。其一，西洋民族以战争为本位；东洋民族以安息为本位。其二，西洋民族以个人为本位；东洋民族以家族为本位。其三，西洋民族以法制为本位，以实力为本位；东洋民族以感情为本位，以虚文为本位。同时，陈独秀在《吾人最后之觉悟》一文中，从西学东渐说起，从文化的觉悟、政治的觉悟、伦理的觉悟三个方面阐述了以西洋文化代替专制文化，以资产阶级的民主共和代替封建专制，以西方伦理替代东方孔教伦理的思想。这一系列文章在思想界犹如飓风向封建文化袭来，同时也标志着新文化运动的开始。

新文化运动早期的主要骨干有胡适、鲁迅、吴虞、易白沙、钱玄同等人。从 1915 年 9 月开始到 1919 年五四运动爆发之前，新文化运动主要提倡和宣传了以下几个方面的重要内容。（1）提倡民主，反对专制；提倡新道德，反对旧道德。（2）提倡科学，反对迷信。（3）提倡新文学，反对旧文学。

新文化运动从兴起就伴随着东西文化的比较与论战。五四时期的文化论战持续十余年之久，大致可以分为三个阶段。第一阶段从 1915 年《新青年》创刊到五四运动的爆发，主要是以陈独秀为代表的新文化主流派同以杜亚泉为代表的《东方杂志》派所展开的东西文化异同优劣的争论。第二阶段从五四运动爆发开始，主要以新旧、中西文化能否调和为中心展开的争论。第三阶段以梁启超的《欧游心影录》的发表和梁漱溟的《东西文化及其哲学》的出版为标志，主要从哲学的高度讨论资产阶级文化与中国本土文化孰优孰劣及如何对待的问题。

二　东西文化的初期论争

新文化运动初期的东西文化比较与论战从 1915 年开始，以《新青年》（主编陈独秀）为一方，以《东方杂志》（主编杜亚泉）为另一方，拉开了东西文化论战的序幕。

新青年派主张学习西方文化，坚决反对封建礼教。其主要观点包括以下几种。

第一，攻击中国传统的旧思想，讨伐孔教，宣传西学。1915 年，陈独秀在上海创办《新青年》（此时叫《青年杂志》），创刊号上明确提出要中国"改弦更张"，力主学习西方文化，旗帜鲜明地攻击中国的旧思想，尤其对孔教进行了讨伐，一时在中国文化论坛上产生了重大的影响。《新青年》各篇文章的作者们认为，为了使中国真正成为一个民主共和国，必须大张旗鼓地宣传民主主义的新思想、新道德、新文化，彻底地反对封建主义的旧思想、旧道德、旧文化。

第二，主张用西方资产阶级的文化来代替中国固有的旧文化。陈独秀直言不讳地主张"所谓新者就是外来之西洋文化，所谓旧者，就是中国固有之文化"，公开声明他们的活动是以建立资产阶级的社会政治制度为目的。陈独秀认为，近世文明的特征有三方面："一曰人权说，一曰生物进化论，一曰社会主义。"① 而具备这种特征的典型国家是法国。可以看出，他们当时所羡慕并引以为战斗纲领的是《人权宣言》所代表的资产阶级的"自由、平等、博爱"的思想。他们强调，为了使中国脱离蒙昧时代，应该急起直追，用西方资产阶级的文化来反对中国固有的旧文化。

第三，认为实行宗法制度损坏个人独立自尊的人格，窒碍个人意志之自由，剥夺个人法律上平等之权利，养成依赖性的恶果。揭露了封建宗法制度和封建固有文明的虚伪与腐朽。

东方文化派则主张以中国文化为本位，以西方文化为补充。他们的主要论点包括以下几种。

第一，东西文明是不同历史地理环境下所形成的性质的差异，而不是先进与落后的差异。1913 年，杜亚泉在《论社会主义运动之趋势与吾人处世之方针》一文中也曾含糊表示，中国对西方的物质文明可以吸取，国体政体也可参考西方进行改革，但是道德、文学、宗教，以及社会风习、家族制度，都不宜改变。《新青年》（此时叫《青年杂志》）创刊后，他一变过去模棱两可的态度，成为新文化运动的重要论争对手。从 1916 年开始，杜亚泉便以"伧父"为笔名，发表了一系列论述东西文化差异的文章，与陈独秀等人进行论战。他认为，自从发生第一次世界大战以来，"西洋诸国，日以其科学所发明之利器，戕杀其同类，悲惨剧烈之状态，不但为吾

---

① 陈独秀：《法兰西人与近世文明》，《青年杂志》第 1 卷第 1 号，1915 年 9 月。

国历史之所无，亦且为世界从来所未有"。"吾人今后不可不变其盲从之态度，而一审文明真假之所在。"他认为，东西文明"乃性质之异，而非程度之差。而吾国固有之文明，正足以救西洋文明之弊，济西洋文明之穷者，西洋文明浓郁如酒，吾国文明淡泊如水，西洋文明腴美如肉，吾国文明粗粝如蔬，而中酒与肉之毒者则当以水及蔬疗之也"。① 他认为东西方社会成立之历史、地理环境不同，形成的观念也就不同。

第二，西方社会是"动的社会"，中国社会是"静的社会"，动静可以互为补充。他指出由"动的社会"发生"动的文明"，由"静的社会"发生"静的文明"，他说这两种文明可以互相补充，取长补短，但是"不可不以静为基础"，"故吾愿吾人对于此静的社会与静的文明，勿复厌弃而一加咀嚼也"。②

第三，主张以儒家思想为举国上下衡量是非的统一标准。在这场刚刚兴起的东西文明的争论中，杜亚泉一反过去提倡科学技术的做法，在"取长补短"的名义下，直截了当地宣称不要受西方物质文明的"眩惑"，不要把科学学说视为"信条"，而主张以儒家思想为举国上下衡量是非的统一标准。他指责新思想、新文化自西方输入，破坏了这种统一的标准，于是造成"人心之迷乱"，"国是之丧失"，"精神界之破产"。③ 他主张结束这种"混乱局面"，用儒家思想加以"统整"，以儒家思想为"国是""国基"，使中国固有文明发扬光大。

针对杜亚泉的言论，陈独秀、李大钊又进行了反驳。

第一，李大钊反对杜亚泉的"静的文明"为"动的文明"之根本的观点，主张以西洋文明之长来济东方文明之穷。1916 年 6 月，李大钊发表了论述东西文化差异的文章。从字面上看，他和杜亚泉一样，把东方文明与西方文明的特征，概括为"动的文明"和"静的文明"，并且由此推演出几十项两种文明的具体差异。但他从分析东西文明差别得出的总结论，却与杜亚泉正好相反。李大钊认为，中国古代文明，曾对世界文明作出伟大的贡献，但目前"中国文明之疾病，已达炎热最高之度，中国民族之运命，

---

① 杜亚泉：《静的文明与动的文明》，《东方杂志》第 13 卷第 10 号，1916 年 10 月。
② 杜亚泉：《静的文明与动的文明》，《东方杂志》第 13 卷第 10 号，1916 年 10 月。
③ 杜亚泉：《迷乱之现代人心》，《东方杂志》第 15 卷第 4 号，1918 年 4 月。

已臻奄奄垂死之期"。在这里,李大钊不像杜亚泉那样颂扬"静的文明",相反,他认为中国人应当正视现实,看到这种"静的文明""已处于屈败之势";而西方"动的文明","虽就其自身之重累而言,不无趋于自杀之倾向",但与我们的"静的文明"相比较,则"实居优越之域"。因而他针对杜亚泉以东方"静的文明"济西方"动的文明"之"穷"的主张,力主"竭力以受西洋文明之特长,以济吾静止文明之穷"。他提倡青年人全力以赴研究西方文明,学习西方文明中的科学精神,对"从不之静止的观念怠惰的态度",实行"根本扫荡"。①

第二,陈独秀以民主和科学为旗帜,坚决反对杜亚泉的以儒术为根基的信条。陈独秀对杜亚泉的挑战进行了犀利的批驳。他理直气壮地鼓吹资产阶级的功利主义,论证了主张民主共和与主张功利主义的一致性,并坚决驳斥杜亚泉把"儒术"当作中国不可动摇的"国基",把"君道臣节、名教纲常"之类"固有文明"当作永不可变的"信条",拒绝吸取先进的"西洋文明"的言论。他敏锐地察觉到维护封建文化的论调,与封建势力图谋复辟帝制、反对共和的政治活动,存在内在的联系。正是在这场关于文化问题的辩论中,陈独秀举起了"德""赛"二先生的大旗,以民主和科学为精神支柱与封建文化相抗衡,主张:"若是决计革新,一切都应该采用西洋的新法子,不必拿什么国粹,什么国情的鬼话来捣乱。"② 在这里陈独秀表现了与封建文化势不两立的革命精神,开了"全盘西化"说的先河。

由上可见,五四前夕关于东西文明的论战,还没有充分展开,论战双方虽然还只是通过列举某些表面的现象来说明东西文明的差异,但对两种文明的基本态度却已形成明确的思想分野。这种文化上的论争无疑为中国现代化的思路提供了深层次的文化线索。

三　新旧文化之争

五四运动爆发后,文化论坛上又爆发了关于"新旧调和"问题的论战,即新旧文化之争。在五四以后的新条件下,文化战线上有了新的发展,新旧文化能否调和的问题,成为讨论的主题。

---

① 朱志敏编撰《李大钊》,人民日报出版社,1999,第91~93页。
② 陈独秀:《今日中国之政治问题》,《新青年》第5卷第1号,1918年7月。

关于新旧文化，以章士钊为代表的一方认为：新旧文化可以调和。他们的主要论点有以下几种。

第一，认为西方物质文明虽比东方先进，但东方精神文明却比西方先进，应该既学习西方先进的物质文明，同时要坚守东方的精神文明。

1919年秋天起，章士钊先后在上海、广州、杭州等地发表文章，认为中西文化可以"折中"和"调和"。"新旧调和论"所持的一个最重要的论据，就是说中国固有的文明有好的东西，必须加以保护，发扬光大。西方的物质文明和科学技术固然可以吸取，但是中国的精神文明、道德文明却是最高尚最贵重的财富。在他们看来，不能提倡新文化运动，而只能促使新旧调和，以求做到"国粹不灭，欧化亦成"。总之，他认为可以将东西文化"撷精取粹"，"熔铸一炉"，以成为"吾国新社会研治之基"。①

第二，在中西文化关系问题上，认为"新"中有"旧"，"旧"中有"新"，因此需保"旧"才能迎"新"。

文化调和主义者用了新的哲学理论形态来论证"新"和"旧"的关系，用以说明"新"文明不仅不能与"旧"文明分割，而且必须以"旧"文明为基础，因此不能用"新"文明反对"旧"文明、代替"旧"文明，"新"与"旧"只宜调和。章士钊极力主张新旧时代是连绵相承的，不能划出明确的分界。他说："宇宙之进步，如两圆合体，逐渐分离，乃移行的而非超越的，即曰移行，则今日占新面一分，蜕旧面亦只一分，蜕至若干年之久，从其后而观之，则最后之新社会，与最初者相衡，或厘然为二物，而当其乍占乍蜕之时，固仍是新旧杂糅。"时代不论进化到何阶段，都是"新旧杂糅"的，新旧间并不存在本质的差异。从"旧"到"新"，只能是"移行"。新中有旧，旧中有新，"即新即旧，不可端倪"。于是他声称："调和者，社会进化至精之义也"，世上一切"无日不在调和之中"。"不有旧，决不有新"，不善于保旧，决不能迎新，因此只能在"保旧"的前提下，做到"逐渐改善，新旧相衔"。他认为，对待文化的唯一正确态度，只能是"尽心于调和之道而已"。②

第三，东方精神文明可以补救西洋文明的不足。

---

① 章士钊：《新时代之青年》，《东方杂志》第16卷第11号，1919年9月。
② 章士钊：《新时代之青年》，《东方杂志》第16卷第11号，1919年9月。

杜亚泉认为，中国固有的文明虽然不能直接运用于未来，但是第一次世界大战也证明了西洋文明同样不能适应新形势。倒是中国的固有文明具有证明"西洋现代文明之错误"的能力，只要经过科学的办法加以刷新，就可以成为"未来世界文明之指导者"。所以，他认为，中国固有文明不但不能"革除"，而且两种文明的调和折中，也只是把西洋文明"融合于吾固有文明之中"。

"新旧调和论"，以新旧文化不可分割对立，只能自然演化、融为一体为理由，否定进行新文化运动的必要性，这对于新文化运动是一个重大挑战。因此，除新文化运动的主阵地《新青年》外，《新潮》、《民铎》、《每周评论》、《民国日报》副刊《觉悟》和《时事新报》都积极参加批判"调和论"的论争。其主要论点体现在以下几方面。

第一，认为社会的进化并不是"移行"，而是由"潜变"到"突变"，思想与文化也是如此。所以，突变后的"新"，不同于突变前的"旧"，其间有质的差别。陈独秀在《新青年》第七卷第一号上发表《调和论与旧道德》一文，试图用新的理由批评调和论，他说："新旧因调和而递变，无显明的界线可以截然分离，这是思想文化史上的自然现象，不是思想文化本身上新旧比较的实质。"① 他指责调和论正是以这种新旧杂糅的自然现象来淆乱对于新旧文化"实质上的是非"的比较和评论。

第二，古代的文明虽与现代的文明有联系，但是，现代的文明、现代的学术和发明是古代所没有的新东西。抹杀了"新"和"旧"的界限，只强调"新"是从"旧"中演化出来，就等于否认世界有新的进步。陈独秀指出："调和论只能看做客观的自然现象，不能当做主观的故意主张。"② 他并据此反对"物质上应当开新，道德上应当复旧"的主张，认为无论东洋西洋一切民族的社会不良现象，都是旧道德所造成的，都在革除之列。西洋社会也只有抛弃私有制度之下的旧道德，开发新道德，才可以将社会上悲惨不安的事止住。而提倡"物质上应当开新，道德上应当复旧"的"调和论"，却是"抱薪救火，扬汤止沸"。

第三，认为杜亚泉等人对东方文明与西方文明的分类是不准确的。东

---

① 陈独秀：《调和论与旧道德》，《新青年》第 7 卷第 1 号，1919 年 12 月。
② 陈独秀：《调和论与旧道德》，《新青年》第 7 卷第 1 号，1919 年 12 月。

方文明是指古代文明，西方文明是指现代文明。既然是不同期的文明，所以两者无法调和。"国故"更不能代表中国的文明，它只不过是"已死的东西"。应该承认中国固有文明是"偏枯的"，称不上是"完全的精神文明"，而西方近代文明则是"世界的""科学的""精神物质都发达的"，所以"非走西方文明的路不可"。①

第四，认为"新旧杂存"的现象是存在的，但那只是"共存"，而不是"调和"；"新的逐渐增加，旧的逐渐淘汰"的现象也是存在的，但那同样不是"调和"，而是新的把旧的挤了出去，正好说明新旧不能调和。在陈独秀看来，文化上新旧杂糅、调和、缓进的现象，正是人类本能上所具有的惰性这种"恶德"造成的。惰性是人类文明进化史上的障碍，由此造成的调和现象也是一种"不幸现象"，而不是"社会进化上应该如此的道理"。

当时对"调和论"的批驳大致从三个方面肯定了批判旧文化、提倡新文化的必要：其一，旧文化是错误的或者说是过时的，所以必须彻底改革；其二，旧文化和新文化是水火不相容的，只能"以新代旧"，而不能"以旧容新"；其三，文化的发展必然经过质变，人为地把文化的变化限制在量的"移行"框框里，就成了文化发展的阻碍。当然也应当承认，当时对"调和论"的批驳，理论上是很软弱很简单的，存在许多漏洞和错误，既没有科学地解释清楚旧文化和新文化之间的关系，也没有得出应当如何对待固有文化的正确结论。由于偏执一端，而走上了全盘否定传统文化，全盘肯定资产阶级文化的道路。例如认为中国思想的故步自封，"皆缘不辨西土文化之美隆"，甚至说即使"极端的崇外却未尝不可"。② 有一些人正是沿着这条路子演变为"全盘西化论"的鼓吹者，成为文化虚无主义者。

四　后期东西文化之争

第一次世界大战后，资本主义的内在矛盾逐渐暴露出来。到了 20 世纪 20 年代初，资本主义世界陷入严重的危机，这在中国思想界又引发了新一轮的东西文化论争。

---

① 当时持这类论点的有：蒋梦麟、罗家伦、毛子水、张东荪。
② 《新潮发刊旨趣书》，《新潮》第 1 卷第 1 号，1919 年 1 月；傅斯年等：《通信》，《新潮》第 1 卷第 3 号，1919 年 3 月。

这一次东西文化论争以梁启超的《欧游心影录》和梁漱溟的《东西文化及其哲学》的发表为标志，一场关于东西文化问题的新论战再次展开。梁启超和梁漱溟站在东方文化的一边来认识东西文化。他们的观点主要包括以下几种。

第一，梁启超认为欧洲文化已无可救药，唯有中国文化能够拯救欧洲。

梁启超指出，欧洲人过信"科学万能"，"近代人因科学发达，生出工业革命，外部生活变迁急剧，内部生活随而动摇"；"唯心唯物，各走极端"，"顶时髦的社会主义，结果也不过抢面包吃"①，而人们失去了为高尚的理想奋斗的目的。总之西方资产阶级的物质文明已经到了走投无路的地步。他认为解决问题的办法是吸取西方的研究方法来研究中国"自己的文化"，"把自己的文化综合起来"，"拿别人的补助他"，造出一种新的文化系统，然后再把这种新的文化系统向外扩充，让全世界都得到好处。他呼吁道："我们可爱的青年啊，立正！开步走！大海对岸那边有好几万万人，愁着物质文明破产，哀哀欲绝的喊救命，等着你来超拔他哩。"②

第二，梁漱溟反对"调和论"，认为东西文化已到根本接触的时候了，主张东方文化要么"连根拔去"，要么"翻身变为世界文化"。

梁漱溟认为，在东方文化受西方文化逼迫得紧的形势之下，应付的方法不外三条路。"（一）倘然东方化与西方化果真不并立而又无可通，到今日要绝其根株，那么，我们须要自觉的如何彻底的改革，赶快应付上去，不要与东方化同归于尽；（二）倘然东方化受西方化压迫不足虑，东方化确要翻身的，那么，与今日之局面如何求其通，亦须有真实的解决积极的做去，不要作梦发呆，卒致倾覆；（三）倘然东方化与西方化果有调和融通之道，那也一定不是现在这种"参用西法"可以算数的，须要赶快有个清楚、明白的解决，好打开一条活路，决不能存疲缓的态度。"③ 这三种文化路向皆以所采取的三种不同方向而界定。"以意欲向前要求为其根本精神"的第一路向代表西方文化，"以意欲自为调和持中为其根本精神"的第二路向代表中国文化，"以意欲反身向后要求为其根本精神"的第三路向代表印度文化。④

① 梁启超：《欧游心影录》，商务印书馆，2014，第16、50页。
② 梁启超：《欧游心影录》，商务印书馆，2014，第51~52页。
③ 曹锦清编选《儒学复兴之路——梁漱溟文选》，上海远东出版社，1994，第8页。
④ 熊吕茂：《梁漱溟的文化思想与中国现代化》，湖南教育出版社，2000，第113页。

梁漱溟认为，新文化运动选错了道路，因此应当改弦更张。在文化出路上，梁漱溟既不赞同复古国粹派顽固守旧的文化观，也不赞同西化派全盘否定传统文化及全盘照抄照搬西方文化的主张。梁漱溟提出了他对文化研究的三点结论：一是"要排斥印度的态度，丝毫不能容留"；二是"对于西方文化是全盘承受，而根本改过，就是对其态度要改一改"；三是"批评的把中国原来态度重新拿出来"。①

梁漱溟的《东西文化及其哲学》，是在西方资产阶级文明危机四起的时候出版的，所以这本书一问世，立即受到反对新文化运动的一派人的热烈欢迎。同时，梁漱溟等人通过抨击西方资本主义的弊病，来说明"东方文化"的优越性，以反对新文化的言论，自然也受到了西化派的尖锐反驳。而且反驳者之多，议论之尖锐，绝不亚于"东方文明"的拥护者。这种分歧产生于对资本主义制度和资本主义文化的不同认识。

争论的另一方则以胡适为代表。针对梁漱溟的观点胡适进行了反驳。胡适的主要论点有以下几种。

第一，东西文化的问题是一个很复杂的问题，绝不是"连根拔去"和"翻身变成世界文化"两条路所能完全包括的。

胡适认为，文化是一种很复杂的东西。依梁漱溟的分析，"一种文化不过是一个民族生活的种种方面"。"这样多方面的文化，在这个大而复杂的世界上，不能没有时间上和空间上的个性的区别。在一个国里，尚且有南北之分，古今之异，何况偌大的世界？若否认了这种时间和空间的区别，那么，我们也可以说无论何种劣下的文化都可成为世界文化。我们也许可以劝全世界人都点'极黑暗的油灯'，都用'很笨拙的骡车'，都奉喇嘛教，都行君主独裁政治，甚至于鸦片、细腰、穿鼻、缠足，如果走运行时，何尝都没有世界化的资格呢？故就一种生活或制度的抽象的可能性上看来，几乎没有一件不能成为世界化的。再从反面去看，若明白了民族生活的时间和空间的区别，那么，一种文化不必须成为世界文化，而自有他存在的余地。米饭不必成为世界化，而我们正不妨吃米饭；筷子不必成为世界化，

---

① 熊吕茂：《梁漱溟的文化思想与中国现代化》，湖南教育出版社，2000，第143页。

而我们正不妨用筷子；中国话不必成为世界语，而我们正不妨说中国话。"①

　　第二，针对梁漱溟的文化三路向，胡适认为文化是民族生活的样式，对于民族的文化不能下笼统的定义。胡适指出，凡是有长久历史的民族，在久长的历史上，往往因时代的变迁和环境的不同而采用不同的解决样式，往往有一种民族而一一试过种种可能的变法的。他认为各种民族都向"生活本来的路"走，而梁漱溟却认为中国、印度走不同的两条路。既然中国、印度可以走不同的两条路，而世界文化为何仅能以三条路向这种简单的公式来统一。胡适承认民族在某一个时代的文化所表现的特征，不过是环境与时间的关系，所以他不敢拿"理智""直觉"等简单的抽象名词来概括某种文化，而要拿历史眼光去观察文化。

　　由于胡适等人是站在资产阶级立场上看待文化问题的，因此，他们不愿意也不敢正视资本主义文明在当时确已陷入危机的事实。他们在反驳封建文化的同时，一方面完全抹杀中国固有文明的全部价值，另一方面则为资本主义制度已经暴露出来的弊病百般辩护，不顾事实地把资本主义文化说成至善至美。在帝国主义的本质已经在全世界暴露得非常充分，社会主义革命已经兴起，中国已不可能再走资本主义道路的新的历史条件下，仍旧坚持为资本主义辩护，这不能不说是西化派的历史缺陷。

　　随着西方神话的破灭，五四以后，新文化人很快从追求法兰西文明转而学习苏俄社会主义，莫斯科取代了巴黎，而成为人类新文明的希望所在。在陈独秀的思想转变中，未来的世界新秩序之梦，很快为更光明更美好的新文明理想所取代。告别西方，"走俄国人的路"，预示着中国现代化范式转换的新趋向。

第三节　社会主义思潮的涌入与中国现代化的走向

　　新文化运动冲决了禁锢人们思想的闸门，不仅在于让人们深刻认识到资本主义文化和现代文明的进步性，更在于让人们逐渐认识到世界上存在能够超越资本主义的新思想——马克思主义，不过，马克思主义是随其他

---

① 胡适：《读梁漱溟先生的〈东西文化及其哲学〉》，载欧阳哲生编《容忍比自由更重要——胡适与他的论敌》（上册），时事出版社，1999，第372页。

西方思潮而进入中国的，先进的中国人选择和认同马克思主义也不是先知先觉的，而是经历了较为复杂的多场论争和具体实践。中国选择了马克思主义，意味着古老的中国绽放出现代新文明的曙光，势必影响着中国现代化的未来走向。

一 社会主义思潮的涌入

新文化运动前期的最大贡献之一，便是先进的中国人克服了狭隘的盲目的民族自大心理，勇敢地睁开眼来正视现实，承认西方的资本主义文化有其先进性的一面。第一次世界大战后，中国人对西方资本主义世界的美好向往破灭，开始把目光投向苏俄。五四以后马克思主义在中国的兴起，表征着新文化运动深刻的思想转向。

早在 1918 年，李大钊在论述东西文明的差异时，已经意识到"东洋文明既衰颓于静止之中，而西洋文明又疲命于物质之下"，"非有第三新文明之崛起，不足以渡此危崖"。① 不过其当时还未能完全认识清楚这种既非封建主义又非资本主义的第三种文明究竟是一种什么性质的文明。经过十几年的东西文明论战，先进知识分子的理论虽然还不成熟，可是他们的文化观进一步明确了，他们独立地打起社会主义文明的大旗。他们在不放弃对封建文化战斗的同时，对资本主义文化进行初步解剖，得出了中国革命必须走非资本主义道路，即只有走社会主义道路才是中国唯一的命运的结论。在东西文化论战后期，陈独秀、李大钊、瞿秋白等人发表了一系列文章，对于这个问题已经有了明确的回答，代表了这个时期马克思主义者在文化战线上的新成就。

1919 年 9 月，李大钊发表了《我的马克思主义观》，在文中他高度赞誉马克思主义之于当代世界历史的意义，将其归为俄国革命以及相继而起的中国社会革命的思想先导。李大钊关于马克思主义的主要观点有以下几方面。

第一，马克思主义阶级斗争的观点。

在李大钊看来，马克思主义的社会主义理论大致可分为过去、现在和未来三部分：其一为过去式的历史论，亦即社会组织进化论；其二为现在

---

① 《李大钊文集》第 2 卷，人民出版社，1999，第 205 页。

式的经济论，也即资本主义经济论；其三为未来式的政策论，也即社会主义运动论。而将此三部分理论一以贯之的是阶级斗争学说。李大钊认为，马克思根据其唯物史观，确定社会组织演变的根本原因；然后依此原理观察和分析资本主义经济组织，预言资本主义必然为社会主义所取代的历史命运；最后根据此预见，确定了以阶级斗争为实现社会主义的方法。"这三部理论，都有不可分的关系，而阶级竞争说恰如一条金线，把这三大原理从根本上联络起来。所以他的唯物史观说：'既往的历史都是阶级竞争的历史。'"①

第二，对中国社会主义革命道路的探索。

经济落后的农业中国如何实行社会主义，是困扰中国早期马克思主义者的最大难题。而列宁的革命理论和苏俄革命的经验，强化了李大钊关于共产主义理论的东方式的能动论解释。在《社会主义下之实业》一文中，李大钊强调指出："照俄国说，社会主义于发展实业，实在有利无害。换言之，用资本主义发展实业，还不如用社会主义为宜。因为资本主义之下，资本不能集中，劳力不能普及，社会主义之下，资本可以集中，劳力可以普及。中国实业之振兴，必在社会主义之实行。"② 在《中国的社会主义与世界的资本主义》一文中，李大钊进而把中国实行社会主义视为抵抗西方资本主义的新经济模式。他认为，今日世界的经济组织，已经由资本主义而进入社会主义，中国在当今世界劳工运动的风潮中，不可能再实行过时的资本主义制度。而且，在世界经济从自由竞争演进至社会主义的趋势下，幼稚的中国工业亦难以按部就班地因循西方资本主义的老路。李大钊关于中国社会主义革命的这一非正统马克思主义的解释，将工业西方反资本主义的社会主义革命理论，转化为农业中国抵抗西方文明的新现代化方案。

1923年瞿秋白在主持《新青年》的编辑工作期间，连续就东西方文化发表了《东方文化与世界革命》《现代文明的问题与社会主义》等一系列文章。在这些文章中，他论述了人类社会的发展存在"共同公律"，并认为落后于时代的封建宗法文明和资产阶级文明都在淘汰之列，代之而起的只能是"通过世界革命走建设无产阶级新文化的道路"。他指出，资本主义文明

---

① 《李大钊文集》第3卷，人民出版社，1999，第19页。
② 《李大钊全集》第3卷，人民出版社，2013，第353~354页。

在世界上已经成了"苟延残喘的废物"，但是不能因此就"向后转"，而是应当向前进，建设"社会主义的文明"。他还就"社会主义的文明"提出了一些初步的设想。他认为，在反对封建宗法制度的同时，必须反对帝国主义、殖民主义的思想。由此可见，瞿秋白从社会主义的高度来分析文明问题，直接回答的是中国革命必须走社会主义道路的问题。他不仅把五四以来文化问题的大讨论提到了一个新的水平上，而且也透彻地阐明了文化问题论战的极端重要的社会意义和政治价值。至此，马克思主义在中国逐渐传播开来，成为新文化运动后期的争论焦点。

二 "问题与主义"之争

在五四时期，随着东西文化论争的进一步展开，新文化的阵营出现分裂。1919 年夏，新文化运动中的两位旗手胡适与李大钊之间爆发了"问题与主义"的论战。

五四运动后期，在知识界，新布尔什维克的激进社会主义思想的风行，引起了胡适等自由派知识分子的不满。1919 年 7 月，胡适在《每周评论》第 31 号上发表《多研究些问题，少谈些"主义"》的文章，对知识界宣扬社会主义等各种激进的外来"主义"提出了异议。

第一，胡适认为空谈外来的"主义"不仅无益于解决社会问题，而且有被政客利用的危险。凡"主义"都应时势而起，其原起于不同国家的具体主张，后来这些主张经过传播而成为主义。主张成了主义，便由具体的计划而变为抽象的名词。"主义"的弱点和危险即在于此。因为世间没有一个抽象名词可以概括出某人某派的具体主张。如"社会主义"一个名词，可以有马克思主义式的社会主义和其他种种不同的社会主义派别，以至于"安福系"首领王揖唐也以社会主义者欺世。

第二，胡适认为舆论界应多提出一些问题，少谈一些纸上的主义。在他看来，现在中国亟待解决的问题很多，从人力车夫的生计问题到总统的权限问题，从卖淫问题到卖官卖国问题，从解散"安福部"问题到加入国际联盟问题，从女子解放问题到男子解放问题，等等，皆为紧急问题。知识界不去研究上述种种问题，而是去高谈社会主义和无政府主义，并且以"根本解决"相标榜。这种高谈主义的畏难求易的懒病，正是中国思想界破产的铁证。

　　第三，胡适认为凡有价值的思想都是从具体问题入手的，并且必须经过实验主义式的思想三步骤。第一步，先研究问题的各种事实，找出病因何在；第二步，根据研究者一生经验学问，提出种种解决的方法和种种医病的"丹方"；第三步，以一生经验学问加之想象力，通过推想诸种解决法的效果，最后择定一种解决方案。胡适最后强调，学理是研究问题的工具，各种学说和主义都应该研究，但都只是研究问题的参考资料。"主义"的大危险，就是能使人心满意足，自以为寻着了包医百病的"根本解决"之道，而不再研究解决具体问题的方法。①

　　胡适的文章发表后，《每周评论》第35号刊发了李大钊的《再论问题与主义》。此文为其对胡文批评的回应。李大钊在文中对胡适的关于知识界"空谈主义""假冒牌号的危险""过激主义""根本解决"等观点提出的批评，做了全面的回应，并表明了自己的马克思主义观点。

　　第一，李大钊认为问题与主义不可分割，一个社会问题的解决，必须依靠社会上多数人共同的运动，而欲使一个社会问题成为社会上多数人共同的问题，必须先有一个共同趋向的理想主义作其评价生活的尺度。否则，研究社会问题而与社会上多数人无关，那么社会问题就永无解决的希望。因而，社会运动既要研究实际的问题，又要宣传理想的主义，二者交相为用，并行不悖。李大钊承认其近来偏于纸上空谈多，涉及实际问题少，以后须向实际方面努力。在理论与实际问题上，李大钊部分吸取了胡适的意见，强调主义都有理想与实际两方面，社会主义欲在世界上发生影响，必须因时因地因事而变化，以适用于各国的实际环境。关于"过激主义"，李大钊坦言自己喜欢谈布尔什维克主义，并强调布尔什维克主义的流行是世界文化的一大变动，对其应该加以认真的研究和介绍。

　　第二，李大钊认为首先要有根本的解决，而后才能一个一个解决具体问题。这与胡适的观点截然相反。李大钊从马克思主义观点出发，主张评判"根本解决"的是非，应视社会性质而定。他指出："若在有组织、有生机的社会，一切机能都很敏活；只要你有一个工具，就有你使用他的机会，马上就可以用这工具作起工来。若在没有组织、没有生机的社会，一切机能，都已闭止，任你有什么工具，都没有你使用他作工的机会。这个时候，

<hr>

　　①　胡适：《多研究些问题，少谈些"主义"》，《每周评论》第31号，1919年7月。

恐怕必须有一个根本解决，才有把一个一个的具体问题都解决了的希望。就以俄国而论，罗曼诺夫家没有颠覆，经济组织后有改造以前，一切问题，丝毫不能解决。今则全都解决了。依马克思的唯物史观，社会上法律政治伦理等精神的构造，都是表面的构造。他的下面，有经济的构造，作他们一切的基础。经济组织一有变动，他们都跟着变动。换一句话说，就是经济问题的解决，是根本解决。经济问题一旦解决，什么政治问题、法律问题、家族制度问题、女子解放问题、工人解放问题，都可以解决。"①

"问题与主义"的论战是《新青年》阵营及新文化运动分裂的开端。这场论战的真正焦点，当然不是什么"问题与主义""具体与抽象"等哲学问题，而是关于中国现代化有哪些不同路径的现实问题。"问题派"胡适主张在现存体制内实行社会改良的渐进路线，"主义派"李大钊则坚持以社会革命为"根本解决"的激进路线，由此才有研究问题与宣传主义的不同取向。胡适和李大钊的"问题与主义"之争，不仅表征着实验主义与马克思主义的思想冲突，而且显现了五四知识分子在学术与政治、启蒙与革命之间的角色冲突。

三 "科学"与"玄学"之争

五四运动使科学与民主的观念日益深入人心。这不但为人们输入了许多新观念，同时也引发许多新问题。科学与人生观关系问题的争论，正是这一背景下的产物。主张科学无法支配人生观的一派被称为玄学派，以张君劢为代表，坚持科学对人生观具有决定作用的一派则被称为科学派，以丁文江为代表。1923~1924年他们之间发生了一场关于科学与人生观问题的学术论争。这场论争表面上是关于科学和人生观关系的论争，实质上是与选择何种社会改造方案联系在一起的。

1923年2月，北京大学教授张君劢在清华大学做了题为《人生观》的专题演讲。张君劢的主要观点包括以下几方面。

第一，科学与人生观有各自不同的特点。

张君劢认为，科学为客观的、逻辑的、分析的、因果律的和统一性的，人生观则为主观的、直觉的、综合的、自由意志的和单一性的。他强调，

---

① 李大钊：《再论问题与主义》，《每周评论》第35号，1919年8月。

科学有普遍的客观标准，人生观则无客观标准，因而科学无论如何发达，而人生观问题的解决，绝非科学所能为，唯有赖于人类自身而已。自孔孟以来，宋明理学侧重内心生活之修养，其结果为精神文明。近代欧洲侧重以人力征服自然，故其结果为物质文明。他认为唯有择定人生观，方能对西方文化的利弊有所取舍，进而担当起未来沟通中西文化的责任。

第二，科学不能支配人生观。

在"科学与玄学"论战中，其焦点问题是"科学能否支配人生观"。张君劢认为，"人类好于一切现象求其因果之相生，于是有知识，有科学。然欲以因果律概括一切，则于人生现象中，如忏悔，如爱，如责任心，如牺牲精神之属于道德方面者，无法以解释之。……关于伦理者，是自由意志之范围也；关于知识者，是因果律之所范围也。自由与因果二义乃不相冲突，而后人事与知识方面各有正当之说明"。[1] 因此，张君劢提出了他对于科学和人生观的基本主张："由经验而入于形上界。此人类思想上当然之阶段……（二）经验界之知识为因果的，人生之进化为自由的。（三）超于科学之上，应以形上学统其成。（四）心性之发展，为形上的真理之启示，故当提倡新宋学。"[2]

针对这一观点，丁文江于同年4月在《努力周报》上发表《玄学与科学》一文，挑起了论争。丁文江的观点主要包括以下几种。

第一，认为科学与人生观不可分离，科学对人生观具有决定作用。丁文江对此援引胡适的观点："今日最大的责任与需要，是把科学方法应用到人生问题上去。"[3] 丁文江坚信科学方法将来必能统一人生观，尽管其现在尚未成功。他强调，科学方法是万能的和普遍的，科学的目的是要破除个人主观的成见，追求普遍的真理，而个人主观的成见正是人生观最大的障碍。

第二，以科学的非人文宗教观反对科学对宗教无能为力的观点。丁文江强调，他不反对宗教，但不承认神学为宗教。在他看来，宗教为动物的社会本能，各种动物都有为全种万世而牺牲个体一时的天性，非此不足以

---

① 张君劢：《再论人生观与科学并答丁在君》，载《科学与人生观》，黄山书社，2008，第90页。
② 张君劢：《再论人生观与科学并答丁在君》，载《科学与人生观》，黄山书社，2008，第117页。
③ 丁文江：《玄学与科学》，载《科学与人生观》，黄山书社，2008，第57页。

生存。人为万物之灵，自上古以来，人类进化中有宗教心者为优，无宗教心者为劣，优胜劣汰，迭世聚积，而演成今日宗教之大观。因而宗教为天演之产物，而不是什么神道设教。"惟有科学方法，在自然界内小试其技，已经有伟大的结果，所以我们要求把他的势力范围，推广扩充，使他做人类宗教性的明灯。"① 丁文江以人是动物本能社会化的观点来阐释宗教的本质，用以说明科学对宗教并不是无能为力的。

这场论战，就哲学观念来说，双方都没有跳出唯心主义的窠臼，但是论战的真正实质并不在于关于科学的评价和哲学的分析，而在于争辩建立什么样的意识形态或信仰。这是一场关于人生观的争论，这种争论其实是与选择何种社会改造方案联系在一起的。

"科玄论战"展开之后，陈独秀、邓中夏、瞿秋白等用马克思主义的观点在《中国青年》《新青年》上发表了评论文章，在基本支持科学派的同时表明了自己的观点与看法，揭示了论战双方哲学思想上的唯心主义错误，这对推动马克思主义的唯物史观与科学方法论的传播有着积极作用。

---

① 丁文江：《玄学与科学——答张君劢》，载欧阳哲生主编《丁文江文集》，湖南教育出版社，2008，第66页。

第三章　五四运动与中国现代化出路的选择

近代以降，国人在抵御西方侵略与向西方学习的交织纠缠中探索和寻找现代化道路以期能够跟上和顺应历史发展潮流，然其结果总是令人不满意，困境重重。发生于1919年的五四运动是中国思想史上的重要界碑，它让最广泛的中国人冲破了数千年的封建旧思想牢笼，砸碎了禁锢人们思想的封建主义精神枷锁，极大地促进了马克思主义与中国的无产阶级历史性的结合，使中国现代化走向出现新的路标。

第一节　杜威的新自由主义与罗素的中国社会主义方案

五四运动不仅促使新文化运动发生了重大转向，更让中西文化交流交锋达到了一个高峰时期。作为西方文明的知名代表，自由主义的代表人物杜威和罗素来到中国，通过四处演讲和著书立说，在带来自己的新知新说的同时，也为解决中国社会的具体问题及现代化走向提出了自己的看法和主张，这在中国的思想界颇受一部分知识分子的欢迎和推广。虽然二者的中国现代化方案有其合理性，但只通过短时间的到访及书本上的认知，他们无法深刻了解中国的国情和文化，因此，他们的中国现代化方案存在无法有效指导中国现代化实践的难题。

一　杜威的新自由主义及其社会影响

1919年4月，杜威来华讲学。他是美国实证主义和新自由主义的代表。他的思想可概括为三个方面的内容：其一，对自由主义的看法；其二，对社会主义的态度；其三，对中国现代化的建议。

第一，对自由主义的看法。

在经济层面，他主张实行市场经济和国家干预并驾齐驱，反对绝对和放任的个人主义与自由主义。他支持社会主义提倡的正义与平等，但担忧其实现的现实可能性。他认为，如果一个社会的政治、经济、文化等发展不平衡，那么其所提倡的平等和自由的价值观念是无法在社会中真正实现的。另外，他反对资本主义社会早期的自由主义，认为，自由可分为形式自由和有效自由，如果脱离经济和社会发展的实际，一味追求所谓的自由，最终将丧失有效自由，结果反而陷入自由的泥淖。

在政治思想上，杜威赋予"民主"以政治和经济双重含义，并将其命名为"民治"。这里的"民治主义"包含四个层面的含义，即政治民治主义、经济民治主义、民权民治主义和社会民治主义。政治民治主义包含用宪法保障权利，用代议制表现民意；经济民治主义包含铲除贫富差距，打破经济不平衡；民权民治主义包含注重人民权利，如言论、出版、信仰自由等；社会民治主义包含消除不平等阶级、消除不平等思想，以求人格上的平等。杜威的民治主义思想突破了古典自由主义的桎梏，融入了社会主义的价值观。

第二，对社会主义的态度。

杜威同情社会主义，但不赞同马克思主义。他认为社会主义是一种反对个人主义的哲学，属于批判现行资本主义制度的"抗议的哲学"，其中主要的派别有道德派的社会主义、马克思主义和基尔特社会主义。道德派的社会主义在19世纪上半期影响较大，马克思主义在19世纪下半期以至欧战盛行。而欧战结束后，马克思主义有回到道德派社会主义的趋势。因为在这一时期，马克思主义在西方资本主义社会受到怀疑，同时，其认为社会主义将在欧美发达资本主义国家实现的预言并不符合历史事实。

需要说明的是，杜威崇尚的社会主义，实质上是基尔特社会主义，本质上依然是资本主义。基尔特社会主义主张工会、工团和行会的联合，要求劳动者对生产行使管理权。杜威强调用国家法律来保障工人的福利待遇，用税收特别是累进税和遗产税的方式使社会财产渐趋平均，而不是仅用国家的权力去消除社会不公道和不平等。这种温和式的社会改良方案，表面上看是同情社会主义的，本质上仍然属于资本主义社会范畴，这与真正的马克思主义改造社会的理论是不相符的。

第三，对中国现代化的建议。

关于中国问题，杜威认为，中国现代化既要借鉴欧美的历史经验，又要结合中国国情和历史特征，在个人主义和社会平等之间取得平衡。他在观察中国的实情与比较西方现代化利弊之后，提出：中国可以走一条与西方社会所经历的个人主义泛滥、争权夺利不同的道路，这条道路应是与中国古代保民政策相契合的道路，这条道路应是规避西方现代化造成的严重的贫富差距等系列社会弊端的道路。杜威虽然没有讲出中国现代化道路的鲜明特征和专有名词，但其思想已经具有时代的穿透力，即当今所提倡的共同富裕之路。

与此同时，杜威指出，中国的现代化之路，个人主义的争权夺利与工业化的社会变迁不可避免，如何避免个人主义之利损害社会之利，如何普及教育，让公民预备将来机会平等的能力，是中国社会现代化进程中一个根本性的极其重要的问题。杜威关于中国现代化即应借鉴西方资本主义的历史经验，又以中国古代权威主义传统与现代干预相结合的亲和性理论，具有一定的指导意义。他提出的这种现代化方案，注重东方集权传统与英美自由传统的历史差异，指出西方现代化模式的困境与中国走非西方现代化道路的问题，被称为"民主保民政治型现代性方案"，这一方案在中国1919年处于现代性典范危机中的知识界产生了深远的影响力。

杜威的中国现代化方案不仅为西方自由主义涂上了社会主义的色彩，同时还对新兴的社会主义思潮起了推波助澜的作用。杜威提出的重视社会经济改革的新民主理论，受到陈独秀的推崇和赞赏。陈独秀在《实行民治的基础》一文中，赞扬了杜威民治主义的社会主义观点。他指出："我们所主张的民治，是照着杜威博士所举的四种原素，把政治和社会经济两方面的民治主义，当做达到我们目的——社会生活向上——的两大工具。""在这两种工具当中，又是应该置重社会经济方面的；我以为关于社会经济的设施，应当占政治的大部分；而且社会经济的问题不解决，政治上的大问题没有一件能解决的，社会经济简直是政治的基础。"[①] 在陈独秀看来，杜威关于社会经济的民治主义的诠释，实为各派社会主义的共同主张。而杜威所推崇的美国式自治组织，同时为陈独秀的直接民主式的民治主义提供了灵感。但陈独秀认为杜威的政治民治主义尚不够彻底，他所崇尚的民主理想是更为激进的人民参与型的大众民主。

---

① 陈独秀：《实行民治的基础》，载《独秀文存》，安徽人民出版社，1987，第251页。

二 罗素的中国社会主义方案

罗素提出的中国现代化方案即"走俄国人的路"，与他对中国的现实观察密不可分。杜威到中国时，恰逢五四运动后中国新思潮转折，社会主义思潮成为主流，罗素所提出的中国现代化方案与这一思潮不谋而合。罗素的中国现代化方案的形成分为两个阶段。

第一阶段是刚到中国时，杜威仅对苏俄的"国家社会主义"给予了积极的评价，并未提出他的中国现代化方案。杜威初到中国时，虽然赞扬了俄国十月革命的积极意义，但对苏俄的革命实践和确立的社会制度颇有微词，也不主张中国走社会主义道路。但是当罗素来到中国后，看到当时落后的社会现实和方兴未艾的社会主义思潮，罗素开始重新思考中国的现代化之路，开始思考落后国家的社会主义道路问题，进而对苏俄的"国家社会主义"给予了高度肯定。1920 年 12 月，罗素做了《未开发国之工业》的演讲，在演讲中罗素表达了以下观点：在俄国十月革命胜利之前，马克思和社会党认为，社会主义的实现必须经过资本主义发达之后；但在俄国十月革命胜利之后，或许应更新此认知。罗素甚至提出，苏俄工业化之试验的结果，必有影响人类社会之效。

第二阶段为罗素旅华的临别之时，这时他明确表示中国现代化要走"俄国人的路"。

罗素在考察完苏俄和中国社会之后，认为中国走欧美式资本主义的现代化之路是不太现实的，甚至是不可能的。马克思的社会主义尽管在西方工业国难以实现，但在经济文化落后的国家，比如苏俄、比如中国，将会成为其实现工业化的有效途径。

1921 年 7 月，罗素在教育部会场做了题为《中国到自由之路》的演讲，这次演讲算是罗素中国之行的临别赠言，焦点是关于中国社会的改造方案，换句话说，便是中国现代化的方案建议。罗素指出，西方资本主义文明渐趋没落，中国人欲图中国和世界的幸福，不宜效仿西方。中国未来之路应效仿苏俄的社会主义之路。罗素认为："中国之政治改革非经多年之后不能实行欧洲式的民主政体。民主政体之国民必须能读，能书，并具有政治的常识。中国人如欲具有此资格，中国之政府必须专以谋公共之福利为事。即令政府能如是亦须经一代之后。中国须经过一个阶级焉，与俄共产党之专政相仿。盖惟如是，方可施行人民所必需的教育，方可发达实业，不用资本制度也。俄多数党不无错误（改革之先锋大抵有错误），步其后尘者可利用彼等之经验，而不蹈其覆辙。"罗素强调，布尔什维克主义难行于工业和教育发达的西方国家。"若如中国或俄国其国民多未受教育、工业又不发达之国家，则俄之共产主义似为最良之方法。"①

罗素比较了各种社会主义，认为无政府主义、工团主义、基尔特社会主义，皆假定国家工业已经发达，并建立起完善的工业制度体系。这些本质上仍然是资本主义，并不适合工业落后的中国社会。中国如何走一条发展工业而不用资本主义的现代化之路？罗素认为，国家社会主义是不可避免的。但罗素同时指出，中国的国家社会主义，既应效仿苏俄模式，又应兴利除弊，避免官僚之虐政，宜爱民主、爱自由、提高全民教育程度为先。

三　杜威与罗素的中国现代化方案的历史局限性

杜威和罗素通过对中国的考察与体悟，对苏俄十月革命的思考，并与欧美西方资本主义现代化之路的对比，提出了比较符合中国国情的现代化方案，但其方案也暴露出其不可逾越的历史局限性。

杜威的中国现代化方案的历史局限性在于：他所谈及的新自由主义是建立在欧洲古典自由主义充分发展的基础之上的，他所提出的现代化之路，是建立在对西方社会的资本主义之路充分理解的前提下的。然而，实际情况是，当中国的现代化探索诉诸启蒙时代的古典自由主义时，欧美思想已经经历了从古典自由主义向新自由主义的转变。这一不幸时差，使其在还未战胜封建专制势力而建构自由秩序时，就遇到了来自欧美的社会主义的洗礼和自由主义的冲击。结果是严复提倡的斯密—密尔式古典自由主义被胡适的杜威式新自由主义所取代，中国古典时代的自由主义随之而被唾弃。中国与西方18、19世纪的发展落差和20世纪世界思想的同步，使中国陷入了"先天不足，后天畸形"的现代化困境。

新自由主义的历史和逻辑前提是自由秩序已经建立，人的基本自由权利已获得保障，其价值诉求是更高层面的"社会平等和自由"。然而，当时的中国，从戊戌维新到五四运动，用短短20年左右的时间就走完了西方自

---

① 傅铜：《罗素之〈中国的往自由之路〉》，《哲学》第3期，1921年。

由主义 200 年的思想历程，遗憾的是，五四时期的中国远没有完成早期现代化的历史任务。这成为杜威中国现代化方案在中国施行的最大难题。

除此之外，忽视古典自由主义中注重经济自由和消极自由的思想遗产，成为现代中国自由主义的一个致命的理论缺陷。五四后，新自由主义效仿西方左翼自由思潮的理论透支，进一步瓦解了自身原本松软的思想根基。当身处"古典"时代前自由结构的中国自由主义者拥抱西方新自由主义时，东西方的历史落差不可避免地导致了中国自由主义之"高调"的理论错位。这种扭曲时间、趋新骛时的理论错位，成为 20 世纪中国知识分子所追寻的中国现代化的难题所在。

罗素的中国现代化方案的历史局限性在于：他肯定了苏俄模式作为东方不发达国家之社会主义道路的意义，但并没有偏离其自由社会主义的宗旨。对于罗素来说，国家社会主义并非理想的社会模式，而只是"中国通往自由之路"。罗素期待中国走一条避免苏俄式集权制度之通往自由民主的国家社会主义道路。这是罗素社会主义思想的自相矛盾之处。罗素的这种融合苏俄模式和英美模式、以集权经济配合自由民主的中国社会主义方案，其困境在于：一方面，他主张中国为发展工业而避免资本主义之弊，唯有选择苏俄式的国家社会主义道路；另一方面，他又忧虑苏俄式的国家社会主义制度的集权之弊，而主张以自由民主来规约国家社会主义。

罗素的通往自由的国家社会主义，既要采行集权的国家社会主义以开发工业和普及教育，又要实现自由和民主。而其防止国家社会主义蜕变为官僚虐政的方法，是热爱自由民主的当局者，待人民教育程度提高时努力谋求民主和自由之实现。显然，这种寄希望于当权者的道德水平而非制度化的自由民主诉求，以及由集权式社会主义工业化向自由民主政治转化的方案，均缺乏制度性的保障。罗素调和社会主义与自由主义的理想及其困境，成为留给中国现代化的世纪难题。

第二节　五四时期中国知识分子对东西文化的反思

近代以来，西学东渐，东西文化碰撞加剧。五四时期，西方文化纷纷涌入中国，此时，是中西文化冲突的激烈期。第一次世界大战结束，巴黎和会上中国外交的失败，俄国十月革命及五四运动后中国人观察到的欧洲文化危机以及对其产生的质疑在中国社会引起了广泛讨论。以张君劢、丁文江为代表的中国知识分子深刻反思了东西方文化的差异，试图从比较的视域中找到解决中国社会问题的方案及未来出路。

一　张君劢之问

张君劢在中华教育改进社讲演时的连环发问，也是对当时中国的出路之问。如：诸君今天必问我"此数年间你常在海外，你看将来世界究竟怎样？中国之地位究竟如何？""所谓世界究竟怎样？包含太广，断非立潭之间所能说得尽的；若就世界现有之问题分析之，诸君之意，岂不曰俄国之政局究竟何如？世界革命能达到目的否？《巴黎和约》能长保不至变更否？各国财政工商已渐恢复否？德国之赔款能照约付出否？各国之内治问题，如内阁，如议会如何？凡此种种者无论何件，无一非紧要问题。唯因其人所立之地位，而紧要不紧要以别：如外交家自然以和约为第一，而他事次之；如社会党自然以第三国际及各国劳动运动为重，而他事次之。但是以上各式，如外交，如社会革命，我今日姑且不谭。我所欲与诸君语者，则在欧洲文化问题。……即欧洲文化上已起一种危机是也。"[1] 张君劢的发问，表面上无意谈及以上问题，实际上对以上问题进行了深入观察和思考，是对东西文化在第一次世界大战背景之下，在俄国十月革命胜利之时的反思。最后，张君劢将问题聚焦在了欧洲文化危机及中国新文化之趋向上。

张君劢指出，人们在上海看到，租界秩序井然，声势浩大，电灯光明，利器便人，欧洲文明为什么超过了中国？原因有三，一是思想上之变动；二是社会组织之动摇；三是欧战之结果。[2]

第一，思想上之变动。张君劢认为，康德及其之后的西方哲学，以理性为起点。人类认识世界的两大利器，一是感官，二是意识。康德哲学奠定了理性主义的基础，之后的哲学家、科学家，或唯心论、或唯物论，各有侧重。其中，揭示世界奥妙最为科学的当属达尔文的《进化论》了。"此在思想史上，名曰实证主义时代。即吾国欧化之输入亦正当此时。故侯官严氏所译各书，如《穆勒名学》，如赫胥黎《天演论》，如斯宾塞《群学肄

---

① 张君劢：《欧洲文化之危机及中国新文化之趋向》，《东方杂志》第19卷第3号，1922年2月。
② 张君劢：《欧洲文化之危机及中国新文化之趋向》，《东方杂志》第19卷第3号，1922年2月。

言》，即其代表也。"① 近 30 年来，随着生物学进步，心理学发达，宇宙奥秘越来越被人们所认识。细胞学的深入研究、物理学的进一步发达，哲学科学的进步等，不是按传统常规所能解释的。要言之，近些年随着科技哲学的进步，以前研究重在自觉，现在为非自觉；以往研究理性的，现在理性并未能解释一切；以前研究重在分析的，现在更注重实体。凡此种种，均为思想上的开明与启蒙。

第二，社会组织之动摇。张君劢说，欧洲各国向来以工商立国。一方面在国内发展工商业，另一方面在海外拓展市场。"此等事在富力未发达之国，固以工商发达人民生计为最良之政策，迨乎既发达以后，于是在工厂之小民，自己仔细一研求，说货物由吾造成的，富力由我增进的"②，结果就是扩充海陆军，使用外交手段纵横捭阖，利用银行金融手段在国外敛财。这样一来，在世界其他国家产生一种民族自觉，即财富资本不能集中在少数人之手，国家和国家之间，不应侵略。这就是社会主义及第一、第二、第三国际产生的缘由。

第三，欧战之结果。第一次世界大战死了数千万人，是人类有史以来规模最大的战争之一。战后合约签订后，欧洲似已经恢复平和。张君劢说："所得者，无非割了地，赔了款，问世界到底有何好处，实在说不出来。然其中有一件事为吾人所不可不认者，即昔所认为不可能之事，竟变为可能。"③ 张君劢继而指出，"十年前有谁想到奥国之分裂，而奥国竟分裂矣；昔时有谁信为德国全国人所爱戴之霍亨茶仑王室之去位，而今竟去位矣……俄之李宁政府亦支持至三年之久矣；昔以强凌弱为定则者，今则有所谓国际联盟之说；昔以武装和平为定则者，今则有所谓裁兵；乃至战时计口所食面包票也，以一切私有之工厂归国家支配也，皆引起人一种想象，以为人类改造环境适应环境之能力是极大的"④。张君劢总结说，一言以蔽之，第一次世界大战，对人类改造的可能性超出想象。之所以如此，是因为改造哲学的大有人在，改造科学的大有人在，改造文化根本的也大有人

---

① 张君劢：《欧洲文化之危机及中国新文化之趋向》，《东方杂志》第 19 卷第 3 号，1922 年 2 月。
② 张君劢：《欧洲文化之危机及中国新文化之趋向》，《东方杂志》第 19 卷第 3 号，1922 年 2 月。
③ 张君劢：《欧洲文化之危机及中国新文化之趋向》，《东方杂志》第 19 卷第 3 号，1922 年 2 月。
④ 张君劢：《欧洲文化之危机及中国新文化之趋向》，《东方杂志》第 19 卷第 3 号，1922 年 2 月。

在。"总之，或曰改造，或曰革命，其精神则一而已。"① 张君劢对于一系列问题的思考的落脚点在于，欧战之起因，多半同科学之害相关联。其以罗素为例谈道，"以罗素之好为分析之哲学家，而其社会哲学中，虽不排斥科学，然明言理智之害，即不啻道及科学所生结果之害。乃至因战败后之失望，则以德国为尤甚，故甚至出了一书，名曰《欧洲之末运》。吾之所谓欧洲文化之危机者，此也"。②张君劢的系列之问结束了，但经过其自问自答引发的思考，至今仍在继续。

二　丁文江之愤

众所周知的"科学与玄学"之争在当时的中国一石激起千层浪，众多知名的、不知名的学者卷入其中，开始认真深入地审视以"玄学"为代表的社会科学和以"科学"为代表的自然科学，开始对"科学"展开全面而深刻的领悟。在当时众人对科学一知半解的背景下，丁文江倡导科学的精神不被理解之时，作为一位有情怀的学者，其也避免不了俗人的情绪，笔者称之为"丁文江之愤"。

丁文江在他的《玄学与科学——评张君劢的〈人生观〉》一文中，入题就称玄学为"鬼"！丁文江指出，玄学真是个无赖鬼——在欧洲混了两千多年，到欧洲流行不下去了，开始装起假幌子，挂起新招牌，到中国招摇撞骗。大家要是不相信，可以看看张君劢的《人生观》。张君劢是丁文江的朋友，张君劢提倡的玄学却是丁文江提倡的科学的对头。丁文江说，玄学的鬼附在张君劢身上，我们学科学的人不能不去打他；但打的是玄学鬼，不是张君劢。

丁文江称玄学的鬼是很厉害的，他提及张君劢所言玄学"初无论理学之公例以限制之，无所谓定义，无所谓方法"，丁文江针对这句话驳斥道："假如我们证明他是矛盾，是与事实不合，他尽可以回答我们，他是不受论理学同事实支配的。定义，方法，论理学的公例，就譬如庚子年联军的枪炮火器，但是义和团说枪炮打不死他，他不受这种火器的支配，我们纵能

① 张君劢：《欧洲文化之危机及中国新文化之趋向》，《东方杂志》第19卷第3号，1922年2月。
② 张君劢：《欧洲文化之危机及中国新文化之趋向》，《东方杂志》第19卷第3号，1922年2月。

把义和团打死了，他也还是至死不悟。"①

张君劢所认为的科学，是直觉生成概念，概念生成推论，这种精神科学与物质科学没有分别。丁文江认为，据此推演，张君劢提到的浅近的科学知识论，用哲学名词讲起来，可以说是存疑的唯心论。凡研究过哲学问题的科学家如赫胥黎、达尔文、斯宾塞、詹姆斯、皮尔士、杜威以及德国的马哈派的哲学，细节虽有不同，大体是一致的。"他们以觉官感触为我们知道物体的唯一方法，物体的概念为心理上的现象，所以说是唯心。觉官感触的外界，自觉的后面，有没有物，物体本质是甚么东西：他们都认为不知，应该存而不论，所以说是存疑。他们是玄学家最大的敌人，因为玄学家吃饭的家伙，就是存疑唯心论者所认为不可知的，存而不论的，离心理而独立的本体。这种不可思议的东西，伯克莱叫他为上帝……克列福叫他为心理质，张君劢叫他为我。"② 丁文江认为，玄学者，对于事物的认知，均没有公认的定律，各自故弄玄虚，本质是不懂装懂。科学家认为其认知模糊，他们却自以为玄妙。在批判的基础上，丁文江提出了他对科学的新知，他说："科学不但无所谓向外，而且是教育同修养最好的工具，因为天天求真理，时时想破除成见，不但使科学的人有求真理的能力，而且有爱真理的诚心。无论遇见什么事，都能平心静气地去分析研究，从复杂中求单简，从紊乱中求秩序；拿论理来训练他的意想，而意想力愈增；用经验来指示他的直觉，而直觉力愈活。了然于宇宙生物心理种种的关系，才能彀真知道生活的乐趣。这种'活泼泼地'心境，只有拿望远镜仰察过天空的虚漠，用显微镜俯视过生物的幽微的人，方能参领得透彻。"③

后来，丁文江套用顾亭林的话稍做改动来形容玄学崇拜者的心理："今之君子，欲速成以名于世，语之以科学，则不愿学；语之以柏格森杜里舒之玄学，则欣然矣。以其袭而取之之易也。"④ 最后，其又引用胡适《五十年世界之哲学》中的一句话做结论：我们观察我们这个时代的要求，不能不承认人类今日最大的责任与需要是把科学的方法应用到人生问题上去。

---

① 张君劢、丁文江等：《科学与人生观》，岳麓书社，2012，第8~9页。
② 张君劢、丁文江等：《科学与人生观》，岳麓书社，2012，第15页。
③ 张君劢、丁文江等：《科学与人生观》，岳麓书社，2012，第20页。
④ 张君劢、丁文江等：《科学与人生观》，岳麓书社，2012，第25页。

三　中西学之化

随着中西文化交流与论争的深入和继续，在欧战和俄国十月革命的大背景之下，中国人开始对西方文化产生怀疑。以孙中山为代表的资产阶级革命派先对西方文明的弊端及过去全盘西化的做法进行了检讨。孙中山认为，中国要真正"企强中国以比欧美"，就不能再"随西方文明之旧路径而行"。他认为，在对欧美文明采取开放态度的同时，绝不意味着"要全盘西化，我们有自己的文明"，中国社会和欧美大不相同，因此，管理社会的政治也应和欧美不同。如果忽略各自的风土人情，照搬照抄，把国外管理社会的经验强搬进来，便大错特错。不难看出，这一时期的资产阶级革命派对于西方文明的态度已发生鲜明的变化，开始反对"全盘西化"，更加强调联系中国国情，在中国革命实践中，在继承中国传统文化的基础上对西方文明进行扬弃。

除了资产阶级革命派，资产阶级改良派在对待中西文化观的态度上也发生了转变。他们不再完全崇尚"君主立宪"的西方政治制度，相反，开始倡导将以中国文化为代表的东方文明与西方文明融合，通过国民运动自下而上地教化国民。以梁启超为代表，他在《欧游心影录》中表达了对西方文化的失望。"一方面他对自己过去信奉的科技万能论进行了反思，另一方面，他在省思西方文明缺陷的同时，发现中国传统文化中屡遭忽略的优秀成分。"诸如"天下是团体的极量"，"求现代理想与使用的一致"，在此基础上，梁启超提出重视中国的传统文化，实现中西文化融合，形成新的文化系统，并将此文化系统发扬光大，叫全人类受益。① 在对待中西文化的问题上，近代中国的知识分子大都经历了从离异开始，以回归终结；离异之中经常有回归，回归之中继续有离异的动态过程。尽管这一过程伴随着痛苦与挣扎，但却使不断探索中的中国人在不断变化的外部环境中找到了一条理解和调适中西文化的新路径。这一观点，学界称为"中西互补论"，包含着对西方文化批判性的审视。为后来接受马克思主义，实现马克思主义中国化，推动在马克思主义引领下探索中国特色现代化之路做了铺垫。

新文化运动为中国开启了一个新的思想场域，文化论争是这场运动中

---

① 马先睿：《〈星期评论〉与马克思主义在中国的早期传播》，人民出版社，2020，第 12 页。

精彩的篇章，五四之后，西方文化再次全方位冲击着传统的封建文化，各种思潮应运而生：国粹主义、实验主义、国家主义、现代新儒学等。更为重要的是，五四之后社会主义思潮成为新文化运动的主流，除了马克思主义外，空想社会主义、基尔特社会主义、无政府主义、工读互助主义等，均打着"社会主义"的旗号，活跃在这一时期的思想文化舞台上。随着"问题与主义之争""社会主义之论""无政府主义之辩"，更多的国人认识到，什么是科学社会主义，什么是伪科学社会主义。正如瞿秋白言"中国社会思想到如今，已是一大变动的时候。……'新'派思想之中，因潜伏的矛盾点——历史上学术思想渊源，地理上文化交流之法则——渐渐发现出来，于是思潮的趋向就不象当初那样简单了"。① 这时，人们开始认真对待西学中的社会主义，开始思考社会主义的本质，开始思考中国是否可以走社会主义之路。如果答案是肯定的，那么，应当走一条怎样的社会主义之路呢？

第三节 中国现代化由被动走向主动

五四运动之后，一批先进知识分子开始选择、接受马克思主义，并逐渐转变成马克思主义者。他们在实践中掌握了强大的科学理论武器，找到了中国现代化探索不断遭遇困境的根本原因，着力以革命的方式从根本上清除推进中国现代化实践的政治障碍，逐渐完成了中国现代化探索从被动向主动的意识转变。

一 早期马克思主义者对中国现代化的探索

五四以后，中国早期的道路探索走到了十字路口。各界人士大多迷茫而彷徨。经过五四运动的历练和马克思主义的传播，知识分子对中国道路的选择发生了分流，一部分人跟着胡适走下去，企图继续探索中国的资本主义道路；另一部分人跟着李大钊、陈独秀走下去，开始转变成马克思主义者，并以马克思主义为指导，投身到改造中国社会的革命实践中去，着手成立以实现共产主义为最高理想的中国共产党。中国共产党的成立，推

---

① 《瞿秋白文集》（文学编）第 1 卷，人民文学出版社，1985，第 29 页。

动了马克思主义与中国国情的结合，为中国的道路选择点起了一盏明灯，并为中国现代化指明了方向。

中国共产党成立之后，以俄为师，开始以革命手段开辟中国新道路，明确提出了社会主义现代化的奋斗目标，开始把着眼点放在经济、政治两个方面，一方面开始寻求民族独立和人民解放的道路，另一方面开始探寻国家富强人民幸福的现代化之路。中国共产党用马克思主义的基本原理来观察和解决中国社会问题，指出对经济的改造占人类改造之主要地位，开始把经济现代化放在十分突出的位置。同时，共产党主张用革命的手段改造经济制度，用共产主义的生产制度来代替资本主义的生产制度。

在马克思主义理论指导下，中国共产党开始自觉运用马克思主义来观察和解决中国社会问题。1920年11月，上海共产主义小组拟定了《中国共产党宣言》（以下简称《宣言》）。《宣言》指出："共产主义者的目的是要按照共产主义者的理想，创造一个新的社会。但是要使我们的理想社会有实现之可能，第一步就得铲除现在的资本制度。要铲除资本制度，只有用强力打倒资本家的国家。"《宣言》指出："一直等到全世界的资本家的势力都消灭了，生产事业也根据共产主义的原则开始活动了。""无产阶级专政的任务是一面继续用强力与资本主义的剩余势力作战，一面要用革命的办法造出许多共产主义的建设法，这种建设法是由无产阶级选出来的代表——最有阶级觉悟和革命精神的无产阶级中之一部分——所制定的。"[1]

中国共产党人还从政治方面分析了中国的现代化状况，指出，君主专制的滋味，中国人民尝足了。代议政治在中国尝试虽浅，但根据中国经济、政治、国民教育之现状，代议政治几近无缘于中国。我们效仿西方的国会、省议会、县议会，均出演了各种丑剧，其在中国也是穷途末路了。中国共产党在批判传统的封建政治时，也批判资本主义政治制度。主张要使劳动者获得真正的自由，就需要建立拥护劳动者的政权，建设劳动者的国家，担当起改造政党、改造政治、改造中国的责任。从这里可以看出，中国共产党从诞生起，就是为劳动者服务的政党。中国共产党的目标不是建立资本主义的民主政治，而是社会主义的民主政治。中国共产党在第一次全国

---

[1] 《建党以来重要文献选编（1921~1949）》第1册，中央文献出版社，2011，第486、489、1页。

代表大会上提出了四条纲领，第一，消灭阶级；第二，实现无产阶级专政；第三，消灭资本私有制；第四，联合第三国际。与此同时，大会决定领导工人运动。

中国共产党的成立，是开天辟地的大事变，其历史意义不容低估。尽管幼年的中国共产党还没有清楚地认识到中国是一个半殖民地半封建社会，经济文化都十分落后，封建主义和帝国主义的压迫极其沉重，只有推翻帝国主义封建主义的统治，才能为实现国家富强、人民幸福打下基础，才能更顺利地实现社会主义现代化。以上这些将在中国共产党的社会实践中得以深化和更新。

二　中国现代化之路的前提：新民主主义革命

中国共产党"一大"后，将工作重心投入到改造中国社会的革命实践中，并用马克思主义的理论观察和解决中国问题。经过实践，中国共产党在第二次代表大会时，便提出了新民主主义的革命纲领。制定了最高革命纲领和最低革命纲领。最高革命纲领是实现共产主义。最低革命纲领是打倒军阀，推翻帝国主义，统一中国为真正的民主共和国。这是近代以来首次提出彻底的反帝反封建的民主革命纲领。最高和最低革命纲领的提出极具策略性，也非常符合当时的中国国情，是对马克思主义理论的灵活运用，也是马克思主义中国化的第一次成功尝试。

新民主主义革命纲领的提出，说明中国共产党认识到，在半殖民地半封建社会的中国，严重阻碍中国现代化进程的是帝国主义和封建军阀的统治，要顺利推进中国的现代化，就必须推翻这两座大山。因此，中国共产党指出，在当时的中国，人民迫切需要的不是社会主义革命，而是反帝反封建的民主革命。只有取得民主革命的成功，才能为中国现代化的开展和社会主义现代化国家的建设提供前提和保障。

关于中国资本主义经济状况，中国共产党认为，虽然在第一次世界大战期间，帝国主义无暇东顾，中国民族资本主义经济取得了短暂的春天，但第一次世界大战后，帝国主义卷土重来，中国民族资本主义再次陷入困境。这在一定程度上反映了一个国家经济现代化的状况。关于中国的政治状况，中国共产党认为，中国的政治现代化进展是十分缓慢的。陈独秀曾指出，中国的政治状况，一是政党的羸弱，二是军阀的强悍，三是帝国主义的猖狂。这样一来，建立一个独立的民主国家，任重而道远。

中国共产党对中国社会性质的分析，是以列宁的理论为指导来进行的。列宁在 1912 年写的《中国的民主主义和民粹主义》一文中明确指出，中国是一个"落后的、农业的、半封建国家"。一方面，"农业生活方式和自然经济占统治地位是封建制度的基础"；另一方面，"中国处在大规模的工业〈即资本主义〉发展的前夜"。① 1916 年，列宁在《帝国主义是资本主义的最高阶段》一文中，又指出了中国社会性质的另一方面，即"半殖民地"性。列宁认为，在帝国主义时代，除了"殖民地占有国和殖民地"这两大类国家外，还存在"各种形式的附属国"，"它们在政治上、形式上是独立的，实际上却被金融和外交方面的依附关系的罗网缠绕着"。② 所谓"半殖民地"，就属于这类附属国，它们是"许多过渡的国家依附形式"之一。在这部著作中，列宁把中国列为半殖民地国家，并根据第一次世界大战的形势，指出帝国主义列强"瓜分中国才刚刚开始，日美等国争夺中国的斗争愈来愈激烈"，中国"正变为殖民地"。③ 在列宁和共产国际的指导下，中国共产党逐渐认识到帝国主义和封建主义对中国社会的统治，并从 1922 年起将"半封建""半殖民地"的概念用于界定近代中国的社会性质。

总之，中共"二大"提出的新民主主义革命纲领，表明中国共产党是一个有先进理论指导的善于在实践中把握中国国情的政党，是一个时刻将国家的前途命运同自己的历史使命结合起来的政党。也表明，中国共产党开始认识到，要实现中国的现代化，必须先完成新民主主义革命的历史任务，这是马克思主义中国化的新成果，也将中国人民对中国现代化问题的认识向前推进了一大步。

三　在现代化道路问题上对待资本主义的三种方案

抗日战争时期，随着国共合作的实现，中国共产党对中国革命中的一些基本问题，如中国革命的性质、任务和前途，中国社会的资产阶级、无产阶级等各社会阶级的经济地位和政治立场等进行了深入的分析和思考。

① 《列宁选集》第 2 卷，人民出版社，2012，第 293~294 页。
② 《列宁选集》第 2 卷，人民出版社，2012，第 648 页。
③ 《列宁选集》第 2 卷，人民出版社，2012，第 657 页。

对这些问题的思考，关键在于道路的选择。也就是民主革命胜利后，中国的现代化之路该怎样走的问题。在当时的国情及时代背景下，在革命的实践探索过程中，中国共产党内大致有三种不同的方案。

第一，资本主义现代化。中共"二大"前后，中国共产党人多倾向于实现资本主义现代化。即，民主革命主要由资产阶级主导，民主革命胜利后，会经历一个资产阶级专政的阶段。这样一来，中国革命的前途会出现两种可能，一种是民主革命胜利后，由资产阶级掌权，发展资本主义经济，实现资本主义现代化；之后，经过无产阶级队伍的壮大，逐渐实现第二步奋斗目标，完成社会主义革命。另一种是无产阶级有极强的组织力和战斗力，民主革命胜利后直接进行社会主义革命，实现无产阶级专政；并在无产阶级推行国家社会主义的道路上，实现中国社会主义现代化。当时，一部分人倾向于前者，另一部分人倾向于后者。

对于无产阶级在民主革命中究竟扮演什么角色，是从属于资产阶级还是独立领导革命问题的回答，直接关系到对民主革命前途和现代化道路的估计。1923 年，陈独秀在对中国无产阶级的状况及其与资产阶级的力量对比后指出："产业幼稚的中国，工人阶级不但在数量上是很幼稚，而且在质量上也很幼稚"，工人"大多数还沉睡在宗法社会里"，因此，"工人阶级在国民革命中固然是重要分子，然亦只是重要分子而不是独立的革命势力"；而"资产阶级的力量究竟比农民集中，比工人雄厚，因此国民运动若轻视了资产阶级，是一个很大的错误观念"。[①] 中共"三大"也认为，中国工人阶级尚未成为一个独立的社会势力。由于对中国国情和工人阶级的境况及力量估计不足，截至中共"三大"，中国共产党均没有提出无产阶级对民主革命的领导权问题。

基于此，共产党人大多认为，资产阶级在民主革命胜利后会掌握政权，实行资产阶级专政，并借此发展资本主义。在当时的历史环境中，无产阶级只是"援助"和"帮助"民主主义革命运动。待民主革命成功了，稚嫩的资产阶级会迅速发展。对于这个问题，陈独秀在 1923 年做过进一步的发挥。他说，一般情况下，国民革命的胜利应是资产阶级的胜利，资产阶级掌握政权理所当然。1926 年北伐战争开始时，陈独秀又说，中国共产党人

---

① 《陈独秀文集》第 2 卷，人民出版社，2013，第 495～199 页。

不是乌托邦主义者，不幻想跨越资本主义直接跃入社会主义社会。在他看来，从半封建社会到社会主义社会，必定要"经过国民革命的洗礼"的"民族的民主的资本主义"。这种观点后来被称为"二次革命论"。这种论断在革命之初，在中国共产党内影响较大，但随着革命实践的锤炼，随着资产阶级两面性的暴露，随着对中国新民主主义革命"非资本主义前途"问题的讨论，随着"枪杆子里面出政权"思想的确立，"二次革命论"逐渐被大多数共产党人抛弃。这是马克思主义中国化的一大进步，也是中国现代化道路选择的一大进步。当然，不可否认的是，这是无数革命先烈用生命和鲜血换来的。

第二，社会主义现代化。与"二次革命论"同步，中国共产党一部分人提出了"一次革命论"。他们认为，民主革命胜利后可以立即进行社会主义革命，进而推进社会主义现代化建设。这条道路的前提是，无产阶级掌握革命的领导权，建立工农革命政权，通过一次革命直达社会主义，进而开展社会主义现代化建设。

较早并系统提出这一思想的是瞿秋白。瞿秋白分别在《自民治主义到社会主义》《国民革命运动中之阶级分化》两篇文章中，系统阐述了其"一次革命论"思想。瞿秋白认为，国际帝国主义时代也即社会主义革命时代，殖民地民族的国民革命必定孕育着无产阶级革命的种子。因为"在国际范围内，这不过是世界无产阶级革命的一部分，在一国范围内，虽然性质上还是资产阶级的，而在革命力量上，却大半须以无产阶级为主力军"。[1] 在他看来，在帝国主义时代及刚刚开始的社会主义革命时代，殖民地的民族及私人资本主义极其羸弱，根本无继续发展的可能和必要。

1927 年，瞿秋白在共产国际执委会第七次扩大会议上提出了他的"一次革命论"的观点，大会通过了《关于中国形势问题的决议》，提出了中国革命的前途问题，明确表示中国革命的"非资本主义前途"的论点。该决议指出："虽然历史地看，现阶段的中国革命是资产阶级的民主主义性质的，但它应该具有更广泛的运动性质。中国革命的结果并非一定要造成导致国家向资本主义发展的社会政治条件——这个国家将不是纯粹资产阶级民主国家。这个国家将是无产阶级、农民和其他被剥削的民主主义专政。

---

[1] 《瞿秋白文集》（政治理论编）第 3 卷，人民出版社，2013，第 459 页。

这将是向非资本主义（社会主义）发展的过渡时期的反帝革命政府。""中国共产党应该竭尽全力争取最终实现过渡到非资本主义发展轨道的这种革命前途。"①

该决议的精神实质一开始并未被中国共产党人完全理解。在接受这一指示的同时，中共中央政治局认为，应将国民革命和无产阶级革命看成一个整体，毕其功于一役，放弃"二次革命论"的想法。这实际上已含有"一次革命论"的思想成分，但与该决议中关于民主革命胜利后存在一个"向非资本主义（社会主义）发展的过渡时期"的思想并不相符。当时，共产国际对于中国共产党的影响极大，中共中央要求在全党范围内讨论中国革命的非资本主义前途等问题。1927 年 2 月，瞿秋白发表了《中国革命中之争论问题》一文，从革命性质和革命前途上论证了中国革命的特点。瞿秋白认为，从革命性质上来看，中国进行的是农地革命，农地革命既是彻底的民权主义革命，又是对帝国主义列强的彻底的民族革命，从这个意义上讲，无产阶级具备了将国民革命升级为社会主义革命的可能性。从革命前途上来看，国民革命建立革命政权，可以从帝国主义军阀官僚买办手中夺取中国经济最高领导权，从而使之加入无产阶级的经济共同体，进而建设社会主义社会。这样，中国通过新民主主义革命可以直接步入社会主义的现代化建设之路。

瞿秋白认为，无产阶级领导权与民主革命之前途有着密切的关系。他指出，因领导权的不同，中国革命会出现两种前途，一种是资产阶级获得领导权，中国走上资本主义发展的道路，但依然受旧帝国主义的支配；另一种是无产阶级获得领导权，中国革命可以彻底完成民族民权的革命任务，结果是直接开始社会主义建设。

领导权固然与民主革命的前途有密切联系，但无产阶级掌握民主革命的领导权，是否即意味着民主革命可直入社会主义并开始社会主义建设？显然这是两个不同历史阶段的问题，而瞿秋白却将其混同在了一起。经过一次革命并在此基础上开展社会主义现代化建设的设向，忽视了民主革命与社会主义革命的发展阶段，忽视了经济基础，忽视了社会主义建设的物质前提与思想前提，出现了"左"倾急躁的倾向。这种思想曾一度在党内

---

① 《共产国际有关中国革命的文献资料》第 1 辑，中国社会科学出版社，1981，第 274 页。

占统治地位，造成中国共产党革命实践的反复与失败，最后在民主革命的实践中，逐渐被中国共产党抛弃。

第三，新民主主义现代化。在民主革命的实践中，中国共产党内萌生出新民主主义现代化的思想。即通过新民主主义革命，建立新民主主义社会，在此基础上推进现代化建设。

中国现代化方向的选择同共产党人对中国民主革命的本质、特点和方向的认识息息相关。在革命斗争的实践中，中国共产党人从来没有停止过理论的探索，从来没有停止过将马克思主义与中国国情结合的努力。随着中国革命实践的深入，中国共产党人对中国的民主革命与世界范围内的民主革命及旧式的资产阶级革命进行了对比和分析。

此一时期，陈独秀、蔡和森、毛泽东均从理论上分析和论证了中国民主革命的特殊性，在比对世界资产阶级革命的基础上，逐步萌生出中国新民主主义革命的理论。1923 年，陈独秀在《造国论》中提出"国民革命"的概念，意在将半殖民地半封建社会的民主革命同欧洲资产阶级的民主革命区分开。1923 年，蔡和森在《中国革命运动与国际之关系》中论述了殖民地半殖民地资产阶级革命同欧洲 18、19 世纪资产阶级民主革命的不同。他说，殖民地革命并不是纯粹意义上的资产阶级民主革命，其本质是国民革命。既要打倒国内的封建主义，又要对抗帝国主义。革命的历史任务是双重的。1926 年，毛泽东在《国民党右派分离的原因及其对于革命前途的影响》中指出，日、美、欧的资产阶级革命，目的是建立资产阶级统治的国家；而中国的民主革命，其目的是建立一个革命民众合作的国家，这里的民众包含了小资产阶级、半无产阶级和无产阶级。与此同时，逐渐明确了在中国民主革命过程中，要确立无产阶级领导权的思想。更为重要的是，党开始从时代条件、历史任务和革命的领导力量方面，将中国的民主革命和以往的民主革命区分开来，为新民主主义革命的理论奠定了基础。与此相呼应的是，中国共产党还提出了区别于资产阶级专政和无产阶级专政的政治主张，如"革命平民政权""革命民众政权""革命民众合作统治""联合统治"等主张。

关于中国民主革命胜利后怎样与社会主义现代化建设衔接问题，1926年共产国际执委会《关于中国形势问题的决议》一文，提出了一个"过渡时期"，这个时期，是建立在非资本主义基础之上的经济发展时期，这个时期将是封建主义到社会主义的一个经济发展的过渡时期。这一时期的国家，将由工人、农民、小资产阶级联合专政。在经济发展上，将利用资本主义的方法，使国家经济发展到一定水平。在所有制问题上，将会有私人资本产业的发展。同时，应以国家力量去发展国营产业，减少资本私有制的剥削，使中国经济逐渐经过非资本主义过渡阶段进入社会主义。

第四章　马克思主义与中国现代化出路的转向

五四运动以后，马克思主义在中国广泛传播开来，成为引领中国现代化走向新的历史境遇的思想旗帜，但这一过程极为不易。20世纪初期以来，中国有不少思想大家也在中西比较的视角下审视和反思中国现代化问题，他们的思考对于推进中国现代化的探索不无裨益，但存在明显的缺陷，这就引起马克思主义者对诸如现代新儒学等思想流派的批判，此外，中国的马克思主义也注重自身理论素养的训练提升，不失时机地译介经典著作，开展哲学通俗化大众化运动，为马克思主义中国化的理论创新奠定必要的哲学基础。

第一节　马克思主义哲学对现代新儒学的批评

近代面对西方列强的冲击，中国人从学英国学美国到学法国学苏俄，可谓苦心孤诣，筚路蓝缕；从"中体西用"到全盘西化，从群体激进到弘扬传统文化，从19世纪后期到20世纪初，比较、审视、反思世界背景下的中国现代化模式，不仅对中国的道路选择有重要启发意义，而且对东亚现代化模式也具有重要的启发意义。

在现代化模式上，思想大辩论是必需的。辩论最为聚焦的应是对传统与现代的关系的认识与处理了。环顾全球，无论是发达国家还是发展中国家，现代化模式的选择必然会遇到现代对传统的冲击，如何处理传统与现代的关系，影响着现代化的进程。现代化进程中，传统的影响是无时不有，无处不在的，"现代化"不是割裂和抛弃传统，而是传统在新形势和新条件下的再生和延续。无论是"中学为体、西学为用"还是"东洋道德、西洋艺术"或谓之"和魂洋才""东道西器"，都不仅是对传统文化的"保守"，也是传统文化自身革故鼎新的开端。一个多世纪以来东亚许多国家都曾一而再再而三地激烈反传统，想要"彻底"抛弃传统，但都没有成功。这里的历史经验值得我们反复思考。

现代对传统的冲击与融合，20 世纪初最有代表性的就是新儒学的诞生。"儒学是孔孟创立的。新儒学通常是指授佛入儒、融会释克、重建孔孟传统的宋明理学。现代新儒学是指 20 世纪 20 年代兴起的、会通中西、标榜儒学现代化的思潮"①，除了最有代表性的几位学者，如梁漱溟、熊十力、冯友兰、贺麟之外，还有一些马克思主义的哲学家此时在对新儒学的批评中成长起来，成为引领中国现代化之路走向新阶段的开路先锋。

一 梁漱溟的文化观

梁漱溟提出的文化三路径剖析了中国乃至东亚现代化路径背后的文化动因。"所有人类的生活大约不出这三个路径样法：（一）向前面要求；（二）对于自己的意思变换、持和、折中；（三）转身向后去要求。"② 三种转向决定三种不同文化：（一）西洋的，（二）中国的，（三）印度的。即意欲向前的西方文化，意欲调和适中的中国文化，意欲反身向后的印度文化。

梁漱溟指出，20 世纪的文化论争，都未能抓住东西文化差别的本质，都未能找出东西文化差异的根本。"他所提倡的东方文化，不仅与西化派、调和派根本有别，也与一概拒绝西方文化的守旧派存在根本不同。这是因为他不仅看到了东方文化的长处，而且对西方文化也作了一番深入的研究，明白地看到了西方文化的优点和短处。"③ 梁漱溟在概括西方文化的优点时指出："我观察西方化有两样特长……一个便是科学的方法，一个便是人的个性伸展，社会性发达。前一个是西方学术上特别的精神，后一个是西方社会上特别的精神。"④ 西方文化究竟是个什么东西？西方文化是"意欲向前要求为其根本精神的"的，即"是由意欲向前要求的精神产生'赛恩斯'与'德谟克拉西'两大异采的文化"⑤，即德先生与赛先生。

① 李连科：《中国哲学百年论争》，商务印书馆，2004，第 61 页。
② 曹锦清编选《儒学复兴之路——梁漱溟文选》，上海远东出版社，1994，第 40 页。
③ 熊吕茂：《中西文化的冲突与融合——梁漱溟的〈东西文化及其哲学〉与中国近代文化思潮》，中国社会科学出版社，2007，第 212 页。
④ 《梁漱溟全集》第 1 卷，山东人民出版社，2005，第 349 页。
⑤ 《梁漱溟全集》第 1 卷，山东人民出版社，2005，第 353 页。

关于"赛先生"之科学，梁漱溟认为，西方文明在科学，东方文明在艺术。懂此差别，便懂得为什么西方人喜新厌旧，事事日新月异；东方人好古，却千年不见进步。简言之，西方重科学及科学方法，中国重艺术及艺术方法。在熊吕茂教授看来，梁漱溟的文化思想中表达的是要去玄学、非理性的艺术方法，进而将中国文化推向科学之路。其观点对在中心文化论争下中国探索现代化之路有着或明或暗的映照。

再就民主而言，梁漱溟认为中国同西方差别明显。梁漱溟指出，民主在某种程度上表现为个性伸展，个性伸展主要通过国家来实现。"其结果是大家不平等，同时在个人也不得自由。"① 中国人大多把自己当作皇帝的臣民，个性伸展受局限；西方人的社会性发达，个性能够得到充分伸展。据此他得出结论，"西方人极端重视个人对于社会的道德，即公德；而中国人由于只重视人与人之间的关系，公德差不多不讲，讲也无外乎这个人对那个人的道德，即私德"。② 从这个角度上讲，梁漱溟与新文化运动中的代表人物陈独秀、胡适既有相似之处，又有根本区别。相似之处在于他认为中国要摆脱贫穷落后被动挨打的局面，就必须向西方学习，甚至要走西方人的路。区别在于，陈独秀、胡适终其一生也未提出中国如何才能走上西方人的道路的合理方案，梁漱溟则从一开始，便从西方文化与中国传统文化的本质中找寻答案。

梁漱溟认为要解决中国如何走西方道路的问题，需要先了解西方近代精神的由来。在梁漱溟看来，"一个时代、一个国家、一个地区在发展的初期，呈现的是各种思想萌生、争相斗艳的状况，没有一准的规则。只是后来由于种种因素的影响，各种思想只朝着某一方面发展，逐渐形成了一种统一的思想，于是，这种统一的思想便成为这一时代、这一国家、这一地区的特异面目"。③ 他以古希腊为例，认为古希腊的思想原本在各方面都很好，不仅有向内、向外的研究，还有对自然、对人事的研究；还有对静体和变化的研究。后来，古希腊的思想渐渐地只偏于向外的、对于自然的、对于静体的研究，而别的思想逐渐地开始衰落。究其原因，梁漱溟认为，

① 《梁漱溟全集》第1卷，山东人民出版社，2005，第364页。
② 熊吕茂：《中西文化的冲突与融合——梁漱溟的〈东西文化及其哲学〉与中国近代文化思潮》，中国社会科学出版社，2007，第212页。
③ 熊吕茂：《梁漱溟的文化思想与中国现代化》，湖南教育出版社，2000，第117页。

"这是因为西方人所走的是人生的第一路向，而人生的第一路向本来是向前要求的，所以就作向外的研究；向外的研究所遇到的就是自然，于是就增强对自然的研究，自然乍看是一静体，于是便又作静体的研究"。①

梁漱溟把"人类的精神"看成促使古希腊人朝着人生的第一路向发展的原动力。因此，他的观点与马克思主义唯物史观中关于经济基础决定思想意识的基本原理截然不同。梁漱溟认为，精神与意识的本质意思差别很大，意识没有多大力量，精神力量有限。唯物史观中讲物质决定意识没错，但精神与意识不同，把精神和意识混淆，是不对的。在他看来，"人的精神是能决定经济现象的，但却非意识能去处置他。这个意思于唯物史观家初无冲突，不过加以补订而已。然就因此，我觉得西方社会上'德谟克拉西'精神所从来，还非单纯唯物史观家的说法所能说明，而待要寻他精神方面的原因。据我所见是欧洲人精神上有与我们不同的地方，有这个地方即直接的有产生'德谟克拉西'之道，而间接的使经济现象变迁以产生出如彼的制度似更有力"。② 梁漱溟上述思想正确与否我们暂且不论，而就古希腊历史的变迁来说，为何在同一经济条件下，古希腊会产生如此众多的思想？为何在同一经济条件下有的思想会沉寂，有的思想会发展，有的思想后来成为社会的主导思想呢？究其原因，我们自然不能简单归结为经济基础决定思想意识这一原理，而应看到，人生路向之所以如彼而不如此，或许在某种意义上说明了生活样式在思想意识发展中的作用。

据此，梁漱溟认为，文化即人类生活的"样法"。各民族文化的差异，就在于生活样法不同。这种生活样法有三种：一是本来的路向，遇事敢于斗争；二是意欲向后的路向，遇事不求解决，自我满足；三是遇事逃避，不解决不调和，只想"取销"。梁漱溟指出，西方文化之所以在征服自然方面有异彩，是因为他们敢于奋斗，坚持事物本来的路向；后来因为宗教盛行，宗教几乎成为世界的主宰，教会横行，社会腐败，其文化转向了第三路向；物极必反，随着欧洲文艺复兴运动的兴起与宗教改革的推进，其开始转向第一路向，于是，西方近代文明随之而生。

据此，梁漱溟认为，落后的中国要走上"德先生"与"赛先生"即民

---

① 《梁漱溟全集》第 1 卷，山东人民出版社，2005，第 365 页。
② 《梁漱溟全集》第 1 卷，山东人民出版社，2005，第 375 页。

主与科学之路，必须经过中西对照，明白自己既往的道路，借鉴西方文明的同时，不刻意照搬，而是在学习中扬弃，这样一来，方能引领中国走上现代化之路。梁漱溟不仅可以称得上是"五四"新文化派思想家的盟友，而且较那些激进的思想家们更能深刻地表现出哲人的睿智和冷静。特别是当人们不加分析地一股脑盲目信奉乃至崇拜西方文化的时候，梁漱溟更能以独特的眼光洞察中西社会及其文化之间的差异，提出中国应该选择的道路及应当采取的措施。

二　熊十力的新唯实论

熊十力是湖北黄冈人，早年参加过武昌起义。辛亥革命后，入南京支那内学院学习与研究佛教，后在北京大学任教。与梁漱溟不同，他虽然学问深厚，但成名较晚，其学问之精湛还是后人发现的。熊十力的思想主要有"心本论"和"体用论"。

关于"心本论"，熊十力从何谓性智、借本心而识别、心为本体三个方面进行了阐释。何谓性智，熊十力认为"是实证相应者，名为性智。这个性智与量智不同的。云何分别性智和量智。性智者，即是真的自己的觉悟。易言之，这个觉悟，就是真的自己。离开这个觉悟，更无所谓真的自己。此具足圆满的明净的觉悟的真的自己，本是独立无匹的"。它"虚灵无碍，圆满无缺，虽寂寞无形，而秩然众礼已毕具，能为一切知识的根源"。①

在熊十力看来，性智和量智（即理智）是不同的，"量智是思量和推度，或明辨事物之理则，及于所行所历，简择得失等等的作用故。故说名量智"。"此智，无是性智的发用，而卒别于性智者，因为性智作用依官能而发现，即官能假之以自用。易言之，官能可假性智作用以成官能之作用。迷以逐物，而妄见有外。由此成习。而习之即成，则且潜伏不测之渊。常乘机现起，益以障碍性用而使其成为官能使用。则习与官能作用恒叶合为一，以追逐竞物，极虚妄分别之能事，外驰而不反，是则谓之量智。"量智或理智常借助感官而追逐客观事物，从而失去性智的要求。也即，性智是本心的，是明觉的。"明觉者无知而无不知……备万理而无妄，具众德而恒

---

① 熊十力：《熊十力论著集 1》，中华书局，1985，第 249 页。

如，是故万化以之行、百物以之成。"①

"心为本体。"熊十力认为，要空一切相，进而见识本真。比如认识一条麻绳的本相，只有不把它当绳子看，才能看出它的本质是麻，而不是绳。如果绳子的相不能空，那便是一条绳子，不会见它是一条麻了。也就是说，要想见到实体，必须把相掏空。熊十力提出"意为定向，实为法用"。一名曰心。心主宰义。二曰意。意者有定向意。三曰识。夫心意二名，皆即体而目之。

关于体用论。主要谈何谓体，何谓用，体用不二的关系。

何谓体，熊十力讲："一切物的本体，非是离自心外在境界。"熊十力的本心论强调精神是一种实体，看不见摸不着，但无所不包。如其所言"万物与我同体，非别有所本。是故即于我而见万物皆备。仰视天，天不离我而独在。俯察地，地不离我而独在。中观人与一切有生之物，则皆我之情思所流通贯注"。②

何谓用，熊十力认为，用作为一种势存在着，尽管是看不见、不实在甚至是假设的。如其所言："动发的本身，只是胜能……这种胜能，我们若要说他是有，他又确是没有实质、没有色相，如何可说为有？若要说他是无，他又确是众妙之门，万善之长，是无所住而恒新新创生的，如何可说成无？所以，这种胜能是俱离有无相的。"③

何为体用不二。"用者，作用或功用之谓。这种作用或功用的本身只是一种动势，而不是具有实在性或固定性的东西。""体者，对用而得名。但他是举其自身全现为分殊的大用。所以，说他是用的本体。绝不是超脱于用之外而独存的东西。因为体就是用的本体，所以不可离用觅体。""用也者，然乎其神也，即体即用也，谁谓有异用而独存之体耶？是故用外无体，体外无用。体用只是随义异名。"④

关于"翕辟说"。什么叫"翕辟"？简言之，翕为本体，辟为势用。翕和辟是事物恒转至无善动的一种形态。而万物恒动中有一种摄聚之能，摄聚而成形向的动势则乘翕。"然俱时由翕故，俱时者，谓与翕同时。常有力

① 熊十力：《新唯识论》，商务印书馆，2010，第303页。
② 熊十力：《新唯识论》，商务印书馆，2010，第303页。
③ 熊十力：《新唯识论》，商务印书馆，2010，第303页。
④ 萧萐父主编《熊十力全集》第3卷，湖北教育出版社，2001，第151、274页。

焉，健以自胜，而不肯化于翕。以恒转毕竟常如其性故。唯然，故知其有似主宰用，本无作意，因置似言。乃以运乎翕之中而显其至健，有战胜之象焉。即此运乎翕之中而显其至健者，名之为辟。"①

翕辟的关系如何？熊十力认为是相反相成的。正如心物不二，翕辟则相反相成。熊十力说："本体现为大用，必有一翕一辟。而所谓翕者，只是辟的势用所运用之具。这方面的动向，是与其本体相反的。至所谓辟者，才是称体起用。……辟却是和翕反，而流行无碍，能运用翕，且为翕之主宰的。然翕虽成物，其实亦不必果成为固定的死东西，只是诈现为质碍的物，只是一种迹象而已。我们应知，翕辟是相反相成，毕竟是浑一而不可分的整体。所以，把心和物看作为二元的，固是错误。但如不了吾所谓翕辟，即不明白万变的宇宙底内容，是涵有内在矛盾而发展的，那么，这种错误更大极了。"②

"翕辟说"的本质是什么？乃宇宙精神。熊十力认为，大自然有一种向上而不物化的东西，即势用，它是看不见摸不着但却潜存着的，要发现它，需要经过不同的经历体验经过去感知。当宇宙有机物出现之前，这种势用好似潜伏在万仞的深渊里，是隐而未见的，好像没有了。所以，辟或心，在有机物出现之前是潜存的势用，在有机物出现之后，才日益显现。简言之，所谓辟者，即宇宙之精神。

熊十力是近代中国建立了自己哲学体系的哲学家。他的哲学体系以"体用不二""翕辟成变""反求自识"为纲纪，以人的本心即人的本真存在为本体，把重建中国的形而上学作为他的哲学的根本任务，以摆脱在西方文化强大冲击下中国文化的困境。"他的哲学是一种新的'明体适用'之学。一方面追寻人的安身立命之本，另一方面讲求科学日用。熊十力哲学以深邃的内涵和严密的论证以及他在哲学上的创新，为海内外学人所重视，在当代有着巨大的价值和现代意义。"③

三　冯友兰的新理学

冯友兰，河南唐河人。先后毕业于北京大学哲学系、美国哥伦比亚大

---

① 熊十力：《新唯识论》，上海人民出版社，2011，第32~33页。
② 萧萐父主编《熊十力全集》第3卷，湖北教育出版社，2001，第105页。
③ 谢丰泰：《熊十力哲学的现代价值》，《西藏民族学院学报》（哲学社会科学版）2004年第4期。

学哲学系，获博士学位。1923 年回国后，先后任教于河南中州大学、广东中山大学、燕京大学、清华大学，1949 年后，一直任北京大学教授。

冯友兰的新理学主要包含三个方面的内容，一是新"理"，二是人生境界说，三是社会观。人们普遍认为冯友兰沿袭了宋明理学的程朱派。

冯友兰的新"理"是相对于宋明理学而言的。称"理"，即宋明理学的延续；称"新"，即并不是宋明理学的照搬，而是发展。"理"，即太极，亦曰"理世界"，在逻辑上先于实际的世界。即，理在逻辑上先于实际事物，是高居于具体事物的抽象概念。正如他说："'有某种事物之所以为某种事物者'之有，新理学谓之真际底有，是虽不在于时空而又不能说是无者。"① "有'在上'之理，但'在上'之理，并不在上，不过物与物间之关系，如有依照'在上'之理者，则其一物即在其他物之上。有'在先'之理，但'在先'之理，并不'在先'，不过事与事间之关系，如有依照'在先'之理者，其一事即在其他事之先。"② 冯友兰还说，理是超越事物之上的超越时空的绝对，而连接客观事物和理的便是"气"，他称气为"绝对底料"。"绝对底料，在柏拉图、亚里士多德哲学中，谓之'买特'，此'买特'并非科学中及唯物论中所谓'买特'。科学中及唯物论中所谓'买特'即物质。……此所谓'买特'，则至少须从其中抽去其物质性。我们说至少，因为或者还有别底性，须自彼所谓'买特'中抽去。此所谓'买特'，本身无性。因其无一切性，故不可名状，不可言说，不可思议。"③ 即理不能有实际，理无气则无挂搭之处，气是理与物之间抽象的中介，是精神性的东西。

冯友兰的人生境界分别是自然境界、功利境界、道德境界和天地境界。关于自然境界，冯友兰说："在此境界中底人，顺才而行，'行乎其所不得不行，止乎其所不得不止'；亦或顺习而行，'照例行事'。无论其是顺才而行或顺习而行，他对于其所行底事的性质，并没有清楚底了解。此即是说，他所行底事，对于他没有清楚底意义。"④ 对于自然和社会的法则，这些人都尊奉之，然而这些人不但不了解此诸法则，而且不觉有此法则，因不觉不解，故不识不知，这种愚昧状态，只能达到自然境界。关于功利境界，

① 邵汉明编选《冯友兰文集》第 5 卷，长春出版社，2008，第 220 页。
② 冯友兰：《新理学》，生活·读书·新知三联书店，2007，第 44 页。
③ 邵汉明编选《冯友兰文集》第 4 卷，长春出版社，2008，第 33 页。
④ 冯友兰：《新原人》，生活·读书·新知三联书店，2007，第 194 页。

冯友兰认为："在此境界中底人，顺才而行，'行乎其所不得不行，止乎其所不得不止'；亦或顺习而行，'照例行事'。无论其是顺才而行或顺习而行，他对于其所行底事的性质，并没有清楚底了解。此即是说，他所行底事，对于他没有清楚底意义。"① 这种人，对贵贱了解清楚，好贵恶贱，贵则欢喜，贱则悲伤。功利境界是冯友兰所不齿的。关于道德境界，冯友兰说："在道德境界中底人，对于所谓贵贱，亦有清楚底觉解。但他又觉解，尽伦尽职……他的行为，以尽伦尽职为目的。所以在社会中，无论处什么位，他都以为是无关重轻底。"② 这种境界用当今的话形容，即为"佛系"，对稳定社会起很好作用，但不利于社会变革，这种安分守己，不越位的行为对于社会发展也是一把"双刃剑"。关于天地境界，冯友兰说："在天地境界中底人，自同于大全。'体与物冥'。……亦可以说是'万物皆备于我'。""在天地境界中底人，自大全的观点，以看事物，则知此事物之成，或彼事物之败，此事物之败或为彼事物之成。""从天的观点看，境无所谓顺逆。从天的观点看，任何事物，都是宇宙大全的一部分，都是理的例证。"③ 这种观点容易导致宿命论，有种逆来顺受的意味在里面。

关于社会观，冯友兰提出了道德恒常说和天才论。关于道德恒常说，冯友兰把道德抽象化，认为只要有社会存在，便会有道德。而有些道德是恒常不变的，比如中国古代传统社会的五常：仁、义、礼、智、信。在冯友兰看来，五常之道德是不变的真理，无所谓新旧、无所谓古今、无所谓中外。关于天才论，冯友兰认为天才是遗传的，但并不能忽视后天的实践和个人的努力。

四　贺麟的新心学

贺麟，四川金堂人，17岁入北京清华学校读书，24岁赴美国芝加哥大学、哈佛大学等校研学，后入德国柏林大学进修。先后担任北京大学教授、西南联大教授和中国社会科学院哲学研究所研究员。

贺麟的哲学思想可以概括为"新心学"、"知行合一"论和反对唯物史

---

① 冯友兰：《新原人》，生活·读书·新知三联书店，2007，第194页。
② 冯友兰：《新原人》，生活·读书·新知三联书店，2007，第194页。
③ 冯友兰：《新原人》，生活·读书·新知三联书店，2007，第194页。

观。"新心学"涵盖了无心便无物，心为物之体，何谓知行，何谓知行合一，如何知行合一的思想。人们普遍认为，贺麟是沿袭了宋明理学的陆王派。

关于无心便无物，贺麟说："所谓物质，一定是经过思考的物质。所谓不可离心而言物。""黑板之所以为客观的黑板，因其建筑在人们共同的主观基础上。离开主观，没有客观。凡是'客'的东西，一定要经过'观'，宇宙自然是客观的。因为我们大家对它有共同的了解，共同的认识，若大家不能认识，无有'观'，则世界即不成其为'客观'世界了。"[①] "离心而言物，则此物实一无色相、无意义、无条理、无价值之黑漆一团，亦即无物。……被物支配之心，心亦物也，能支配心之物，物亦心也。"[②] 在贺麟看来，哲学中最根本的东西是"心"，而不是"物"。关于心为物之体，贺麟说："灵明能思者为心，延扩有物者为物。据此界说，则心物永远平行，而为实体之两面。心是主宰部分，物是工具部分。心为物之体，物为心之用。心为物的本质，物为心的表现。故所谓物者非他，即此心之用具，精神之表现也。"[③]

这一思想在英国历史哲学家科林伍德的哲学观中得以回应和印证。科林伍德说："因为精神过程是一个有意识的过程，象河水可能意识到它自己贯穿它的过程一样，所以它的旅行并不是一种固定的循环变化，而且它发现每一个过去的转变都是一个由于意识到先于它的东西而改变了意义的特定的点。"[④] 因此，精神生活类似于螺旋式无限上升的螺旋，而螺旋上升的动力则是纯粹的精神活动。从这段话中可以看出，科林伍德也把精神世界看成世界的基础和本质，看成一个不断变化、发展的有历史的过程，精神过程的"有意识"性质，不仅强调了历史发展的自觉性，也为其思想史的观点铺平了道路，更值得一提的是，这和贺麟的"新心学"有异曲同工之妙。

关于"知行合一"的思想，贺麟说："'知'指一切意识的活动。'行'指一切生理的活动。""我们不能说，行是动的，知是静的。只能说行有动

---

① 贺麟：《五十年来的中国哲学》，上海人民出版社，2019，第78~79页。
② 贺麟：《近代唯心论简释》，上海人民出版社，2009，第3页。
③ 贺麟：《近代唯心论简释》，上海人民出版社，2009，第287页。
④ 〔英〕罗宾·乔汉·科林伍德：《艺术哲学新论》，卢晓华译，工人出版社，1988，第94页。

静，知也有动静。"他还把知和行分为显和隐，"最隐之行，差不多等于无行"。"最隐之知，也差不多等于无知。"贺麟还说："知行合一乃是知行同时发动之意"，"在时间上，知行不能分先后。不能说知先行后，也不能说知后行先""知行合一乃指知与行为同一生理心理活动的两个方面而言。知与行既是同一活动的两面，当然两者是合一的。若缺少一面，则那个心理生理活动，便失其为生理心理的活动。"① 同时，贺麟还说："'知'永远是目的，是被追求的主要目标，'行'永远是工具，是附从的、追求的过程。""无论如何，皆是知决定情，知决定行，并不是行决定知，可以断言。"② 这种认识论，与马克思主义实践论是截然相反的。

关于反对唯心史观。贺麟的思想主要包含了反对"外观法"、反对"经济决定论"、反对阶级分析法。在反对"外观法"上，贺麟说唯物史观是"一种外观法。外观法是研究一个问题所以发生的外表现象。……唯物史观就是注重社会背景的一种历史观，它认为一人的思想行为，受整个社会经济环境所支配，所以要研究某个思想之所以发生，不要从思想的本身里去找原因，要从思想外面去找其原因"。相反，贺麟主张内观法，"所谓内观法便是从思想本身去看思想。内观法是比较深刻的看法"，"内观注重本质"。③ 可见，贺麟是把挖掘思想看成内观法，把唯物史观看成外观法了。在反对经济决定论上，贺麟说："唯物史观的另一意义是下层决定上层。""在我们看来，经济始终是工具，上层的生活才是目的，我们固然不否定工具的重要，但我们更注意目的的重要。""真正的道德行为乃为自由的意志和思想的考虑所决定，而非由物质条件所决定。""近代资本主义的现实，并非由于物质的自动，经济的自决，乃凭借许多理智的，政治法律的，精神的道德的，宗教的条件而成。"④ "这里所说的下层显然指经济基础，上层是指上层建筑。上层建筑决定论，显然不符合唯物史观。"对于阶级分析法，贺麟也持批判态度。贺麟认为，阶级斗争"这种看法本可以在历史哲学中作为一种可供参考的说法。但是历史上的斗争并不限于阶级，我们也可说历史是观念的斗争、民族的斗争，譬如即以前后两次世界大战来说，

① 贺麟：《五十年来的中国哲学》，上海人民出版社，2019，第138~140页。
② 贺麟：《五十年来的中国哲学》，上海人民出版社，2019，第148、150页。
③ 贺麟：《五十年来的中国哲学》，上海人民出版社，2019，第82~83页。
④ 贺麟：《文化与人生》，商务印书馆，2015，第287页。

就很难以阶级斗争四字来解释清楚"。①

贺麟的哲学批判在黑格尔的哲学中找到了若隐若现的影子。黑格尔说："因为世界历史是'精神'在各种最高形态里的、神圣的、绝对的过程的表现——'精神'经过了这种发展阶段的行程，才取得它的真理和自觉。这些阶段的各种形态就是世界历史上各种的'民族精神'，就是它们的道德生活、它们的政府，它们的艺术、宗教和科学的特殊性。'世界精神'的无限冲动——它的不可抗拒的压力——就是要实现这些阶段，因为这样区分和实现就是它的'概念'。"② 马克思和恩格斯对这一观点提出了尖锐的批评。

五 马克思主义哲学对现代新儒学的批评

第一，对梁漱溟的批评。陈独秀和瞿秋白对梁漱溟的批评集中在不同的方面。陈独秀集中批评了梁漱溟的所谓精神生活，瞿秋白集中在对梁漱溟文化路径说的修正上。

陈独秀认为，精神生活依托于物质生活，但代替不了物质生活。在陈独秀看来，梁漱溟将东方文化抬高，实际上是要把国人囚在幽谷里。陈独秀认为精神文化上或引领或禁锢的作用对中国社会的影响远比政客的影响深远而深刻。

瞿秋白认为，人类社会发展有共通性，也有文化差异性，之所以如此，是因为背后有同样的动因。他还指出，西方文化现已经从资本主义文化至帝国主义化，而东方文化还停滞于宗法社会及封建制度之间。瞿秋白还表示，东方文化便是封建主义旧文化，是宗法社会之自然经济、封建制度之政治形式、殖民地式的国际地位的结合。东方文化已经成了东方民族社会进步的障碍，如果再宣扬它，便只能是封建复古主义。

第二，对冯友兰的批评。

对冯友兰的批评主要有陈家康、杜国庠和胡绳。陈家康对冯友兰的批评主要集中在"理"上，杜国庠对冯友兰的批评聚焦在"天地境界"说上，胡绳的批评主要集中在道德恒常说上。

陈家康认为，天下本无理，物之所以为物就是理，物即理，理即物，

---

① 贺麟：《五十年来的中国哲学》，上海人民出版社，2019，第 84 页。
② 〔德〕黑格尔：《历史哲学》，王造时译，上海书店出版社，2006，第 49 页。

理物不二。如谓物为一物，理又为一物，是二元也。理即是物，而不是另一物，理是物，物生则生，物灭则灭。同时，陈家康认为，理并不超时空、超经验。即："空间不能先于物之存在，亦不能后于物之存在；时间不能先于物之动变，亦不能后于物之动变。空间就是物之大小，物大则空间大，物小则空间小。时间便是物之动变之久暂，动变久则时间长，动变暂则时间短。离开物之存在而言空间，离开物之动变而言时间，都是不对的。"陈家康还认为，冯友兰企图在自己头脑中，建立一个与实际不同的宇宙。为了建立这个头脑中的宇宙，冯先生把物与理分开。从实际中抽出理来，作为这个宇宙所依照的发展规律。同时又把物与气分开。从实际中抽出气来，作为这个宇宙所依据的基础。或者说，作为造成这个宇宙的材料。他不愿找一个实际的"挂搭处"。反之，他却愿意找一个最不实际的"挂搭处"。假使所谓"气"，所谓"绝对底料"仍然有性，甚至仍然有质，就不免逐渐归于实际。所以，他宁可冒逻辑上不能说得通的危险，硬要提出一个所谓的"气"来。[①]

杜国庠批评冯友兰的"天地境界"说，认为这种宇宙人生观，教人安分守己，勿以贫贱得失介意，"即其所居之位，乐其日用之常"，一样地可以做到圣人，便是在精神上麻醉被压迫者，而松懈其斗志，直接地替压迫者维持其腐败残酷的统治，间接地阻碍了社会的革新。这种观点对于统治者而言，固然会觉得悦耳动听，但试问一般正在争民主谋翻身的老百姓到今天，还需要这种帮闲哲学吗?!杜国庠还批评冯友兰的"形上学"，认为这样的哲学是没有血肉的空壳，无法从现实的宝藏中汲取营养，也不能在实践中得到发展。背弃了经验、脱离了现实的哲学便是不科学的。这种哲学即基本无用，"虽然他又从儒家捡得了一条所谓'道中庸'的尾巴，硬装在所谓'极高明'的玄学体系上面，凑成'极高明而道中庸'的标语，但到底还是形式的东西，在脑子里'思'一'思'，似乎是'言之成理'，一旦到了实践，还是要碰壁的"。[②]

胡绳批评冯友兰的道德恒常说，他认为，冯友兰在解决道德与理智时，将道德凌驾于理智之上，把道德规律看作不变的定在物，而认为"生活方

---

① 陈家康：《物与理——冯友兰先生"新理学"商兑之二》，《群众》1943 年第 5 期。
② 《杜国庠文集》，人民出版社，1962，第 439~440 页。

式"必须是不违背道德规律的，按照这样的逻辑，理智的活动就绝不至于违背这种规律。这种道德和理智同等，道德甚至高于理智的观点是不符合常理的。相反，要依据社会现实来判断道德规律的合理性，需要理智的力量。如果放弃了理智对道德的监管，或理性服从于道德，将使非理性的道德泛滥。

第二节　20世纪30年代关于马克思主义中国化的三次论战

五四运动以后，马克思主义在中国生根发芽成长起来，其发展的高峰之一就是20世纪30年代前后的三场大论战。尽管中国思想文化界参加论战的各方秉持不同的观点，但大都用马克思主义的术语和方法来分析中国社会历史，这既说明中国传统的历史观无法解释中国历史发展逻辑，无法为中国社会由传统迈向现代提供合理可行的方案，又证明了马克思主义对于中国的未来走向特别是中国的现代化问题具有强大的解释力和改造力，足以说明马克思主义对于中国现代化是不可或缺的。

一　关于中国社会史的论战

20世纪20~30年代，尤其是大革命失败后，中国社会向何处去的问题，引起社会各界的深入和重新思考。共产国际对中国的指导意见在当时影响甚大。其内部对中国的看法存在分歧，斯大林、布哈林认为，中国应先进行民主革命，因为国内封建残余势力占据优势，需要将反帝反封建相结合。托洛茨基认为，中国革命应当以推翻资本主义、实现社会主义为主要目标，因为中国资本主义已经占了优势。这两种不同观点在中国国民党、中国共产党及社会各界引起了强烈的反响。中国共产党认为革命的任务是反帝反封建，中国社会性质仍是半殖民地半封建社会；中国国民党和托派分子持相反意见。

随着中国革命的高涨，一些国际政治活动家和中国先进知识分子为了更好地为中国革命制定策略，需要弄清中国的社会性质，开始追本溯源论及中国古代的社会特征及其社会性质。一些人认为中国自进入阶级社会后便属于亚细亚生产方式。一些苏联学者开始用马克思主义的方法论观察和解释包括中国在内的亚非国家的社会历史，针对奴隶制社会发展规律，用马克思主义关于经济形态更替的理论，提出亚非诸国长期存在亚细亚生产方式的说法。

其中关于中国社会史的论战焦点之一，便是关于亚细亚生产方式问题的争论。这场争论是由对马克思的相关观点理解不同而引起的。马克思对人类社会进程演进大体以经济形态为标准，提出了亚细亚、古希腊罗马、封建的和现代资产阶级的生产方式。当时论证的焦点在于中国是否属于"亚细亚生产方式"。①

关于亚细亚生产方式问题的争论。有些人认为，东方国家普遍具有专制主义色彩，这种国家的经济基础为亚细亚生产方式，民主、自由的思想很难在东方国度产生；有些人认为，中国早在春秋战国时期，就已确立土地私有制，土地可以自由买卖，这说明中国早已突破亚细亚生产方式，只是在政治制度上，保留了专制主义而已。

郭沫若认为，马克思所说的"亚细亚的"，是指古代的原始共产主义社会。中国在西周前可以称为"亚细亚的"原始共产主义社会，这与古希腊罗马的奴隶制时代相当。马克思所说的"亚细亚生产方式"或"东洋的社会"实等于"家长制"或"氏族财产形态"，而"古代的生产方式"便明显地指示着希腊罗马的奴隶制。

李季不同意郭沫若的观点。他在《对于中国社会史论战的贡献与批评》中指出，亚细亚生产方式乃是原始社会瓦解后，由于地理环境的不同所出现的与古希腊罗马奴隶制社会并列，而先于封建社会的一种独立的社会经济形态。他认为中国社会可分为如下几个时代：（1）商末以前的原始共产主义社会；（2）自盘庚迁殷至殷末的亚细亚的生产方式；（3）周朝的封建社会；（4）秦至鸦片战争的资本主义；（5）鸦片战争后的资本主义。这种观点，显然与托派观点一致。

有学者认为，关于中国社会史论战可以归纳为三个核心：一是亚细亚

---

① 亚细亚生产方式最早是由马克思于1859年在自己《政治经济学批判》序言中对其唯物史观进行概括时提出的。马克思明确指出，他以前的人类社会已经依次更替地经历了亚细亚的、古代的、封建的、资本主义的四种社会形态。现在一般认为，劳动密集型、效率偏低的传统农业，是亚细亚生产方式的代表。是历史中一个特殊的生产方式，以"亚细亚生产方式"为基础的社会是原始社会的最后阶段。具体为：国家以农村公社为基本社会组织；国家在社会生活中管理农村公社；国家指挥农村公社来进行大型工程的建设。亚细亚生产方式的重要特点是土地公有，不允许自由转让。典型的国家有印度、西周前的中国等。

生产方式究竟指代何种生产方式依然存在争议；二是中国封建社会的起止时间究竟从何时算起；三是中国历史上是否真正经历过奴隶社会。而引发论争的实质是马克思所总结的人类社会发展基本规律是否与中国的历史发展阶段相契合，马克思主义究竟是否适用于中国。

经过激烈论争，20 世纪 30 年代，多数人不赞成世界历史上存在独立的亚细亚生产方式的观点。经过社会史的反思和论争，学术界也否认了中国属于亚细亚生产方式的观点。经过多方比较，最后，各国马克思主义学者多倾向于斯大林 1938 年提出的人类社会发展五阶段说，即原始社会、奴隶社会、封建社会、资本主义社会和共产主义社会，亚洲和非洲国家也包含在内。

由马克思主义理论观察中国社会性质而探源中国社会史引发的关于亚细亚生产方式的论争，推动了国内学者对世界历史多样性和统一性的研究。也让学术界认识到，世界各国历史发展深度和广度的极不平衡性，用马克思主义基本理论观察和解释世界历史，概括人类发展的共同规律具有很大的难度。同时，这进一步昭示，用马克思主义普遍理论指导中国革命的具体实践，需要结合中国悠久的历史、现实的国情和稳定的文化传统，需要马克思主义中国化；也进一步昭示，西方现代化模式并非人类社会现代化的标准模板，中国现代化需要探寻符合本国国情的现代化之路。

二 关于中国社会性质的论战

关于中国社会性质的论战，有共产党内部的论战，还有社会公开论战。共产党内部的论战，是由共产国际和苏联思想界引起的。1926 年正当中国革命处于高潮时期，托洛茨基等人断言中国已经是个资本主义国家了，不存在反封建的问题了。斯大林等多数派认为反对帝国主义和封建势力，仍然是中国革命的主要问题。

首先是中共"六大"决议对中国社会的分析。中共"六大"根据唯物史观，分析了中国社会性质，认为，"中国革命现在的阶段是资产阶级性的民权革命。中国革命现在阶段的性质是资产阶级性的民权主义革命……推翻帝国主义及土地革命是革命当前的两大任务"[1]。

---

① 中共中央文献研究室、中央档案馆编《建党以来重要文献选编》第 5 册，中央文献出版社，2011，第 377 页。

其次是陈独秀的取消主义。陈独秀等人反对"六大"的路线。他在给党中央的信中写道："中国的一九二五—〔二〕七年之革命，无论如何失败，无论如何未曾完成其任务，终不失其历史的意义，因为它确已开始了中国历史上一大转变时期；这一转变时期的特征，便是社会阶级关系之转变，主要的是资产阶级得了胜利，在政治上对各阶级取得了优越地位，取得了帝国主义的让步与帮助，增加了它的阶级力量之比重；封建残余在这一大转变时期中，受了最后打击，失了统治全中国的中央政权形式，失了和资产阶级对立的地位。"①

最后，李立三对中国革命的看法。李立三是当时中共中央的主要负责人，他在《布尔什维克》杂志上发表了《中国革命的根本问题》一文，批判了托洛茨基、陈独秀取消派的观点。认为，中国是半殖民地的国家，帝国主义成了最高统治者，握住了中国政治经济命脉，扼住了中国经济政治生活的咽喉，同时，中国的封建势力是帝国主义控制中国的代言人和走狗。二者已经成为不可分离的关系。

除了党内论战，还有社会公开论战。主要集中在"新思潮派"和"动力派"。"新思潮派"的刊物是《新思潮》，是创造社主办的理论刊物，一些革命的社会科学工作者在此发表文章宣传中共"六大"观点，被称为"新思潮派"。此派认为，帝国主义的侵略客观上将资本主义技术移植于中国，对中国的封建经济尤其是自给自足的自然经济给予了沉重打击，在一定程度上刺激了中国资本主义经济的增长，使中国经济组织走上了新的途径，但同时，帝国主义与封建主义勾结，用一切力量阻碍中国民族资本主义经济的发展。

帝国主义与封建主义的存在是中国资本主义经济发展的两大桎梏。中国虽然已经开始了资本主义方向的发展，但其在中国经济中并不占主导地位，其经济实质仍然是帝国主义侵略下的半殖民地半封建经济。

"动力派"的刊物是《动力》，一些人在此刊上发表了反击新思潮派的文章，他们被称为"动力派"。他们认为，当时的中国社会已经是个资本主义社会了。理由是中国的土地关系已不是传统意义上的封建关系，而是资本主义关系了；在中国的帝国主义势力，其本质是资本主义生产关系的代表，其最终目的是彻底破坏和摧毁封建经济基础，推动中国向资本主义社

---

① 《陈独秀文集》第 4 卷，人民出版社，2013，第 200~201 页。

会发展；同时，中国社会的重要统治者已经是资产阶级。

1934 年，有学者提出，中国是农业大国，农业和农村占据着中国大部分地区，要理解中国国情，认清中国社会性质，首先需从农村开始。弄清中国农村的社会性质，便认清了整个中国的社会性质。当时的《中国经济》杂志的一批学者认为，中国农村已是资本主义性质；《中国农村》杂志的一批学者则认为，中国农村是半殖民地半封建的社会性质。

经过对中国社会性质和对中国农村社会性质的论争，近代中国属于半殖民地半封建社会的社会性质得到广泛认同。通过论争，马克思主义进一步在中国发扬光大，并被广泛应用到研究中国历史和现实问题中来。

三　关于唯物辩证法的论战

关于唯物辩证法的论战，主要代表人物有张东荪、叶青、艾思奇等。

1931 年，张东荪在《我亦谈谈辩证法的唯物论》中首先挑起论战。后来他又汇集了一批同观点的论文，编成《唯物辩证法论战》。其主要观点有：第一，马克思主义哲学"并没有什么新的意义"，不过是"把黑格尔的辩证法颠倒一下"；第二，辩证法是"过时的古董"，不是天下万物共有的；第三，哲学不应分党派，无思想自由即无哲学。

作为托派哲学家的叶青借此机会批张东荪，发表自己的观点。他认为，新物质论是观念论和物质论的统一；从黑格尔到费尔巴哈再到马克思，便是从观念论到物质论再到新概念论。他还认为，黑格尔之后只有科学而没有哲学。他还把马克思的辩证法归结为黑格尔的正反合的三段论。

艾思奇面对张东荪和叶青两个论敌，阐述了自己的观点。艾思奇认为，一个胚胎虽然包含着新生命发展的一切主要的可能性，但它本身并不是新生命，它仍然是旧卵里的一个构成部分，由黑格尔到马克思的唯物主义，需要有成熟的改造才行，否则，是没有生命力的。马克思主义哲学绝不仅仅是弃了黑格尔的外壳，而是改造了他的内容，并发生了质的飞跃。

张东荪把辩证法看成诡辩论，叶青又死守着黑格尔的三段论。艾思奇指出，诡辩论与辩证法简直比天地的差别还大。迷离于黑格尔哲学的纯逻辑的探讨及其观念公式，把现实世界的活生生的变化过程当作正反合的纯逻辑运动，是把唯物辩证法拖回到黑格尔的坟墓。针对张东荪的把哲学当作"千古不决"的玄学和叶青的"哲学的消灭"论，艾思奇指出，要像从前那样，建立在伪科学之上的哲学或玄学是不合适的。同时，试图消灭哲学，取消其研究的领域和对象，也是不合适的。马克思辩证唯物主义是关于自然、社会和人类思维的总法则，但这总法则的研究不是凭空而来的，它必须以各门科学的研究为基础，同时，它可以反过来指导各门科学的研究。

第三节　马克思主义对国民党右派的哲学批判

20 世纪 20 年代末，国民党右派叛变革命，建立起了代表大地主大资产阶级利益的法西斯独裁统治，为维护和巩固这一反动统治，蒋介石等人从中国儒家传统思想库中套用某些概念和范畴去附会孙中山思想中最保守的成分，试图建构起自己的哲学体系，标榜从孙中山到蒋介石等人才是"中国正统文化"的继承者，妄图从理论上为其统治进行辩护和论证。以周恩来、范文澜、胡绳、艾思奇等为代表的马克思主义者对以蒋介石为首的国民党官方哲学展开了批判。

一　周恩来的批判

周恩来对蒋介石的批判主要集中在三个方面。一是批判其哲学的唯心论；二是批判其道德的虚伪性；三是批判其对孙中山的背叛。

关于批判其哲学的唯心论。周恩来在黄埔军校任政治部主任时，蒋介石任校长，两人共事机会可谓不少，对蒋介石可以说知之甚深。周恩来指出，蒋介石的哲学思想是极端的唯心论。他常挂在口头上的话是，"人心惟危，道心惟危，惟精惟一，允执厥中"。同时，他又强调"心"的作用，推崇孙中山的"吾心信其可行，则移山填海之难，终有成功之日；吾心信其不可行，则反掌折枝之易，亦无收效之期也"。[①] 这是典型的唯心主义。周恩来指出，蒋介石的哲学是愚民哲学。他强调的"心"，是盲从之心，愚忠之心，是不识不知之心；他强调的"诚"，是别人对他的盲从与不问是非之诚。"蒋介石的历史观，是一套复古的封建思想，反映着浓厚的传统的剥削阶级意识"，"蒋介石对人民的看法，完全是以之为牛马的。所以他强调孔子的'民可使由之，不可使知之'的话，要人民听话守法，任凭剥削，

---

① 孙中山：《建国方略》，生活·读书·新知三联书店，2019，第 4~5 页。

随他统治"。①

关于批判其道德的虚伪性。周恩来指出，蒋介石强调的"四维八德"极具欺骗性和虚伪性。提倡忠孝，却抗战不勇，内战当先；提倡仁爱，却捆民上疆场，官逼民反；提倡信义，既已抗战六年，却又和日本勾搭；虽已对德宣战，还差信使往还；提倡和平，却挑拨日本攻打苏联，飞机轰炸，造成民变。这样的道德，本质上是他对人民肆无忌惮地压迫和进攻，却要人民对以蒋介石为首的国民党实行"忠孝信义和平"。这样一来，蒋介石及其领导的统治集团，常常是亡礼弃义，寡廉鲜耻。

关于批判其对孙中山的背叛。周恩来指出，蒋介石对三民主义的继承，多是传承了孙中山思想中的消极因素和唯心观点，相反，孙中山科学的思想，革命的观点，尤其是孙中山在晚年接近了中国共产党，采取了俄国革命的某些理论、办法后，他的三民主义成为更加接近中国国情的新三民主义。但从蒋介石的思想体系中，看出来的是中国法西斯主义，而不是新三民主义。

二 范文澜、齐燕铭的批判

范文澜的批判。范文澜指出，国民党宣称自己是中国固有文化的嫡系继承者，然而，其继承的多是黑暗的一面，是中国固有文化黑暗面的集大成者。他们除了继承2000多年来的中国固有文化中的一切腐朽反动的东西外，还认了两位外国圣亲：墨索里尼与希特勒。

范文澜在写太平天国运动史时，通过对曾国藩的批判，影射对曾国藩推崇至极的蒋介石。范文澜通过引用部分学者的著述②，来揭示蒋介石反人民的真面目。范文澜指出："后来一切反动统治阶级崇奉这个'曾文正公'作模范、作祖师，认他'是我国旧文化（封建文化的反动黑暗面）的代表人物，甚至于理想人物'，把他的汉奸反革命方法及其投降妥协的外交路线，当作统治人民与麻醉青年的经典……可惜他们不懂得曾国藩那一套反革命本领，只能暂时摧残太平天国一类的初期幼稚的革命，想搬运来用以

---

① 《周恩来选集》上卷，人民出版社，1980，第147、149页。
② 范文澜在《太平天国革命运动》这篇著述中共引用历史资料35条，其中有谭嗣同的《仁学》、英国人吟唎的《太平天国革命亲历记》、容闳的《西学东渐记》，另有《湘军志·曾军后篇》，萧若瑟《天主教传行中国考》、戴望《汪中伊握奇图解序》，以此来证明曾国藩对农民运动残酷镇压的本质。

破坏久经锻炼的中国人民的民主革命事业，就决无成功的可能了。"① 处于当时蒋介石独裁统治的黑暗时代，范文澜以"影射"的手法对蒋介石为首的反动派展开了斗争。

齐燕铭的批判。齐燕铭说，蒋介石提出的"四维八德"，看似具有新意，实质则只是中国过去封建社会作为统治工具的所谓"德性"。蒋介石抽象地笼统地不加批判地离开当前革命斗争的实际而谈"民族固有的德性""中国固有的文化"，实质上是以空洞的口号来掩盖其背叛民族利益的本质，企图以此美其名曰的"德性"来愚弄百姓。蒋介石所谓的中国固有文化，本质是改装了的封建法西斯主义，是中国化的法西斯主义文化。②

三 艾思奇、胡绳的批判

艾思奇的批判。艾思奇是中国共产党早期著名的马克思主义理论工作者，他一生都努力在中国传播和发展马克思主义，是中国共产党理论战线的忠实战士。为马克思主义在中国的传播作出了重要贡献。艾思奇指出，蒋介石的世界观实质上是与政权力量相结合，强加给青年人思想的，反唯物论与辩证法的唯心主义世界观，代表了当权者即大地主大资产阶级的世界观，是有悖于孙中山新三民主义的旧世界观，是旧封建思想的再版。

土地革命时期，艾思奇批判了叶青的反马克思主义哲学。叶青指出，当时的中国社会已进入科学时代，科学已代替了哲学，因此，主张消灭哲学。艾思奇从哲学与科学的关系上，批判了叶青的观点。其尖锐地指出，哲学与科学是普遍性与特殊性的关系，科学是哲学的基础，哲学又反过来指导科学。哲学的作用和地位无可替代。叶青还指出，事物是内外因共同作用的结果，因此二者的作用没有区分。艾思奇从马克思主义哲学基本原理出发，批判了叶青的内外因关系，深刻地揭示出事物是内外因共同作用的结果，但内因是事物发展变化的根据，外因是事物变化发展的条件，外因通过内因而起作用。艾思奇旗帜鲜明地批判了叶青反马克思主义的哲学观点③。这些论争与批判表面上是学术论争，实质上是有政治目的的。通过

---

① 该观点参见李连科《中国哲学百年论争》，商务印书馆，2004，第97~102页。
② 转引自李连科《中国哲学百年论争》，商务印书馆，2004，第97页。
③ 该观点参见李连科《中国哲学百年论争》，商务印书馆，2004，第97~102页。

论争和批判，使更多的年轻人认识到了什么是真正的马克思主义，什么是伪马克思主义，从而坚定地选择马克思主义，走上在马克思主义指导下改造中国的革命道路。

在延安时期，艾思奇发表了《抗战以来的几种重要哲学思想评述》和《〈中国之命运〉——极端唯心论的愚民哲学》，批判了蒋介石的力行哲学、陈立夫的唯生论哲学和阎锡山"中"的哲学，揭穿了他们提倡的"诚"、"忠"与"中庸"哲学的唯心论的本质，从哲学高度揭示了国民党集团反共产党、反人民与其官僚资本的本质。

胡绳的批判。胡绳集中批判了"诚"的哲学。他从"诚"来源不明、依据不科学、不是社会政治的动力、只是反动派的"护身符"这几个方面展开批判。胡绳认为，"诚"作为内在态度，不能没有客观标准，"'知之为知之，不知为不知'是诚，而求得十分之知是明。认真的科学态度本就是'诚'的态度，有这种态度才能求得真正的'明'。能'明'也就掌握了客观存在的法则与规律。所以，倘把主观的'诚'的精神脱离了对客观存在的'明'，那么所谓'诚'也可能只是武断、迷信。但反之，倘只有客观的'明'而不能激发主观的'诚'，只是把客观的法则当作外在的标准，那么纵然一时能亦步亦趋，那仍然是勉强的，有动摇可能的"。①

胡绳又指出，在人类已经获得相当多的知识后，则思维决定行为，行为要想科学，需要以科学知识和科学思维为指导。要想行为上讲科学，则认知要建立在科学之上。因此，追求真理，坚持真理就是必需的，这才是真正的"诚"。如果"诚"仅是愚忠，那么，就会只从主观的直觉出发，爱怎么干就怎么干了。这样的"诚"仅是一种主观意念的"态度"和"决心"，这仅仅只是"良知"。胡绳又进一步指出诚不能只凭"良知"，只凭直觉，而要依据科学。胡绳进而指出，"诚"不是社会政治的动力。如果一个社会政治的原动力是没有科学依据的"诚"，那么，其本质就是"愚忠"，就是无视人民实际生活的需要，是无视宇宙、世界、社会的客观性，其本质是唯心论的表征。

胡绳又说，"诚"只是反动活动的"护身符"。"诚"这个抽象概念使人成为它的附属品，从而成为"巨奸大恶暴君酷吏"进行反动活动的"护身

---

① 胡绳：《理性与自由》，生活·读书·新知三联书店，1950，第 134 页。

符"。所谓"天人合一""尽性致诚"的作用，无非是扼杀人民大众实践的自觉性。所以在长期的东方专制主义政治下，"诚"这个概念，本是因企图说明人的合理关系而产生的，却在神秘的外衣下被抬上神圣殿堂，使人顶礼膜拜，作为欺蒙与麻醉奴隶人民的思想工具。

20世纪三四十年代，中国掀起了"新启蒙运动"，思想文化界再次掀起论战高潮。论战的焦点是理性主义的张扬及真正理性主义的受众群体问题。胡绳指出，任何道德律令都必须接受理智的审查，方可进入理性之境地，而不是相反；理性的道德维度和理智维度不仅是统一的，而且都需要置于当时的政治、经济、社会和思想等各种语境下加以理解。关于当时胡适提倡的"理性生活"和建立"科学人生观"的启蒙思想，思想文化界出现了分化的认识，一种是大加赞扬，另一种是彻底批判。胡绳则站在马克思主义唯物辩证法的角度，提醒人们全面辩证地思考和对待，以便形成科学的世界观和方法论。胡绳进一步从戊戌维新运动和新文化运动出发，提出"新启蒙运动"不能切断历史，相反，要从历史实际出发，继承五四精神，提倡"民主与科学"，同时，要超越五四精神，将个性解放发扬光大，惠及民众。如果说五四所提倡的民主与科学精神集中在"破"上，即反迷信、反神权、反专制、反武断的话，那么，"新启蒙运动"则需要立，即建立新事业，建设新民主，提倡新科学，这种"新"应聚焦于人民大众，建立起广大民众的"理性主义"。总之，此一时期的启蒙运动，以胡绳为代表的马克思主义者，既捍卫了马克思主义理性与自由的精神，又正确诠释了马克思主义的理性主义精神，同时彰显了马克思主义者用科学的理性指导现实的理性主义品格。

中国马克思主义者同以蒋介石为首的国民党反动派的论战与斗争，主要是通过武器的批判，但也同时运用着批判的武器。这种论战既有利于争取更多的中间群众到革命的营垒中来，又是马克思主义哲学在中国的一次操练。

第四节　马克思主义在中国共产党内的发展

20世纪30年代，在中国共产党内部有一批专门从事马克思主义哲学研究的理论队伍，他们译介马克思主义哲学经典著作，构建马克思主义哲学内容体系，掀起了一场哲学通俗化大众化运动，开展捍卫马克思主义哲学的论战，为马克思主义在中国共产党内的发展起了奠基作用，为马克思主义中国化的理论创新提供了哲学基础。

中国共产党在建立的时候"有一极大的弱点，这个弱点，就是党在思想上的准备、理论上的修养是不够的"[①]，造成这种理论准备不够的一个重要原因就在于"马克思主义传入中国时，又由于中国当时是客观革命形势很成熟的国家，要求中国革命者立即从事而且以全部力量去从事实际的革命活动，无暇来长期从事理论研究与斗争经验的总结"。[②] 这种"理论不足"的情况，在马克思主义哲学方面尤为明显，一是因为马克思主义哲学较其他学科而言，相对抽象和深奥；二是因为起初传播马克思主义的旗手和领袖随着中国共产党的成立，多投身于革命实践当中了，无暇顾及理论的深入研究。到了 20 世纪 30 年代，由于中国共产党建立起了一支专业化的马克思主义哲学家队伍，这种状况得以改观。这批哲学家投身于传播马克思主义，在扬弃中推进马克思主义与中国革命相结合，为马克思主义中国化作出了巨大的贡献。

一　著作的翻译介绍

从五四时期到大革命失败，中国基本没有中文全译本的马克思主义原著。这种情况在 20 世纪 20 年代末到 30 年代初得到改观，中国共产党成立了专业的马克思主义哲学家队伍。这一时期，马列的哲学经典著作中文全译本相继出版。包括李膺扬（杨贤江）翻译的恩格斯《家庭、私有制和国家的起源》（1929），杜竹君翻译的马克思《哲学之贫困》，彭嘉生（彭康）翻译的恩格斯《路德维希·费尔巴哈与德国古典哲学的终结》（当时译名为《费尔巴哈论》），笛秋（陈韶奏）、朱铁笙（朱泽淮）合译的列宁《唯物论与经验批判主义》（1930，当时译名为《唯物论与经验批判论》），吴黎平翻译的恩格斯《反杜林论》（1930），陈启修（陈豹隐）翻译的马克思《资本论》第一卷第一分册（1930），潘冬舟（潘文郁）翻译的《资本论》第一卷第二分册（1932）、第三分册（1935）等。除此之外，比较重要的经典著作还有多个版本在这一时期问世，例如《路德维希·费尔巴哈与德国

---

① 《刘少奇选集》（上卷），人民出版社，1981，第 220 页。
② 《刘少奇选集》（上卷），人民出版社，1981，第 221 页。

古典哲学的终结》还有向省吾译本（1930，书名为《费尔巴哈与古典哲学底终末》），加之李一氓翻译的《马克思论文选译》（1930）、向省吾翻译的《马克思、恩格斯关于唯物论的段片》（1930）等马克思主义的主要哲学论文。这一时期的马克思主义哲学著作基本完整地翻译成中文在中国大地上传播，这为中国共产党人直接、全面、深入学习和研究马克思主义哲学打下了坚实的基础，提供了第一手资料。[1]

二　马克思主义哲学内容体系的整体建构

在五四运动以后十年里，马克思主义哲学在中国的传播比较多地集中在唯物史观部分，对辩证唯物主义的传播还比较零散和稀少。直到 20 世纪30 年代党的哲学家队伍形成之后，才开始构建包括辩证唯物主义和历史唯物主义两大部分的马克思主义哲学体系。哲学家们首先借助于苏联哲学界的成果，由吴黎平翻译了芬格尔特、薛尔文特著的《辩证唯物论与唯物史观》（1930），李达、雷仲坚翻译了西洛可夫、爱森堡等合著的《辩证法唯物论教程》（1932），沈志远翻译了米丁等著的《辩证唯物论与历史唯物论》（1936），艾思奇、郑易里翻译了米丁等著的《新哲学大纲》（1936）。同时，哲学家们也陆续推出了用中国话语论述马克思主义哲学的著作，包括张如心的《辩证法学说概论》（1930）和《哲学概论》（1931），沈志远的《新哲学辞典》（1933）和《现代哲学的基本问题》（1934），艾思奇的《哲学讲话》（后改名为《大众哲学》），李达的《社会学大纲》（1935）等。这些著作所构建的以辩证唯物主义和历史唯物主义两大部分为框架的马克思主义哲学体系，成为后来中国共产党阐述马克思主义哲学的经典结构模式。

三　马克思主义哲学在中国的普及

"哲学的大众化"是 20 世纪 30 年代党的哲学家队伍提出的一个响亮口号，而首先作出成功尝试的则是被称为"哲学大众化尖兵"的艾思奇。1934 年至 1935 年，他在《读书生活》上连载《哲学讲话》（1936 年汇集成书时改名为《大众哲学》），开了哲学通俗化大众化的先河。随后，党领导

---

[1]　李曙新：《20 世纪 30 年代中国共产党哲学家队伍的形成及其贡献》，《理论学刊》2014 年第 6 期，第 36~41 页。

下的一大批哲学家也积极投入到这一有益的工作中，掀起了一股马克思主义哲学通俗化大众化的热潮，其中包括陈唯实的《通俗辩证法讲话》和《通俗唯物论讲话》（1936）、《新哲学体系讲话》（1937）和《新哲学世界观》（1937），沈志远的《现代哲学的基本问题》（1936），胡绳在《新学识》杂志上以"漫谈哲学"为题发表的13篇哲学通信，冯定发表的《新人群的道德观》（1937.1）、《谈新人生观》（1937.3）、《哲学的应用》（1937.4）、《现阶段的中国青年问题》（1937.5）等一系列论文。这场哲学通俗化大众化运动，使马克思主义哲学获得极大的普及，直接推动了一大批青年走上革命的道路，使党影响和掌握了更多有觉悟的群众，充分显示了马克思主义哲学应有的巨大力量。

四 捍卫马克思主义哲学的论战

20世纪30年代，党领导下的哲学家们连续开展了多次同反马克思主义和伪马克思主义哲学的论战，例如，从1931年起，资产阶级学者张东荪纠集一些文人，发表了一系列攻击唯物辩证法的文章，1934年又编了《唯物辩证法论战》一书，对唯物辩证法发起全面攻击。接着，又有叶青等"托派"思想家打着马克思主义哲学的旗号，对马克思主义哲学进行歪曲和篡改。面对张东荪等人对唯物辩证法的进攻和叶青等人对唯物辩证法的篡改和歪曲，党的哲学家们予以了坚决回击。邓拓（邓云特）的《形式逻辑还是唯物辩证法》（1933.10）和陈伯达的《腐败哲学的没落——为批判张东荪编的〈唯物辩证法论战〉而作》（1935.3）等文章，全面回击了张东荪等人对唯物辩证法的攻击；艾思奇的《几个哲学问题》（1935.10）、《论黑格尔哲学的"颠倒"》（1935.11）和沈志远的《叶青哲学往何处去》（1936.1）等文章，则深入批驳了叶青为歪曲马克思主义而抛出的所谓"哲学消灭论"、"物心综合论"、"颠倒论"和"外烁论"。通过论战，党内哲学家为马克思主义哲学在中国的准确传播扫清了理论障碍，进一步扩大了马克思主义哲学的宣传阵地。

五 马克思主义中国化的奠基之作

众所周知，马克思主义哲学中国化的标志性成果是毛泽东于1937年发表的《实践论》和《矛盾论》，而此前党的哲学家所翻译的马恩列的哲学经典著作，则直接为《实践论》和《矛盾论》的诞生提供了第一手的资料，例如，《实践论》主要参考和发挥了哲学家们刚刚翻译过来的列宁《唯物主义和经验批判主义》和《黑格尔〈逻辑学〉一书摘要》中的认识论辩证法思想；《矛盾论》则主要吸取和充实了哲学家们刚刚翻译过来的恩格斯《反杜林论》和列宁《谈谈辩证法问题》中的辩证法思想。哲学家们翻译过来的苏联哲学教科书也成为《实践论》和《矛盾论》的理论来源之一。例如，毛泽东曾对李达译的《辩证法唯物论教程》阅读了 3 遍，写下了 1 万多字的批语①，从中采用了许多观点；《实践论》采用了该书关于在实践以外不能认识外界、关于认识过程两个阶段的分析等观点；《矛盾论》吸收了该书关于主要矛盾制约非主要矛盾、主要矛盾方面起主导作用等思想。《实践论》和《矛盾论》还从哲学家们的论著中吸收了很多观点，例如，《实践论》中关于认识运动总规律的论述借鉴于艾思奇的"从感性到理性，从理性到实践，又由实践得到新的感性，走向新的理性，这种过程，是无穷地连续下去，循环下去，但循环一次，我们的认识也就愈更丰富"②；《矛盾论》中关于"对立统一的法则，是唯物辩证法的最根本的法则"③的论述借鉴于张如心提出的在唯物辩证法三个规律中"应特别指出矛盾合一律是他的基础"④；《矛盾论》中关于矛盾特殊性的论述。⑤借鉴于李何明提出的"研究对立的统一法则，必须要指示出矛盾的主导方面之意义来，更需要指示出每一个矛盾过程中的特质来"⑥。

接下来，本书重点介绍毛泽东哲学思想体系。《矛盾论》《实践论》是毛泽东哲学思想成熟和体系化的标志。

实践的观点，是马克思主义哲学最重要的观点。正是靠了它，马克思主义哲学才既同唯心论划清了界限，又同旧唯物论划清了界限，从而实现了人类认识史上的伟大变革。毛泽东抓住了这个问题深入探讨，是抓住了马克思主义哲学的关键。在实践论中，毛泽东阐明了实践第一的观点，论

① 石仲泉：《〈毛泽东哲学批注集〉导论》，中共中央党校出版社，1988，第 2 页。
② 《艾思奇文集》第 1 卷，人民出版社，1981，第 186 页。
③ 《毛泽东选集》第 1 卷，人民出版社，1991，第 299 页。
④ 张如心：《辩证法学说概论》，江南书店，1930，第 118 页。
⑤ 参见李曙新《20 世纪 30 年代中国共产党哲学家队伍的形成及其贡献》，《理论学刊》2014 年第 6 期，第 36~41 页。
⑥ 叶青：《哲学论战》，新垦书店，1935，第 447 页。

述了认识的辩证过程，阐明了真理观。

关于实践第一。毛泽东说一切真知都是从直接经验中发展的；实践高于理论。毛泽东指出："任何知识的来源，在于人的肉体感官对客观外界的感觉，否认了这个感觉，否认了直接经验，否认亲自参加变革现实的实践，他就不是唯物论者。"① 他指出，你要想有知识，你就得参加变革现实的实践，你要知道梨子的味道，你就得变革梨子，亲口吃一吃。你要知道原子的组织同性质，你就得进行物理学和化学的实验，变革原子的情况。你要知道革命的理论和方法，你就得参加革命。离开实践的认识是不可能的。人类社会的生产活动，是一步又一步地由低级向高级发展，因此，人们的认识，不论对于自然界方面，还是对于社会方面，也都是一步又一步地由低级向高级发展，即由浅入深，由片面到更多的方面。毛泽东认为，马克思主义哲学强调理论对于实践的依赖关系，理论的基础是实践，又转过来为实践服务。他还系统地阐述了实践是认识的源泉、动力、标准和目的。他指出："马克思主义看重理论，正是，也仅仅是，因为它能够指导行动。如果有了正确的理论，只是把它空谈一阵，束之高阁，并不实行，那末，这种理论再好也是没有意义的。"②

关于认识的辩证过程。毛泽东阐述了认识的两次飞跃，指明了认识的发展规律。毛泽东指出，在实践基础上，认识从感性上升到理性，这是认识的第一次飞跃。感性认识是属于事物之片面的、现象的、外部联系的东西；理性认识是属于事物的全体的、本质的、内部联系的东西；理性认识依赖于感性认识，感性认识有待发展到理性认识。感性和理性二者性质不同，但又不是互相分离的，它们在实践的基础上统一起来了。感性认识上升到理性认识，一要感性的材料十分丰富（不是零碎不全）和合于实际（不是错觉）；二要经过思考作用，将丰富的感性材料加以去粗取精、去伪存真、由此及彼、由表及里的改造制作。关于认识的第二次飞跃，毛泽东指出，"认识从实践始，经过实践得到了理论的认识，还须再回到实践去。认识的能动作用，不但表现于从感性的认识到理性的认识之能动的飞跃，

---

① 《毛泽东选集》第 1 卷，人民出版社，1991，第 288 页。
② 《毛泽东选集》第 1 卷，人民出版社，1991，第 292 页。

更重要的还须表现于从理性的认识到革命的实践这一个飞跃"。① 毛泽东总结道："通过实践而发现真理，又通过实践而证实真理和发展真理。从感性认识而能动地发展到理性认识，又从理性认识而能动地指导革命实践，改造主观世界和客观世界。实践、认识、再实践、再认识，这种形式，循环往复以至无穷……这就是辩证唯物论的全部认识论，这就是辩证唯物论的知行统一观。"②

关于真理观。毛泽东提出了实践是检验真理的标准；相对真理与绝对真理；真理的发展充满矛盾和斗争的观点。毛泽东指出，"马克思主义者认为，只有人们的社会实践，才是人们对于外界认识的真理性的标准。实际的情形是这样的，只有在社会实践过程中（物质生产过程中，阶级斗争过程中，科学实验过程中），人们达到了思想中所预想的结果时，人们的认识才被证实了。人们要想得到工作的胜利即得到预想的结果，一定要使自己的思想合于客观外界的规律性，如果不合，就会在实践中失败。判定认识或理论之是否真理，不是依主观上觉得如何而定，而是依客观上社会实践的结果如何而定。真理的标准只能是社会的实践"。③ 毛泽东又指出，在绝对的总的宇宙发展过程中，各个具体过程的发展都是相对的，因而在绝对真理的长河中，人们对于在各个一定发展阶段上的具体过程的认识只具有相对的真理性。无数相对的真理之总和，就是绝对的真理。④ 毛泽东认为，客观过程的发展是充满着矛盾斗争的发展。正确的东西总是在同错误的东西作斗争的过程中发展起来的。真的、善的、美的东西总是在同假的、恶的、丑的东西相比较而存在，相斗争而发展的。这是真理发展的规律。⑤

在《矛盾论》中，毛泽东阐明了矛盾的对立统一；矛盾的普遍性和特殊性；主要矛盾和矛盾的主要方面；矛盾的同一性和斗争性的观点。

关于矛盾的对立统一。在两种宇宙观的对立方面，毛泽东指出，所谓形而上学的或庸俗进化论的宇宙观，就是用孤立的、静止的和片面的观点去看世界。它否认唯物辩证法所主张的事物因内部矛盾引起发展的学说。

---

① 《毛泽东选集》第 1 卷，人民出版社，1991，第 292 页。
② 《毛泽东选集》第 1 卷，人民出版社，1991，第 296~297 页。
③ 《毛泽东选集》第 1 卷，人民出版社，1991，第 284 页。
④ 《毛泽东选集》第 1 卷，人民出版社，1991，第 295 页。
⑤ 参见《毛泽东选集》第 1 卷，人民出版社，1991，第 295 页。

与此相反，唯物辩证法认为世界一切事物都是相互联系，并且运动、发展、变化的。事物发展的根本原因，不在事物的外部而是在事物的内部，在于事物内部的矛盾性。在内部矛盾和外部矛盾方面，毛泽东指出，事物内部的这种矛盾性，是事物发展的根本原因，一事物和他事物的互相联系和互相影响则是事物发展的第二位的原因。外因是变化的条件，内因是变化的依据。

关于矛盾的普遍性和特殊性。毛泽东说，矛盾的普遍性或绝对性这个问题有两方面的意义。一是说，矛盾存在于一切事物的发展过程中；二是说，每一事物的发展过程中存在自始至终的矛盾运动。矛盾即是运动，即是事物，即是过程，也即是思想。否认事物的矛盾就否认了一切，没有矛盾就没有世界。矛盾的特殊性问题，体现了《矛盾论》的特殊贡献。毛泽东指出，任何运动形式，其内部都包含着本身特殊的矛盾。这种特殊的矛盾，都构成一事物区别于他事物的特殊的本质。这即是世界上诸种事物所以有千差万别的内在原因。一切运动形式的每一实在的非臆造的发展过程内，都是不同质的。一个大事物包含许多矛盾，这些矛盾，不但有其特殊性，不能一律看待，而且矛盾的两方面，又各有其特点，也是不能一律看待的。毛泽东说，矛盾的普遍性和矛盾的特殊性关系，就是矛盾的共性和个性的关系。共性即包含于一切事物个性之中，无个性即无共性，由于事物范围的极其广大，发展的无限性，所以，在一定场合为普遍性的东西，而在另一场合则变为特殊性。反之，在一定场合为特殊性的东西，而在另一定场合则变为普遍性。这一共性个性、绝对相对的道理，是关于事物矛盾的问题的精髓，不懂得它，就等于抛弃了辩证法。

关于主要矛盾和矛盾的主要方面。毛泽东认为，在复杂的事物的发展过程中，有许多矛盾存在，其中必有一种矛盾起着主要的、领导的、决定的作用，它的存在和发展，规定和影响其他矛盾的存在和发展，这个矛盾就是主要矛盾。而其他的矛盾则处于次要的和服从的地位，这就是非主要矛盾。因此，研究任何过程，如果是存在两个以上矛盾的复杂过程的话，就要用全力找出它的主要矛盾。抓住了这个主要矛盾，一切问题就迎刃而解了。矛盾的主要方面和非主要方面。毛泽东指出，矛盾的两个方面中，必有一方面是主要的，他方面是次要的。其主要的方面，即所谓矛盾起主导作用的方面。事物的性质，主要是由取得支配地位的矛盾的主要方面所规定。矛盾的主要方面和非主要方面，在一定条件下，也是可以互相转化的。

关于矛盾的同一性和斗争性。毛泽东说，所谓了解矛盾的各个方面，就是了解它们每一方面各占何等特定的地位，各用何种具体形式和对方发生互相依存又互相矛盾的关系，在互相依存又互相矛盾中，以及依存破裂后，又用何种具体的方法和对方做斗争。可见，矛盾的同一性和斗争性是矛盾双方关系中最基本的关系。就同一性和斗争性的内容而言，其一，事物发展过程中的每一种矛盾的两个方面，各以和它对立着的方面为自己存在的前提，双方共处于一个统一体中；其二，矛盾着的双方，依据一定的条件，各向其相反的方面转化。毛泽东所说的斗争性是指矛盾双方互相排斥、互相对立、互相否定的趋势。斗争的形式是多样的，对抗是矛盾斗争的一种形式，而不是矛盾斗争的一切形式。就同一性和斗争性的关系而言，毛泽东认为，两个相反的东西中间有同一性，所以二者能够共处于一个统一体中，又能够互相转化，这是说的条件性，即是说一定条件之下，矛盾的东西既能够统一起来，又能够互相转化；无此一定条件，就不能成为矛盾，不能共居，也不能转化。由于一定的条件才构成了矛盾的统一性，所以说同一性是有条件的、相对的。矛盾的斗争贯穿于过程的始终，并使一过程向着他过程转化，矛盾的斗争无所不在，所以说没有矛盾的斗争性就没有统一性。有条件的相对的统一性和无条件的绝对的斗争性相结合，构成一切事物的矛盾运动。

20世纪30年代对于中华民族和中国共产党来说，是一个生死存亡的关键节点。处在这样一个历史方位上，中国共产党领导下的哲学家们用自己的努力，在唤起全民族的理性觉醒、提升党的理论创新能力方面发挥了重要作用，作出了不可磨灭的历史功绩。

第五章　马克思主义思想引领与中国式现代化的出场

任何现代化，思想引领尤为必要。在近代中国的历史场域中，"落后掉队""被动挨打"等言辞不仅仅意指当时中国社会的现实处境，更是在思想层面上对当时中国社会总体精神状态的深刻标识。近代中国如何走当下的路？未来向何处去？这必须要科学思想的出场予以回答和解决，以此实现中国社会在精神状态上由被动转为主动、理论认知上由模糊转为清醒，这是开辟中国式现代化道路的逻辑起点。可见，寻求和定位中国社会的科学思想坐标成为历史必然。

第一节　中国现代化选择马克思主义的历史语境

近代中国在追求现代化演进历程中历史性地选择了马克思主义，是与近代中国特定的社会历史条件和文化传统语境相符合相适应的，深刻地影响了中国近代史的发展进程和中国式现代化的发展方向。所谓"历史性地选择"意指这一选择绝非历史发展进程中的偶然性，也非某一个人或某一群体在情感上的随意偏好，而是世界历史发展和近代中国历史发展双重深层实践逻辑使然。质言之，中国式现代化选择马克思主义是近代中国社会变迁在世界历史与中国历史互动影响和发展下的历史实践性选择。可见，这一选择并非自然而然，特别是 20 世纪初期的中国思想界风云四起，注定选择马克思主义必须要与其他主义、思想、学说较量一番，这就需要系统勾勒其所处历史语境，分析其内在逻辑理路，进而回答为何只有选择马克思主义才能将近代中国推向现代化。

一　发展需求：打破近代中国追求现代化陷入多重僵局的需要

近代中国被迫打开国门之后，西方列强资本主义力量的野蛮入侵一定程度上给处于相对落后的中国社会带来了先进的因素，促使封建社会的渐进解体与缓慢转型，在救亡图存的尝试中，中国本土不同社会力量在推进现代化之路上闪现出一丝微弱星光，然终究逃不过失败的厄运，反而使近代中国在 20 世纪初陷入多重"僵局"，即将形成一沟死水。所谓"僵局"，指的是内生动力完全不足，外来压力无法转化，社会发展进步的动力结构失衡，以至于出现近代中国向前不能、向后不可的进退两难的窘境，这集中体现在政治改革、经济发展和文化转型三个层面。可见，要想打破僵局、走出窘境，势必要在全社会进行一场不可妥协、完全彻底的社会革命，质言之，客观现实境况产生了打破近代中国追求现代化而陷入多重僵局的迫切需要，首先体现为需要一种科学思想的引导与领航。

1. 僵局之一：近代中国政治改革举步维艰

迈进现代化的门槛，不可避免地要对旧式政治上层建筑进行改造，不管这种改造是暴力式的革命抑或温和式的改良。无论是农民阶级试图以暴力手段推翻清政府的统治，还是资产阶级维新派集团以和平法令手段尝试建立君主立宪政体，皆以失败而收场，改造近代中国的政治体制所遭遇的强大阻力可见一斑。在 20 世纪初，受内忧外患各种因素的影响清政府尝试推行政治改革以维系统治，遂派出大臣代表团出使欧美各国考察学习，准备实行立宪政体，来一场自上而下和自下而上双向推动的"新政"改革，其内容看似丰富全面，其流程貌似环环相扣，其手段好似新颖多样，然由于改革方案中存在诸多自取失败的矛盾以及参与制定改革方案的人多谋取私利等原因[1]，"新政"还是掩藏不住清政府统治集团继续维系统治利益的本真面目，最终不过是让人们看了一场政治闹剧罢了。析其原因，一是政治改革的阻力过大，统治者制定和颁发的改革方案势必受到既得利益者的百般阻挠而难以落地生根，清政府统治者不具备也不可能具备壮士断腕的改革勇气，其所有的出发点和归宿点都是如何维持自身的地位和保护自身

---

[1] 参见〔美〕费正清等编《剑桥中国晚清史：1800—1911》（下卷），中国社会科学院历史研究所编译室译，中国社会科学出版社，1985，第 401~402 页。

的利益；二是政治改革的环境动荡，深受西方列强侵略的近代中国社会十分不稳定，国内各派势力矛盾重重、相互争斗，更增加了社会环境的复杂性，改革方案更是难以实施和落地。清末"新政"改革的闹剧不仅没有让清王朝安稳地统治下去，反而促使了社会的混乱，更坐实了清政府"朽木不可雕也"的特性，走向灭亡不可避免。中国的现实迫切需要一种砸碎旧政治制度的新思想引领，以此动员社会各个进步力量进行一场全方位、根本性的社会变革运动。

2. 僵局之二：近代中国经济发展夹缝求生

经济，绝对是现代化的另一个重要面相，在某种意义上说，经济发展的程度和质量决定着现代化发展的规模、体量和类型。本来，中国进入近代之前在世界经济发展总量上基本保持着领先的地位，然被卷入资本主义世界体系之后，不仅在质的方面显现出明显的落后性，而且在量的方面越来越不具有优势地位。因为，近代中国经济在由资本主义强国支配下的世界历史发展的格局中明显处于边缘和附庸位置，被压迫、被剥削、被摧残是近代中国经济必然遭遇的悲壮态势，注定要被戴上一副无形的镣铐枷锁，也意味着中国经济要在罅隙空间中艰难缓慢求得生存之机。尽管统治者内部某些人士注意到了向西方学习的必要性，并轰轰烈烈地开展了以"自强"为旗号的近代工业化运动，催生了以民族资产阶级为代表的中国本土资本主义力量，然前者华而不实，"始终不敢触动原有的土地制度和分配关系，这从根本上束缚了工业化的启动"[1]，封建生产关系纹丝不动，最终还是以失败而结束；后者天生孱弱，始终在多重势力的压迫和挟持下步履蹒跚、行动极缓。可见，近代中国无论是哪一种经济形态，总体上都是西方列强裹挟下的附庸产物，独立自主、谋求富强无疑是空中楼阁，这也就意味着要使中国经济迈进现代化的大门，非得彻底改变被压迫和被摧毁的附庸地位不可，只有求得完全的独立自主才有资格有条件建立属于自己的工业体系和国民经济体系，追求和实现现代化才会有坚实可靠的物质基础，而关键问题在于如何来打破和改变此时中国经济发展僵局，质言之，这在思想层面上需要一种科学的先进的理念加以指导。

---

[1] 罗荣渠：《现代化新论——世界与中国的现代化进程》，北京大学出版社，1993，第280页。

3. 僵局之三：近代中国文化转型进退维谷

政治和经济决定着文化的形态样式，文化是政治和经济的集中反映。近代中国政治领域和经济领域的僵局必然促使文化领域僵局的形成，后者意味着中国文化转型将愈加艰难和不易，这背后的原因主要体现为两个方面：一是文化领域具有深层次结构性特征，即稳定性独立性甚为明显，而不像政治或经济领域表现得比较活跃和灵活，无论是"经世致用""师夷长技"，抑或"变通自强""变法维新"，都是在不动摇甚至捍卫传统儒家正统思想的前提下进行的，既不敢也不可能去破坏皇权正统和儒学道统，因此现有的文化与思想难以发生结构性变化或革命性突破。在此可举一例，19世纪中叶，翰林院编修冯桂芬是较早向西方学习的开明儒家知识分子，其意识到通过学习西方达到自强的重要性，在《校邠庐抗议》中提出了"以中国之伦常名教为原本，辅以诸国富强之术"①　即后来人们熟知的"中体西用"思想，但《校邠庐抗议》在他1874年临终之前都未能刊印发行，多年之后他儿子才刊印该书中不太激进的部分，戊戌变法时才得以全文刊印，可见先进开明的儒家学人在当时的文化体制和传统观念的浸润中变得保守也不是什么怪事。二是近代中国传统文化难以向现代化门槛迈进也是由于自身本质上是反现代化的，就总体来看，儒家正统思想在封建社会中本质上是文化专制主义，是皇权专制统治的重要支柱，既表现为守成心态，又体现为盲目自大，反现代化不足为奇。在近代以来的百年时间内，"中国的传统文化几乎从未与现代发展达成协调或适应的关系"②，相反，其还成为文化变革及其他层面变革的巨大思想障碍。因此，需要从根本上革除旧的传统文化，创建与现代化相匹配的新的先进文化，而这也需要先进思想的引领。

二　现实推动：国内外一系列现实因素促使马克思主义在中国的兴起

现实的声音最具有号召力，现实的力量最具有冲击力。20世纪初至五

---

① 冯桂芬：《校邠庐抗议》，戴扬本评注，中州古籍出版社，1998，第211页。
② 罗荣渠：《现代化新论续篇——东亚与中国的现代化进程》，北京大学出版社，1997，第140～141页。

四运动前的近代中国在国内外一系列现实推动中发生了深刻性变化而出现了新的历史转向：国内，中国并没有因引介诸多西方思想潮流发生积极性变化，反而持续性地陷入北洋军阀割据的苦难之中，让国人失望迷茫；国外，各资本主义强国力量此消彼长产生重新分配利益的需求，进而爆发人类史上第一次世界大战，并在帝国主义链条的薄弱环节上爆发了社会主义革命，让国人振奋期待。总之，各种现实因素的聚合，促使"马克思主义由社会主义思潮中的一支涓涓细流，变成了磅礴的大潮，在中国思想界澎湃激荡"。① 科学思想的闪电会彻底击中近代中国社会，一场全新而透彻的革命正在诞生。

1. 国内因素：普通民众对政治时局的失望及知识分子阶层的思想转向

20 世纪初至五四运动前的近代中国发生着深邃的历史巨变，辛亥革命的发生直接宣判封建君主专制的终结，新的政体即民主共和在复杂交错的中国大地上悄然诞生，然"共和取代帝制，同时是共和政治已既定地成了一种没有秩序的政治和没有公共性的政治"。② 果不其然，共和政体被袁世凯及其所领导的北洋军阀集团把持玩弄得表里不一、面目全非，此时的国人对以宪政为主要内容的共和逐渐呈现出从失望到绝望的心态演变曲线。本来，国人对宪政民主制度下的政治家个人品格是有很高要求的，然这种制度具体实施起来，失败接二连三，国人的失望心理日益增强。特别是在第一次直奉战争之后，黎元洪恢复了大总统的职务，准备"恢复法统"，然此时的北洋政府内部权力斗争甚为激烈，相互之间钩心斗角、尔虞我诈，已足以让国人看不见"法统"恢复的希望了，心里充满绝望，这种心态的演化也反过来说明试图依靠以宪法为支撑的民主共和体制在近代中国社会是完全走不通的，原因很简单，政治权力及政治时局始终还是被操控于少数者手里，民主共和下社会运转逻辑的应然情势与专制统治下社会运转逻辑的实然状态完全是天壤之别、大相径庭。更进一步说，这是近代中国社会政治、经济和文化三重僵局综合作用下的必然产物，所呈现出的社会状态就是一种国无重心的状态，值得注意的是，解释分析这一状态及现象需

---

① 〔美〕莫里斯·迈斯纳：《李大钊与中国马克思主义的起源》，中共北京市委党史研究室编译组译，中共党史资料出版社，1989，第 254 页。

② 杨国强：《清末新政与共和困局（下）——民初中国的两头不到岸》，《学术月刊》2018 年第 2 期，第 28 页。

要将其纳入中国社会发展的内在理路及西潮冲击之下整个近代中国的巨变这一纵横大框架中进行探讨，注重思想演化与社会变迁的互动关系即社会结构的变迁可能引起的思想转变。① 换而言之，国人对政治时局的失望与绝望并不会长时间的持续下去，他们准备在近代中国社会结构的变迁中去寻找真正的可靠的希望，而这首先就体现为知识分子阶层逐渐发生了思想转向。

2. 国外因素：俄国十月革命胜利的事实对国人的思想冲击

在中国国内悄然积聚发生社会结构性变化因素的同时，国外也发生着巨变，第一次世界大战是资本主义强国之间的利益需求增长和利益分配格局演变的必然产物，更重要的是，这一战争链条的薄弱环节——俄国，发生了十月革命，这不仅深刻改变了俄国历史命运的走向，也深刻影响了人类社会历史发展进程，就对中国的影响而言，"十月革命一声炮响，给我们送来了马克思列宁主义"②，这其实是一种现实冲击力的体现。需要指出的是，远在东方的中国既非马克思主义发源地，也极少有类似于考茨基、普列汉诺夫等俄国理论家著书立说宣传和研究马克思主义，因为近代中国内忧外患的困境需要国人以实际的革命斗争来救亡图存，尽管没有真正找到正确的出路，但是十月革命的胜利、社会主义政权的确立、占多数的工农群众成为国家的主人，让中国国人志士们在黑暗摸索中看到了黎明曙光，在绝望无助中重新燃起新的希望之火，恰如青年毛泽东所指出的，"俄国式的革命，是无可如何的山穷水尽诸路皆走不通了的一个变计"。③ 十月革命对国人造成强烈的思想冲击，原因有三：一是经济文化落后的俄国与封建压迫深重的中国在国情对比上具有较高的相似度，前者发生的社会主义革命自然对国人特别是先进知识分子具有浓厚的吸引力；二是十月革命胜利后，社会主义俄国公开反对帝国主义并发表宣言放弃沙俄在中国攫取的一切特权，以新的平等的态度对待中国，俄国一系列的行为举措让国人感到振奋，促使马克思主义在中国更加广泛地传播开来，对之研究、宣传、认同、接受也就是自然而然的事情了；三是国人不仅看到了俄国十月革命胜

① 参见罗志田《失去重心的近代中国》，《文史知识》2011 年第 1 期。
② 《毛泽东选集》第 4 卷，人民出版社，1991，第 1471 页。
③ 《毛泽东书信选集》，中央文献出版社，2003，第 4 页。

利的基本事实，也注意到了这场革命为什么能够胜利的原因，中国先进知识分子逐渐去系统研究这场革命所遵循的思想学说及主义。总而言之，十月革命让中国先进知识分子更加注意到了马克思主义，让全体国人民众看到了中国新的希望和出路。

三　思想较量：马克思主义与其他主义的论战

随着历史的发展，西方新思想新观点鱼龙混杂式地涌入近代中国社会，特别是自新文化运动伊始，社会主义理论在中国大地传播开来，各种类型的社会主义观点在不同的报刊上刊发宣传，比如马克思主义、基尔特社会主义、无政府主义、新村主义、合作主义、泛劳动主义等，它们都以"社会主义"为旗帜，但有的观点与社会主义相差颇远甚至相悖冲突。一种具备科学性真理性的思想，从来不怕历史大熔炉的烈火淬炼，更不怕与其他非科学思想观点的较量与论争，马克思主义作为一种科学思想就是这样。在1921年之前，马克思主义者和非马克思主义者进行了影响深远的三次大论争，通过激烈的论辩交锋，马克思主义者进一步深化了对马克思主义科学思想理论的理解与认识，初步掌握了马克思主义的理论武器，辨清了形形色色的伪社会主义的本来面目，为中国共产党这一先进政治组织的成立提供了必要的思想准备。

1. 问题与主义之角逐

五四运动一方面促使人们的思想加速解放并从封建思想禁锢束缚中挣脱出来，另一方面促使各种流派的思潮传入中国，逐渐引起各种思想、各种主义的相互碰撞与角逐，特别是社会主义在当时中国的思想界最为流行，影响最为明显，这自然要引起一些时局政客介入进来。以王揖唐为首的安福俱乐部于1919年7月组织了一个名为"民生主义研究会"的组织，试图以"民生主义"的旗号来蹭"社会主义"的热度，这引起了北京城内思想界的关注，成为问题与主义之争的导火索。[①] 思想界不同的人士对此事件展开了探讨评论，一石激起千层浪，后来一发不可收拾，一场影响马克思主义在中国命运的问题与主义的思想大论争就此拉开帷幕。

---

① 有国内学者对"问题与主义"论战的来龙去脉进行了较为详细的梳理缕析，可参见王玉强《"问题与主义"论战始末》，《北京教育学院学报》2020年第3期。

　　针对安福俱乐部王揖唐之所为，在当时思想界有一定影响力的胡适率先在报纸上发表评论，不仅嘲笑了这样"假充时髦的行为"，还呼吁大家要少谈一些主义，多研究一些问题。胡适说："我因为深觉得高谈主义的危险，所以我奉劝现在新舆论界的同志道：'请你们多提出一些问题，少谈一些纸上的主义。'再进一步说：'请你们多多研究这个问题如何解决，那个问题如何解决，不要高谈这种主义如何新奇，那种主义如何奥妙。'"① 胡适之言不无道理，考察中国社会的具体实际及其需要很有必要，而不能单纯在"主义"里面兜圈子，这在一定程度上有利于戳破以空谈代替研究实际问题的形式主义泡沫，但他发表此言论的立论基点是杜威的实用主义，"少谈些'主义'"既不免产生"以子之矛攻子之盾"之嫌，也把矛头指向了马克思主义。

　　首先对胡适的评论作出回应的是蓝公武，他以"知非"的笔名写下了长篇文章《问题与主义》并在《国民公报》上连载发表，从问题的性质和主义学说的性质和方法等方面对胡适的观点做了较为系统的批判，并把"主义"形象地比喻为航海的罗盘和灯塔，以此说明人类有了主义才有前进的大方向，但此时的蓝公武并没有明确信奉哪一种主义，因此反驳胡适的观点多少显得有些气力不足。随后，李大钊也站出来对胡适的观点进行回应，他明确标明"马克思主义"的旗帜，明确直言道："我可以自白，我是喜欢谈谈布尔扎维主义的。……我总觉得布尔扎维主义的流行，实在是世界文化上的一大变动。我们应该研究他，介绍他，把他的害［实］象昭布在人类社会，不可一味听信人家为他们造的谣言，就拿凶暴残忍的话抹煞他们的一切。"② 因为在他看来，问题与主义的关系绝非两极对立的关系，宣传研究主义和思考解决问题是互为因果、共同作用的关系，前者是后者的指导，后者是前者的目的，二者不可偏废也不可分离。此外，针对安福俱乐部王揖唐之事，李大钊认为不能"因为安福派也来讲社会主义，就停止了我们正义的宣传？因为有了假冒牌号的人，我们愈发应该一面宣传我们的主义，一面就种种问题研究实用的方法，好去本着主义作实际的运

---

① 胡适：《多研究些问题，少谈些"主义"》，《每周评论》1919 年 7 月 20 日，第 1 版。
② 《李大钊全集》第 3 卷，人民出版社，2013，第 53 页。

动"①，这更加表明要处理好宣传主义与解决问题的二者关系，不能因为抨击"时髦"之相就片面否定"主义"。针对蓝公武、李大钊的批评性回应，胡适相继写了《三论问题与主义》《四论问题与主义》等文，提出"多研究些具体的问题，少谈些抽象的主义"②，以此试图为自己原初的观点辩护。由于北洋政府于 1919 年 8 月 30 日下令封禁这场论战的主要平台《每周评论》，问题与主义的角逐也就被迫停止了。

这场激烈的思想争论是马克思主义在中国的思想界和舆论界第一次与其他思想的交锋较量，对马克思主义在中国的广泛传播具有重要的意义。具体来说，其一，通过这场思想论争，新文化运动阵营发生明显分化。原来同属一个阵营的志士仁人经过此次论战各选择了自己要坚持的主义，马克思主义者与非马克思主义者的界限由此渐渐拉开，尽管以李大钊为代表的马克思主义者此时在理论深度及运用上表现得并不成熟，但经此一战他们对马克思主义的信仰却更为坚定了，有利于对马克思主义的深入研究、广泛传播和具体运用。其二，通过这场思想论争，人们对真假马克思主义的鉴别分析能力有所提升。在一个主义盛行的年代，诸如新村主义、托尔斯泰主义、工读主义等假托"马克思主义"旗号或贴上"社会主义"标签的思想流派不计其数，"隔着纱窗看晓雾，社会主义流派，社会主义意义都是纷乱，不十分清晰的"③，这对马克思主义在中国传播和发展有着明显阻碍作用。而人们在这场论争中辨别清楚了各种各样的理论学说，特别是识别了真假马克思主义。其三，通过这场思想论争，马克思主义在中国大地上公开打出了旗帜。"主义譬如一面旗子，旗子立起了，大家才有所指望，才知所趋赴"④，李大钊公开打出马克思主义的旗帜，为中国先进知识分子寻找道路指引了正确方向，对于"中国向何处去"之问的答案也在逐渐形成。

2. 马克思主义与基尔特社会主义之争论

基尔特（Guild）社会主义，又名行会社会主义，是 20 世纪初兴起于英国工人运动中的一种资产阶级改良主义思潮，其认为可以在不变更现行制

---

① 《李大钊全集》第 3 卷，人民出版社，2013，第 52 页。

② 胡适：《三论问题与主义》，《每周评论》1919 年 8 月 24 日，第 1 版。

③ 《瞿秋白游记》，东方出版社，2007，第 27 页。

④ 《毛泽东年谱（1893~1949）》（上卷），2013，第 70 页。

度的基础上，将工人逐步组织到基尔特这一组织中来，实行生产管理自治就能消灭剥削并和平地消灭资本主义，最终实现劳动者解放。这一思潮的拥趸者罗素应梁启超及讲学社之邀于 1920 年 10 月来中国讲学，大肆鼓吹基尔特社会主义，认为中国当下的任务应当是发展实业和兴办教育，最终走资本主义道路。张东荪于 1920 年发表时评对罗素的这一主张表示极为赞同，并直言道，"救中国只有一条路，一言以蔽之：就是增加富力。而增加富力就是开发实业"。① 张氏言论一公开，随即引起中国的马克思主义者对之批判回应，马克思主义与基尔特社会主义之争也就拉开序幕。率先应战的是李达和陈望道，次月，陈独秀在《新青年》第 8 卷第 4 号设 "关于社会主义的讨论" 专栏将张东荪、陈望道、邵力子等人讨论基尔特社会主义的文章集中起来刊载发表，这无疑使论争热度增加和论争范围扩大。张东荪继续发表《一个申说》《答高践四书》《现在与将来》等文进一步阐述自己支持基尔特社会主义，反对马克思主义的观点。1921 年 2 月，梁启超发表《复张东荪书论社会主义运动》以支持张氏观点，并引来蒋百里、彭一湖、费觉天等人加入支持基尔特社会主义的阵营中。

为了回应和驳斥以张东荪、梁启超为主要代表的基尔特社会主义者的观点，李达、陈独秀、李大钊、施存统等马克思主义者坚持唯物史观，在《新青年》《共产党》《向导》《先驱》等进步刊物上公开发表了一系列文章，深刻揭露了基尔特社会主义的本质真相，比较系统地阐发了马克思主义的基本原理，明确指出中国只能走社会主义道路而不是其他，其主要观点及反驳分析过程如下。第一，剖析基尔特社会主义发展实业的实质是走资本主义道路。针对张、梁二人提出 "开发实业" "生产事业什（十）中八九不能不委诸‘将本求利’之资本家"② 等观点，各马克思主义者相继对之批判剖析，陈望道认为所谓 "开发实业"，其本质就是 "认定‘资本主义’作唯一的路"③，蔡和森对基尔特社会主义者驳斥道，"任凭你们怎样把你们的理想学说绣得好看，雕得好玩……不过在资本家的花园里开得好看，在资本家的翰林园内供他的御用罢了"。④ 第二，指明改变中国贫穷落后的根

---

① 张东荪：《由内地旅行而得之又教一训》，《新青年》第 8 卷第 4 号，1920 年 12 月。
② 梁启超：《复张东荪书论社会主义运动》，《改造》第 3 卷第 6 号，1921 年 2 月，第 21 页。
③ 陈望道：《评东荪君的 "又一教训"》，《民国日报·觉悟》1920 年 11 月 7 日。
④ 《蔡和森文集》（上），人民出版社，2013，第 80~81 页。

本良方是社会主义道路。马克思主义者并不反对以发展实业来增加财富的观点，所反对的是实现这一目标的具体路径即走资本主义道路。第一次世界大战让不少中国人看见了资本主义制度的严重缺陷，资本主义不可能从根本上解决中国积贫积弱的问题。那么解决中国问题的出路到底在何方？"世界的趋势，是必须要实现社会主义，资本主义是必须灭亡的。"[1] 只有社会主义才是拯救和改变中国的根本之道，"中国实业之振兴，必在社会主义之实行"。[2] 第三，强调中国是可以跨越资本主义进入社会主义的。张东荪认为中国当前急需解决的问题就是贫穷问题，其最快的解决途径就是开发实业并走上资本主义，而且资本主义是中国发展必须经历和不可逾越的阶段。针对这样的观点，李达反驳道，"据现时趋势观察起来，欧美、日本的社会改造运动，已显然向着社会主义进行，中国要想追踪欧美和日本，势不得不于此时开始准备实行社会主义"。[3] 这揭露了欧美和日本等资本主义强国发展的弊病，认为中国应该在自身资本主义发展不成熟不发达的时候避免其弊端，应当且能够走上社会主义道路。第四，明确提出要建立无产阶级政党推动革命运动的发展。这场论战触及了当时的中国应不应该建立无产阶级政党的问题，张东荪等人对此持否定态度，因为他们认为当时中国的劳动阶级力量十分薄弱且思想觉悟水平低，建立无产阶级政党的条件完全不够。陈独秀对这样的观点进行了驳斥，认为中国不是劳动者力量多与少的问题，"只不过是没有组织罢了"。蔡和森更进一步认识到政党组织对于革命运动走向的关键作用，明确提出了要建立共产党的主张，他说："我以为先要组织党——共产党。因为他是革命运动的发动者、宣传者、先锋队、作战部。以中国现在的情形看来，须先组织他，然后工团、合作社，才能发生有力的组织。革命运动、劳动运动，才有神经中枢。"[4] 由此可见，此时的马克思主义者不仅认识到科学社会主义对于指导和引领中国前途命运的理论力量，更认识到建立无产阶级政党对于中国革命运动的实践力量，这对于近代中国探索和追求现代化无疑是一种历史进步。

马克思主义者与基尔特社会主义者之间的这场论战到 1922 年秋基本偃

① 汪信砚主编《李达全集》第 1 卷，人民出版社，2016，第 384~385 页。
② 《李大钊全集》第 3 卷，人民出版社，2013，第 354 页。
③ 汪信砚主编《李达全集》第 1 卷，人民出版社，2016，第 383 页。
④ 《蔡和森文集》（上），人民出版社，2013，第 57 页。

旗息鼓，前前后后持续的时间有一年多，其参与人员之多，造就影响之大，涉及内容之广，皆已超过了问题与主义之争。通过这场旷日持久的论战，一方面，马克思主义者较为系统地掌握了科学社会主义的基本原理，如剖析和揭示了资本主义社会制度的内在矛盾，认为资本主义的灭亡和社会主义的胜利是历史发展的必然趋势，等等。另一方面，马克思主义者初步锻造了运用马克思主义基本原理分析中国实际问题的理论认知能力，如中国社会的根本出路只能是社会主义，推动中国革命必须建立共产党，等等。再一方面，马克思主义者初步厘清了科学社会主义与形形色色社会主义论调的原则界限，总体把握了社会主义道路与资本主义道路的根本区别。但是，这场论战也暴露出马克思主义者的一些不足，最为明显的就是其对当时中国半殖民地半封建社会的社会性质和基本国情分析并不透彻，以至于对资本主义在中国的发展采取了"一刀切"的态度，这不利于制定科学的革命路线和选择正确的革命道路，这就"需要运用马克思主义对中国的国情作深入的分析，研究中国革命的发展道路，提出如何将马克思主义与中国国情相结合的具体主张"。① 而这需要在以后的革命实践中逐渐加以解决和完善。

3. 马克思主义与无政府主义之辩论

同基尔特社会主义一样，无政府主义也是一种来自欧洲的资产阶级思潮，但后者的发展程度和影响范围要比前者大得多。无政府主义缘起于 19 世纪中叶的欧洲，兴起于 19 世纪后半期的俄国，其基本主张就是个人至高无上、绝对自由，反对诸如国家、政府、政党等任何形式的统治。20 世纪初期，无政府主义作为一种舶来品从欧洲和日本两个渠道被引入中国，中国本土产生了不少无政府主义的信徒和拥护者。② 此时正值资产阶级革命党人反对清政府和北洋军阀黑暗统治的时期，无政府主义在反封建反军阀的革命过程中发挥了一定的正面作用。但随着十月革命促进马克思主义在中国的广泛传播，特别是五四运动期间，无政府主义逐渐显现出反马克思主义的一面。1919 年 2 月，无政府主义者黄文山发表评论文章，公开发出了

---

① 《中国共产党历史（1921—1949）》第 1 卷（上册），中共党史出版社，2011，第 55 页。

② 关于无政府主义思潮的来龙去脉及其在中国的传播影响可参见孙建华《马克思主义中国化思想通史》第 1 卷，人民出版社，2019，第 205~207 页。

"我们极端反对马克思的集产社会主义"① 的观点，是年 5 月，此人又在《新青年》杂志上公开发表《马克思学说的批判》一文，言论矛头直指马克思主义，攻击、污蔑和曲解马克思主义的三大组成部分。随后，易家钺、区声白等其他无政府主义者相继迎合，公开反对马克思主义，鼓吹无政府主义。对此，陈独秀、李大钊、李达、蔡和森、施存统等马克思主义者坚决予以回击，相继以《新青年》、《共产党》月刊、《民国日报》的副刊《觉悟》、《向导》、《先驱》、《少年中国》等刊物为主要阵地，公开发表《社会革命的商榷》《我们为什么主张共产主义》《我们要怎么样干社会革命?》等重要文章，批判驳斥无政府主义的谬论，一场马克思主义与无政府主义的思想观点论辩也由此展开。这场论战的聚焦点主要体现为以下三方面：一是关于无产阶级专政的问题；二是关于自由和纪律的问题；三是关于生产和分配的问题。

具体来看，对于第一个问题，无政府主义者所坚持的观点是反对一切形式的国家和强权，因为他们认为造成个人不自由、社会不公平的罪恶根源就在于国家和强权的存在，他们以此为据明确反对无产阶级专政，认为无产阶级专政必然要使资本主义死灰复燃，还认为中国不应该效仿俄国，如果实行起"无产阶级的独断政治"，这就是在用"削足适履的手段贻害中国，这才是致中国于死命，把中国弄得一塌糊涂"。② 他们还认为只要推翻了现存社会就能够直接进入无政府的社会，即是说推翻任何现存社会后建立包括无产阶级专政在内的任何形式的政体都是多余的。但如何提出一个实现无政府社会的具体实施方案却是无政府主义者避而不答的问题。因此，马克思主义者抓住推翻现存社会是否有无必要建立新的政体形式这个问题予以回击。陈独秀首先指出了强权的实质所在，"强权所以可恶，是因为有人拿他来拥护强者无道者，压迫弱者与正义。若是倒转过来，拿他来救护弱者与正义，排除强者与无道，就不见得可恶了"。③ 在他看来，个人不自由、社会不公平的根源不在于强权本身，而在于强权究竟是谁的、为谁服务的强权，少数的资产阶级为维系自身的统治就利用自身建立的强权对大

---

① 黄文山：《评〈新潮〉杂志所谓今日世界之新潮》，《进化》第 1 卷第 2 号，1919 年 2 月。
② 易家钺：《我们反对布尔什维克》，《自由》1920 年第 2 期。
③ 《陈独秀文集》第 2 卷，人民出版社，2013，第 32 页。

多数的勤苦劳动者进行压迫和剥削。施存统对国家问题也进行了较为系统的阐释，"我们底最终目的，也是没有国家的。不过我们在阶级没有消灭以前，却极力主张要国家，而且是主张要强有力的无产阶级专政的国家。阶级一天一天趋于消灭，国家也一天一天失其效用。我们底目的，并不是要拿国家建树无产阶级底特权，是要拿国家来撤废一切阶级的"。① 可见，马克思主义者的主张是：无产阶级革命胜利后有必要建立无产阶级专政，其必要性就在于以无产阶级专政的形式渐次消灭阶级和国家，最终进入无阶级、无政治统治的共产主义社会。

对于第二个问题，无政府主义者主张绝对自由，不受任何形式的约束。黄文山公开声称，无政府主义是"以个人为万能，因而为极端自由主义"，因此它是"个人主义的好朋友"。② 区声白不仅认为无政府主义社会是自由的社会，每个人可自由加入或自由退出，而且还主张废除法律，认为法律就是限制个人发展的东西毫无价值，无政府主义社会尽管没有法律，但存在"一种公意"，体现为一种"自由自立自主的原则"，这种公意及原则并非"铜板铁铸"让人强迫遵从，它能根据具体事实"随时变更"。③ 对此，马克思主义者予以剖析驳斥，认为所谓的绝对自由不仅不存在，而且对革命的危害极大。李大钊指出，"一个人自有生以来，即离开社会的环境，完全自度一种孤立而岑寂的生活，那个人断没有一点的自由可以选择"。④ 这就说明个人离开社会是绝无自由可言的，所谓绝对自由不过是空想出来的，毫无现实根据。陈独秀则指出社会必须存在有序的有纪律的组织，"凡有社会组织，必有一种社会制度，随之亦必有一种法律保护这种制度，不许有人背叛，就在无政府时代也必须是如此"。⑤ 此外，马克思主义者还认为，要真正达到的自由是推翻现行剥削阶级统治实现广大劳动人民的自由，这种自由还要受到必要的法律、组织和制度等因素的一定程度的约束。

对于第三个问题，无政府主义者因坚持"绝对自由"和"个人万能"

---

① 施存统：《我们要怎么样干社会革命》，《共产党》第 5 号，1921 年。

② 黄文山：《评〈新潮〉杂志所谓今日世界之新潮》，《进化》第 1 卷第 2 号，1919 年 2 月。

③ 区声白：《讨论无政府主义——（一）区声白致陈独秀书》，《新青年》第 9 卷第 4 号，1921 年，第 3 页。

④ 《李大钊全集》第 3 卷，人民出版社，2013，第 326 页。

⑤ 《陈独秀文集》第 2 卷，人民出版社，2013，第 130 页。

的观点，而在生产和分配的问题上主张实行"生产自由化"。他们强调唯有"废除资本制度，把一切生产机关收归生产的劳动者所公有，惟生产的劳动者方得享有及使用之权"。① 在未来的无政府主义社会中，人们会按照"自由契约"联合成群，依据"各尽所能，各取所需"的生产分配原则共同制定并遵守相关协约，以相互协作开展有序生产并将成果供众人享用。针对无政府主义者认为应该采取分散自由的生产分配方式而不是集中有组织的生产分配方式的主张，陈独秀进行了一系列的质疑发问："无政府主义者用这种没有强制力的自由联合来应付最复杂的近代经济问题，试问怎么能够使中国底农业工业成为社会化？怎么能够调节生产只使不至过剩或不足？怎么能够制裁各生产团体使不至互相冲突？怎么能够转变手工业为机器工业？怎么能够统一管理全国交通机关？"② 可见，无政府主义者的主张明显具有浓厚的乌托邦色彩。李达也直接指出了无政府主义的生产组织存在的最大缺点"是不能使生产力保持均平"，同时指出了共产主义在生产和分配上的主张，在生产问题上，"共产主义的原则主张把一切农业工业的生产机关，都移归中央管理，有时因生产机关的种类不同，或移归地方管理"；在分配问题上，"共产主义主张用一种方法调剂各个人的收入，用货币经济，借助货币的形式，分配生产物。各人消费的物资有一定的限制，不得超过自己收入所得的价值"。③ 可见，此时的马克思主义者所提出的关于生产和分配问题的主张基本适合生产力发展水平并不高的社会实际，基本符合"各尽所能，按劳分配"社会主义原则。

第二节　马克思主义与中国式现代化的内在关联

正如前述，为摆脱民族被欺辱的命运和改变国家长期落后的面貌，不少有志之士向西方先进国家寻找真理，引介了不少对近代中国社会发展历史进程产生过一定影响的各种思想学说，但始终未能彻底改变民族和国家的根本命运，"直到第一次世界大战和俄国十月革命之后，才找到马克思列

---

① 区声白：《中国目前的政治问题如何解决?》，《民钟》第 1 卷第 5 期，1923 年 7 月，第 3 页。
② 《陈独秀文集》第 2 卷，人民出版社，2013，第 129 页。
③ 汪信砚主编《李达全集》第 1 卷，人民出版社，2016，第 45~46 页。

宁主义这个最好的真理"。① 从理论溯源的角度来看，"马克思列宁主义这个最好的真理"的关键在于马克思主义"行"，但它与中国式现代化是否有内在关联？答案是肯定的。这种内在关联主要体现在真理指导、理想同构、价值会通、精神契合四个方面。

一　真理指导：马克思主义的普遍真理与中国式现代化的特殊场域相统一

马克思主义"行"，首先就在于它是一种科学思想，是一种普遍真理，是"'放之四海而皆准'的理论"②，能够指导包括中国式现代化在内的人类社会发展的一切实践活动。马克思主义之所以成为普遍真理，就在于它揭示出人类社会历史的发展本质及规律，贯通人类社会历史的过去、现在与未来。具体表现为三个层面。其一，其具有揭示规律的理论伟力。一种思想的真理性特质，首先就在于它能够洞察客观事物或特定事件的本质性联系。对马克思主义这一真理的认识和把握是马克思和恩格斯在揭示人类历史发展规律和资本主义生产方式运动规律的交互认识中得以实现的，所谓交互认识是指马克思和恩格斯基于既定资本主义社会发展现实形态在探索人类社会发展一般规律中发现和确认了无产阶级的历史使命所在，进而认识到无产阶级政党产生之必需、建设之当然和发展之趋向，一系列的正确认识正是有机构成人类社会历史发展本质及其规律的理论支撑。其二，其具有接触现实的实践巨力。一种思想的普遍意义不仅在于其有科学的理论支撑，更在于其能够在实践中产生能量，否则，再"完美的思想"只能是一种脱离现实和无法实践的"空想的学说"，而不具备任何发展意义，遑论其真理性和普遍性。马克思主义从本体论意义上来说始终以现实为根基，是从人们的社会存在出发，能够把握和指出无产阶级运动的前因后果及过去现在未来，从直接来源上来说其以实践为立足点，是对实践经验凝练和升华的理论表达，这也就说明这一真理本身就蕴藏着巨大的实践力量。可见，这一真理的普遍意义就在于其不断接触社会历史现实，引导和规范实践以达到无产阶级政党的根本目标，"光是思想力求成为现实是不够的，现实本

---

① 《毛泽东选集》第3卷，人民出版社，1991，第796页。
② 《毛泽东选集》第2卷，人民出版社，1991，第533页。

身应当力求趋向思想"。①"灰色的"马克思主义正是由于实践力量才得以不断彰显出自身"常青的"意义，随着实践的发展而自身也得以不断发展。其三，其具有与时俱进的生命活力。一种思想或理论是否具有普遍性，还在于它是否具有生命活力，换言之，它是否具有"历史的长尺度"。马克思主义的"历史的长尺度"标志就是与时俱进，它不是狭隘地局限于某几个国度或某一区域，也不是短期地局限于某一时间阶段，而是具有超越时空的不断开放发展的理论体系，能够集中体现不同时代特征、历史潮流和创新品质。

马克思主义作为科学思想和先进真理的确证，意味着它对于中国式现代化也是"行"的，二者的关系是一种普遍性与特殊性相统一的关系。马克思主义具备真理向度的意义为包括中国在内的一切国度界域指导现代化建设和发展提供了可能，真理向度就在于这一思想是科学真理而具备普遍性的理论特质，马克思主义的普遍真理要与中国式现代化的特定历史条件、具体实际因素有机结合，遵循马克思主义理论创新和发展的必然规律，开拓和创新中国式现代化的新样态。需要注意的是，马克思主义与中国式现代化的结合应当警惕两种窒息这一科学思想生命活力的错误方式：教条僵化和关门封闭，前者认为把马克思主义的内容观点以"普适旗号"套用于不同社会历史场景下的具体实践就能达到成功的彼岸，后者实质是把马克思主义神圣化而拒斥一切文明特别是人类社会实践中的现代化文明成果，这两种极端错误方式都势必会让这一先进真理走进死胡同，是与马克思主义与时俱进思想特质背道而驰的。

二 理想同构：马克思主义的理想学说与中国式现代化的奋斗目标相统一

马克思主义之所以"行"，在于它与其他思想理论相比有更为明确的最高理想，这一最高理想是立足于现实通过理论推演和逻辑论证而得出的科学结论，这一最高理想能够通过社会历史性的实践活动最终实现。更重要的是，马克思主义强调最高理想与最近目标的有机衔接统一，是因为"共产党人为工人阶级的最近的目的和利益而斗争，但是他们在当前的运动中

---

① 《马克思恩格斯选集》第 1 卷，人民出版社，2012，第 11 页。

同时代表运动的未来"。① 这与中国式现代化的奋斗目标在理想层次方面具有高度的同构性。

马克思主义的最高理想是实现自由全面发展的共产主义。正是由于有唯物史观这一科学的世界观，马克思主义的理想学说也就具有了基于客观现实之上确立和通达理想目标的理论支撑。马克思和恩格斯正是在科学世界观的导引下，确立了共产主义最高理想，他们一生都在为这一理想进行不懈的理论论证活动和实践奋斗活动。《共产党宣言》宣告实现自由全面发展的联合体是人类社会发展的最终目标，这是共产主义最高理想的确证，所谓"最高"主要体现在社会发展程度、制度建构形态和个人生活状态上，在社会发展程度方面，创造物质财富的源泉充分涌流标志着社会生产力的最高发展程度，人与自然、人与社会、自然与社会的关系达到最高程度融合标志着人类社会的高度进步，这是共产主义成为最高理想的基本指标；在制度建构形态方面，共产主义社会能够彻底消灭私有制，建构起完全不存在阶级剥削压迫的社会制度；在个人生活状态方面，正是在生产力高度发达和社会关系高度和谐的社会中，个人生活呈现富足多样和自由创造的状态，真正实现个人自由而全面的发展景象。中国式现代化绝不是"片面的""局部的""单一的"现代化，它"是全面的现代化，是通过社会的全面繁荣和全面进步来促进和实现人的全面发展的现代化"。② 中国式现代化在社会发展程度、制度建构形态、个人生活状态上不仅对接共产主义最高理想的目标，同时在特定的具体的历史条件和社会环境下注重当前目标的合理制定和奋力追求。对内，中国式现代化要实现的是涉及政治、经济、文化、社会等多方面的总体性变革，促进自身文明形态的新类型创造和民族复兴历史任务的完成；对外，中国式现代化要为探析和破解世界性难题、开辟人类现代化发展的光明前景贡献力量，力求构建"各美其美、美美与共"的共生全球格局和美好世界景象。

三　价值会通：马克思主义的价值取向与中国式现代化的根本立场相统一

任何思想任何事物都有一个可相互对比交汇的普遍性根基，比如在价

---

① 《马克思恩格斯选集》第 1 卷，人民出版社，2012，第 434 页。
② 张云飞：《中国式现代化的深刻内涵与价值指向》，《国家治理》2021 年第 32 期，第 34 页。

值层面就可以追问"谁是谁非""我为了谁"的问题。马克思主义是人民实现自身解放的思想体系，而中国式现代化也不是某一个人、某一集团的现代化，而是需要全体中国劳动人民共同参与建设才能实现和发展成果人民共有共享的现代化。总的来说，马克思主义"行"与中国式现代化在价值层面的会通融合主要体现在社会主义和人民至上两个方面。

一是在社会主义方面，马克思主义以社会主义为价值取向，中国式现代化唯有以社会主义为价值选择才能成功。"马克思主义是价值追求，而社会主义是价值实现方式"①，马克思主义的理论旨趣就在于其批判旧世界建构新世界，特别是针对资本主义社会现实，马克思主义突出批判资本逻辑，对资本主义进行拨乱反正，最终的核心价值追求就在于实现社会的整体利益和理性价值，这就是社会主义。近代中国追求现代化一系列运动斗争的失败，说明中国式现代化不以社会主义为价值选择就不能成功，只有选择社会主义才能解决近代国家面临的争取民族独立、人民解放和实现国家富强、人民富裕的历史性课题。

二是在人民至上方面，马克思主义理论是人民的理论，中国式现代化唯有坚持以人民为中心才能实现。马克思主义在唯物史观这一科学世界观的聚焦下，深刻认识到群众对于历史活动的意义，无产阶级政党是推动人类社会发展的主导力量，而群众则是创造物质财富和精神财富活动的主体力量，更是实现人类社会变革的决定力量。质言之，马克思主义的初心和使命是为无产阶级及全人类求解放，为全人类解放事业奋斗是马克思主义的价值诉求。近代中国追求现代化一系列运动斗争的失败，从另一个角度说明了不让全体人民参与、不让人民共享发展成果的活动注定要失败，因此中国式现代化必须立足人民的根本立场，坚持人民至上，要把人民是否满意作为现代化成果的衡量标准，把人民对美好生活的向往作为最高价值追求。

四 精神契合：马克思主义的理论精神与中国式现代化的文化底蕴相统一

中国式现代化的文化底蕴是中国 5000 多年历史发展长河所不断沉淀不

---

① 董振华：《马克思主义的"道"与社会主义的"理"》，《学习时报》2018 年 5 月 28 日。

断积累的中国文化系统，无论是生成的时代因素，还是所处的地域区位，抑或立足的经济根基，都与马克思主义有着明显的区别，但这并不意味着二者绝对异质，关键的问题在于找到二者能够融合互释的联系纽带，马克思主义"行"与中国式现代化的内在关联的另一重体现就在于它们之间能够精神契合，前者的理论精神与后者的文化底蕴之间的联系纽带表现在思维方式、实践取向、文化品格等维度。

一是在思维方式上，二者皆有唯物辩证统一的思想传统。马克思主义无论是在世界观还是在方法论上都始终坚持唯物主义与辩证法的有机统一，而这种理论精神恰恰与中国数千年的传统文化中极为丰富的唯物主义思想和辩证法的深厚底蕴相契合。比如，中国古代五行相生相克而孕化万物的思想就体现了一种朴素的唯物思想；思想巨著《道德经》以"道"为核心理念辨析和阐述了一系列相反相成的矛盾概念，闪耀着辩证法的思想火花；军事名著《孙子》以辩证思维系统分析了战争实践中的各种构成要素；等等。它们在中国历史文化演进中不断得到继承、发展和丰富，形成了唯物辩证统一的思想传统，也必然影响中国式现代化的历史演进。

二是在实践取向上，二者皆注重知行合一。实践观是马克思主义的基本观点，强调实践是认识之源，对认识具有决定作用，而认识对实践具有反作用，认识与实践能够结合统一。实践与认识的关系问题同义表达就是"知"和"行"的关系问题，这在中国数千年的传统文化中是一个非常重要的论域。比如，《左传》有"非知之实难，将在行之"的说法，《尚书·说命》中有"非知之艰，行之惟艰"的观点，明代思想家王夫之比较系统地阐述了"知"和"行"关系问题，有"君子之学，未尝离行以为知也，必矣"之言。近代的孙中山也专门写文章分析"知""行"关系问题。

三是在文化品格上，二者皆兼容并蓄和博采众长。马克思主义之所以博大深邃、体系完整、逻辑缜密，就在于其始终保持兼容并蓄和博采众长的精神品格，"它绝不是离开世界文明发展大道而产生的一种故步自封、僵化不变的学说"①，而是批判性汲取和继承了人类一切先进文明成果，科学回答了人类社会发展所提出的时代问题，成为时代精神的精华。作为一个有着 5000 多年历史的文明古国，"和平、和睦、和谐是中华民族 5000 多年

---

① 《列宁选集》第 2 卷，人民出版社，2012，第 309 页。

来一直追求和传承的理念"①，这一理念深刻影响了一个统一多民族国家的社会历史实践，催生中国传统文化兼容并蓄的文化内涵和文化品格。在中国历史发展演进过程中，中国在与周边民族、国家交流交往时不断吸收借鉴他国他族的文化思想并促使其与中国本土文化融合，更加强化了中国传统文化兼容并蓄的文化品格。这也意味着中国式现代化在历史演进过程中能够充分吸收、批判借鉴、自主消化外来文化，进而转化生成自己的现代文化系统。

第三节　马克思主义是中国式现代化的思想引领

在历经 20 世纪初期中国思想界的激烈论争和新文化运动、五四运动的历史事件之后，马克思主义终于为中国历史性地选择。马克思主义之所以能为近代中国提供既区别西方其他学说又不同于中国传统思想的科学思想指导，就在于它是人民的理论、科学的理论、实践的理论、不断发展的开放的理论。② 自此，近代中国追求现代化思路逐渐清晰、方案逐渐成形、道路逐渐明确，马克思主义最终成为中国式现代化的思想引领航标，这主要体现在其坚持社会主义价值取向、遵循马克思主义中国化的逻辑、借鉴其他区域的现代化经验、树立人类命运共同体理念等方面。

一　马克思主义引领中国式现代化坚持社会主义价值取向

一种思想之所以能够引领、指导某一国家和地区的实践样态乃至整个人类社会实践的发展方向，关键在于该思想能够正确地揭示人类社会发展的基本规律而成为科学性真理，反过来，在实践的发展推进下，这一思想发生内在革命而不断发展又继续引领和指导实践。马克思主义就是这样的一种科学思想，它对中国式现代化的引领和指导集中体现在其提供了科学社会主义的基本原则，为中国式现代化确立了正确的发展方向。

1. 马克思主义为把握人类社会现代化一般规律提供了分析框架

人类社会始终要向前发展进步，所呈现的发展态势就是从传统社会向现代社会的转变，其中涉及的一系列基本问题就是：传统社会为何以及如

---

① 习近平：《在庆祝中国共产党成立 100 周年大会上的讲话》，人民出版社，2021，第 16 页。
② 参见习近平《在纪念马克思诞辰 200 周年大会上的讲话》，人民出版社，2018，第 13 页。

何转向现代社会，现代社会是什么样子及运作规律是什么。从人类历史演进的社会形态来看，只有在资本主义社会出现之后，才为人们能够认知、分析和把握这一系列基本问题的答案提供了现实依据。原因很简单，只有资本主义社会的发展图景才表现出与前资本主义社会在质与量两方面的显著差异，比如，二者之间在财富创造的动力、效率以及总量方面存在巨大差别。可见，资本主义社会绝对是传统社会转向现代社会的重要分水岭，但现代社会发展的顶峰并不是资本主义社会，因为后者有着本身无法克服的弊端，被新的社会形态即社会主义社会所取代是历史必然。当然，对资本主义社会的革命性批判和科学性剖析最彻底的当属马克思主义，更重要的是，"马克思对资本主义社会产生、发展演进过程的分析蕴含了其关于人类社会现代化一般特征和发展趋势的深刻论述，包括生产力的极大飞跃、生产关系的变革、科学技术的推动带来机器大工业的普遍应用、商品经济的繁荣和世界市场的发展以及形成以物的依赖为基础的人的独立性"。① 生产力的发展与生产关系的变革之间良性互动是传统社会向现代社会转变的动力所在，现代社会发展的根本指向和最终目标就是实现人的自由全面发展，即是说，马克思主义为把握人类社会现代化一般规律提供了"生产力—生产关系—人的发展"分析框架，其可以解析出传统社会向现代社会转变中一系列基本问题的答案。

2. 马克思主义为处于特殊历史场域的中国提供了正确的价值导航

人类由传统社会向现代社会演进的车轮滚滚向前、不可逆转，换句话说，人类始终是向往理想社会的即在主观能动上希望生活一天比一天好，但想法的实现从根本上受制于客观的社会历史条件和实现理想的实践土壤。中国自古以来就有类似于"大同社会"的理想社会追求，直至近代以来，中国人试图实现"地上天国""自强求富""变法图强""共和民主"等具有现代化社会元素的宏大理想，但均以流产告终。因为他们的理想具有严重的局限性和显著的空想性，既无科学的思想理论指导，又无实现理想的实践力量，直到马克思主义进入中国并逐渐为中国先进知识分子所选择，才为近代中国的现代化出路指明了方向，正如论者所指出的，"马克思主义

---

① 何爱平、李清华：《马克思现代化视野下中国式现代化道路的逻辑进路》，《中国特色社会主义研究》2022 年第 1 期，第 13 页。

在中国的传播和广泛发展，推动着中国社会主义的思想规定性和现实的物质规定性逐渐趋于平衡，从而推进着中国社会主义从空想不断向科学转变"。① 更重要的是，这种转变具有精准的价值导航，特别是为中国共产党的成立以及党员发展规定了基本方向。比如，李大钊在建党之初发展党员的时候就非常重视党员的思想观点与社会主义的一致性，强调党员"必须抱定目的和宗旨"②，这就说明党的早期领导人自觉地把党的奋斗目标同社会主义扣合在一起，以此坚定党员的价值信念，这也就意味着中国所进入的现代社会不是也不可能是资本主义社会形态，而只能是社会主义社会。

二　马克思主义引领中国式现代化遵循马克思主义中国化的逻辑

任何一种思想理论变为现实都需要一定的条件或中介，故马克思主义在中国的广泛传播和接受并不意味着中国式现代化就能马上变为现实。尽管马克思主义为中国式现代化提供了科学的分析框架和精准的价值导航，但如何让中国式现代化在马克思主义的引领下生根发芽、开花结果并走上一条正确的道路则是一个深刻的重大实践问题，而解决这一问题的关键就在于要牢牢把握马克思主义中国化的逻辑，具体展开就是既要把握马克思主义基本原理同中国具体实际结合的问题，又要把握马克思主义基本原理同中华优秀传统文化相结合的问题，二者不可偏废、缺一不可。

1. 把握马克思主义基本原理同中国具体实际相结合

其实，马克思主义之所以能够引领中国式现代化，就在于它揭示了包括现代化在内的人类社会发展的一般性规律，所涉及的基本理论（诸如唯物史观、剩余价值）、基本范畴（诸如生产力、生产关系）等构成马克思主义的科学体系即马克思主义基本原理，但马克思主义基本原理始终是一种理论形态，要在实践中发挥正确的指导作用就必须结合不同社会发展阶段的具体实际并不断地检验和发展自身，这也是创新和发展马克思主义的逻辑使然。可见，马克思主义要引领中国式现代化，关键就要使马克思主义基本原理同中国具体实际结合起来，实现马克思主义中国化。中国先进知

---

① 任晓伟：《中国特色社会主义的思想起源：近代以来中国社会主义思想的演进研究》，中国社会科学出版社，2017，第219页。
② 《李大钊全集》第4卷，人民出版社，2013，第219页。

识分子接受和认同马克思主义之后就注意到把马克思主义基本原理同中国实际结合的问题，强调要从中国国情和具体实际出发开展革命工作。比如，建党之初，陈独秀就认为共产主义运动要尊重中国的客观实际，并与当时的共产国际代表一度发生激烈的争论。李大钊明确指出了不同地区实现社会主义方式和样态的多样性，即社会主义理想是"因各地、各时之情形不同，务求其适合者行之，遂发生共性与特性结合的一种新制度（共性是普遍者，特性是随时随地不同者），故中国将来发生之时，必与英、德、俄……有异"。[①] 毛泽东在为社会大众人士介绍共产党人观点的同时也奔赴湖南各地调研省情和社情，注重理论同实际的紧密结合。

2. 把握马克思主义基本原理同中华优秀传统文化相结合

中国式现代化是一个传统社会向现代社会演进转变的历史性过程，因此注定中国既不可能停留于传统社会，也不可能完全抛弃或完全拒斥传统社会，而是用马克思主义的立场观点方法对其批判性继承和创造性发展，这其实是马克思主义基本原理同中华优秀传统文化相结合的问题，其实，这一问题是马克思主义基本原理同中国具体实际相结合逻辑延伸而派生出来的，因为"中国具体实际"不仅包括当下的现实，也包括历史的过去，更指向未来的趋势。具体而言，中国传统文化在总体上可概括为这样一种文化，即它是建立在农业生产方式根基上的以血缘为纽带、以宗法制度为依托的文化，光从时间长度上说足足有 5000 年，如此悠久的文化所形成的文明成果和历史精华必然要被现代化所汲取，汲取的关键就在于用马克思主义基本原理与之相结合。正如习近平总书记所言，"如果没有中华五千年文明，哪里有什么中国特色？"[②] 但如此长远的文化也不可避免地沉淀着一定的腐朽糟粕，必须加以排斥和清洗，这也需要用马克思主义基本原理的理论武器去批判，将文明的成果从 5000 年文化中剥离出来。

三　马克思主义引领中国式现代化借鉴其他区域的现代化经验

从历史发展的总体图景来看，人类社会现代化的演进发展都是一般性

---

① 《李大钊全集》第 4 卷，人民出版社，2013，第 248 页。

② 杜尚泽等：《"这里的山山水水、一草一木，我深有感情"——记"十四五"开局之际习近平总书记赴福建考察调研》，《人民日报》2021 年 3 月 27 日，第 1 版。

与特殊性的内在统一，既没有全世界一模一样的现代化，也没有完全不相同的现代化。马克思主义在探索和揭示人类社会现代化一般规律的同时，不仅不排斥特定时空特定区域实现现代化的特殊规律，反而还以此为前提即充分尊重和认真汲取现代化的具体实践内容。因此，马克思主义对中国式现代化的引领不仅仅在于对人类社会现代化一般规律的遵循，也在于对其他区域现代化实践正反两方面经验的汲取和学习。

1. 片面追求和盲目嫁接一度限制近代中国学习借鉴的成效

值得注意的是，自中国由闭关锁国的状态被迫卷入开放世界以来，近代的国人志士们在"睁眼看世界"的艰辛历程中逐渐意识到向西方学习的必要性，但这一学习过程不仅是片面的也是盲目的。从学习西方的先进器物及技术，到学习西方的政治体制、经济方略，再到学习西方的思想理念及伦理价值，中国始终难以自立自强起来，国家和民族的命运始终锁在被压迫被剥削的囚牢之中。问题的症结不在于学不学，而在于如何学。新文化运动极大地解放了人们的思想，五四运动促成马克思主义在中国的广泛传播，为中国人追求和实现真正的现代化提供了指引正确方向的探路明灯。陈独秀号召青年应当是"世界的而非锁国的"[①]，这就是在提倡作为中国式现代化重要力量构成的青年人应该具有开放和包容的品质。李大钊在接受和认同马克思主义之后理性比较了东西方文明的不同特点，号召青年学者应当将东西方文明"时时调和、时时融会，以创造新生命，而演进于无疆"，东方文明通过学习借鉴西方文明，"时时创造，时时扩张，以期尽吾民族对于改造世界文明之第二次贡献"[②]。在这里，李大钊不仅注重东西方文明的互鉴融合，也突出强调发展东方文明对构建和优化世界文明秩序及总体图景的重要地位。

2. 马克思主义为中国式现代化塑造开放性和包容性品格

马克思主义本身就是一种开放性和包容性的理论，这一理论品格使得马克思主义在实践中得以不断创新发展而永葆生机活力。马克思主义对中国式现代化的引领就在于为后者塑造了一种开放性和包容性品格，使得中国式现代化能够在人类现代化发展的历史潮流之中博采众长、发展壮大。

---

① 《陈独秀文集》第 1 卷，人民出版社，2013，第 93 页。
② 《李大钊全集》第 2 卷，人民出版社，2013，第 311、315 页。

一方面，马克思主义是马克思恩格斯及其承继者们根据特定的社会历史条件及实践状况不断发展而形成的理论，也是不断吸收人类历史上一切优秀思想文化成果而形成的理论，这就决定了马克思主义要实现自身的发展就必须秉持开放包容的态度根植于不同历史阶段的实践来发展自己，相反，如果封闭自守、死抱住理论不放，马克思主义就会被教条化，就会失去活生生的社会现实支撑，马克思主义的危机就会降临。另一方面，中国传统社会中本身有着"万物并育而不相害，道并行而不相悖"①的优良之道，这其实与马克思主义在精神品格上趋于一致，中国式现代化始终是要面向世界、面向未来的，不仅不排斥其他区域的现代化类型，反而注重从中认真汲取经验，对于成功的经验注重理性学习和消化吸收，对于失败的教训注重认真反思和预见前瞻。此外，中国式现代化也需要通过发展自己向全世界展示成就、贡献自身发展的成功经验，这也是一种开放性和包容性品格的体现。

四 马克思主义引领中国式现代化树立人类命运共同体理念

马克思主义所关注的现代化既不是"超人类"抽象意义的现代化，也不是单个人或某一群体的现代化，而是属于全人类全社会具有现实意义和世界意义的现代化。在历史唯物主义的理论视野之下，资本主义世界秩序得到了最为彻底最为完整的检视和批判，超越和发展这一世界秩序的逻辑结果则是人类命运共同体理念，这为人类社会的现代化问题提供了可靠坚实的价值基点，恰恰也是马克思主义自身的理论目标和价值旨趣。

1. 人类命运共同体是马克思主义的理想追求和智识精神

马克思主义之所以成为一种真理和科学，就在于其拥有历史唯物主义这一块重要理论基石。历史唯物主义这种"新唯物主义"超越"旧唯物主义"的关键在于它从社会关系的角度去理解人的本质规定性，将这一理论的立脚点牢牢地确立为"人类社会"。②随着真正世界历史意义上的资本主义世界体系的开启和确立，人类社会之间以利益为纽带的"普遍交往"逐渐形成，人们原来相互隔离、互不畅通的局面被你来我往、你中有我的局

---

① 王国轩译注《大学·中庸》，中华书局，2006，第 129 页。
② 参见《马克思恩格斯选集》第 1 卷，人民出版社，2012，第 136 页。

面所取代，全世界一体化、同质化的趋势呈现出来，人类命运共同体似乎逐渐形成，但这一共同体是一种"虚幻的共同体"，因为它深受资本逻辑的支配和奴役。各个国家虽然貌似能够相互平等交往，但事实上还是处于资本主义生产方式的主导下的不平等交往之中，近代中国长期处于资本主义世界体系的边缘上被剥削被欺辱就是事实例证，这样的共同体其实本质上是一种虚幻。而要建立真正的人类命运共同体就需要在生产力发展的前提下重新构造新的交往关系结构以超越资本逻辑，这在社会形态的演进逻辑展现中就是追求社会主义。由此可见，人类命运共同体是与追求社会主义的理想一脉相承、并道齐行的，而这恰恰也是马克思主义的价值目标。

2. 马克思主义为中国式现代化开辟人类命运共同体视野

随着马克思主义在中国的广泛传播，中国先进知识分子开始以马克思主义理论武器思考和破解现代化问题，他们解题思路中的重大突破就是开始注重把中国式现代化置于世界历史中加以比较分析，并认为社会主义必然是全人类社会发展的最终结果。其实早期马克思主义者就注意到了全人类社会的命运必然是实现社会主义现代化，突出强调一种世界意义的社会主义价值理念。例如，陈独秀受第一次世界大战的影响看到了国家主义的弊端，转向世界主义的立场，他把国家比喻为"偶像"，认为"各国的人民若是渐渐都明白世界大同的真理，和真正和平的幸福，这种偶像就自然毫无用处了"。[1] 此时的陈独秀认为中国的命运要在实现"世界大同"的过程中才有前途希望，必须要关切全人类的命运。1918 年，深受马克思主义思想洗礼的李大钊发出铿锵有力的呐喊声："试看将来的环球，必是赤旗的世界！"[2] "赤旗的世界"意味着人类社会的归宿是"环球同此凉热"的社会主义。可见，中国式现代化既符合马克思主义关于人类共同价值追求的根本目标，又符合中国优秀传统文化"天下大同"的基本理念，因而中国式现代化具有思想性和实践性双重特性。

---

[1] 《陈独秀文集》第 1 卷，人民出版社，2013，第 313 页。
[2] 《李大钊全集》第 2 卷，人民出版社，2013，第 367 页。

第六章　中国共产党全面领导与中国式现代化的创造

任何现代化，组织跟进势在必行。现代化是利益结构不断分化和资源要素不断积聚的历史过程，这一过程内含着矛盾即"它既趋向于在政治上有组织的社会层次上集中政权，同时又趋向于在更大的结构中整合人的活动的各个方面"①，这就需要一种组织化机制来支撑，政党便是其中重要的支撑力量。但政党本身随复杂外部环境变化而发展，它在不同的现代化道路中扮演的角色千差万别，这从根本上决定了政党在现代化中的地位、性质和使命。近代中国追求现代化一度失败的历史经验也说明需要政党这一组织力量的主导与支撑，且只有先进性政党方可在中国式现代化发展进程中担负艰巨的历史使命，这便是中国共产党。

第一节　政党与现代化的交互逻辑

总的来说，人类史特别是人类政治发展史上可以找寻到政党与现代化的交互逻辑。政党是现代化本身的历史性产物，而政党又需要在现代化的历史进程中发挥相应的功能和作用，具体而言，这包括两个方面的问题：一方面，从历史生成的角度来看，政党在人类社会历史演进过程中是如何形成的，它与现代化究竟呈现出一种什么样的关系；另一方面，在现代化的历史进程中，政党到底扮演一个什么样的角色，为现代化能够提供一个什么样的方案。

---

① 〔美〕C.E. 布莱克：《现代化的动力》，段小光译，四川人民出版社，1988，第39页。

一 政党是现代化的历史性产物

按照现代化理论的重要代表人物、以色列学者艾森斯塔德（S. N. Eisenstadt）的说法，"就历史的观点而言，现代化是社会、经济、政治体制向现代类型变迁的过程"。[①] 现代化就是一个诸多方面的新事物逐渐取代原有旧事物的历史过程，其中，"政治体制向现代类型变迁"的重要成果就是政党及政党政治的生成，这既是现代政治发展演进的必然结果，也是人类社会文明进步的重要表征。政党是现代化历史演进的重要产物，这一新事物相应地催生政党政治，后者是现代政治生活的新形态并成为现代化历史进程中的重要组成部分。

具体来说，政党是人类社会由传统政治向现代政治的转型过程中生成的，政党不仅是现代文明的产物，也是推动现代文明进步尤其是政治文明发展的重要载体。从形成史考察的角度来看，政党是近代社会政治发展的产物，构成开启现代政治的关键性要件。政党是人类进入资本主义社会才出现的新型政治组织，资本主义经济的产生与发展、资本主义生产关系的确立与扩展、民主政治思想的出现与传播为政党的形成提供了经济、社会、思想和政治等各种必备条件。最早确立资本主义制度的英国是现代政党的发祥地[②]，因此人们普遍认为人类历史上最早出现的现代意义上的政党是英国 17 世纪 70 年代的"辉格党"和"托利党"，所谓"现代意义"只产生于人类社会进入资本主义时代之后，就这个意义而言，前资本主义时代的任何政治组织都不属于政党的类型。英国"圈地运动"促使英国社会阶级结构发生了质的变化，产生了资产阶级的新贵族，商业革命进一步刺激了新贵族对发展经济和政治权利的需求，逐渐拉开了英国资产阶级革命的序幕，这场革命体现在政治领域中就是新贵族与封建统治者之间的议会斗争，"辉格党"和"托利党"就是这场议会斗争的直接产物。考察政党的形成史可以透视政党的发生逻辑，即民主政治发展的需要是政党产生的必备要素之一。其中涵括两层意蕴。其一，政党的出现是传统政治走向现代政治的一

---

① 〔以〕艾森斯塔德：《现代化：抗拒与变迁》，张旅平等译，中国人民大学出版社，1988，第 1 页。

② 参见施雪华主编《政治科学原理》，中山大学出版社，2001，第 308 页。

个显著标志。传统政治舞台的主角更多的是如马基雅维利所强调的君主，而现代政治舞台的主角更多的则是政党。其二，民主政治是政党产生和发展的内在要素。既然政党是应民主政治发展的需要而产生的，政党也就担负着发展民主政治的使命，在国家和社会中发挥自身诸多的政治功能，如进行选举、组织政府、管理国家和制定政策等，从而不断推进人类民主政治文明历史进程。可见，政党与现代社会中的政治领域有着紧密关联，政党的出现是划分传统政治与现代政治的分水岭，而自政党诞生以来，人类社会逐步生成了以政党和政党制度为核心的政党政治①，政党政治又构成现代政治生活的实践新形态。

政党政治的生成和兴起不仅需要政党，还需要现代社会的经济生产关系、现代社会的政治思想基础和现代的政治制度基础等一系列条件，政党政治的形成更进一步表征着现代化历史进程演进取得的阶段性成果。

第一，政党政治兴起的社会之基是资本主义生产关系的生成。政党政治时代的形成，首要必备条件就是政党的存在，而构成政党的核心要素就是成员的聚合与组织，这就需要突破孤立的封闭的社会分工和社会结构，成功彻底打破原有的社会分工和社会结构便是资本主义生产关系的生成，其根本动力就在于生产力发展新要求的实现。而资本主义生产关系要求不同区域、不同阶层的人们能够自由竞争、自由流动，新的社会阶层也就实现了历史性新分化，新的社会结构也就实现了历史性新重组，这就为政党的产生提供了必要的社会组织条件。新的社会阶层生成的突出代表便是资产阶级，他们率先成立政党，利用这一重要载体和工具展开与封建贵族的斗争以获得相应的政治地位。随着这一政治地位的成功获取，资产阶级及其政党又受到了代表更为先进生产力要求的无产阶级的挑战，后者也逐渐意识到成立政党来捍卫自身利益的必要性。

第二，政党政治兴起的思想之基是资产阶级民主思想的确立。政党政治的形成不仅需要政党及其组织活动的运作，还需要对这一组织及其活动进行理论解释与理论说明。比如，政党的确立标识是自己的纲领，集中反

---

① 政党政治形成的基本要件不仅需要政党作为政治实体的存在，更需要政党成为国家政治的主导力量，其基本内容可分解为政党自身的政治、政党与政党的政治、政党与国家的政治、政党与社会的政治，以及政党与国际社会的政治等若干要点。参见王韶兴主编《政党政治论》，山东人民出版社，2011，第 11 页。

映了自己的主张要求和政策方针，而这种反映必须以哲学观点、政治理论和经济学说为支撑及指导，以此才能说明自身政党存在及活动的合法性与合理性。中世纪晚期以降，欧洲出现了一系列资产阶级民主思想，提出了自由、平等、民主、三权分立等诉求。诸如天赋人权论、社会契约论等思想皆是资产阶级与封建贵族有效斗争的理论利器，使得人们逐步相信了组织政党的合法性与必要性，这些思想的最终实践成果也确实在一定程度上实现了人们最为基本的人权保障，并为自由组织政党、宣传政党主张、进行社会动员提供了法律保障。

第三，政党政治兴起的制度之基是资本主义政治制度的形成。力图作别传统社会和终结封建时代的资产阶级革命并不是完全由资产阶级这一角色独立完成的，特别是在资产阶级弱小时期，更需要各个社会团体、政治派别集合起来实现资产阶级革命的展开，而这些社会团体及派别在革命胜利以后逐渐形成代表不同社会阶层及利益的政党组织，显示出新的资本主义社会与旧的封建社会完全不同的重要标志，这也是人类社会由传统走向现代的关键所在。资产阶级革命的一个重要成果就是形成了资本主义政治制度，确立了在这一制度架构下各个政党及体系的形成，使得政党发展步入规范化和制度化的运行轨道，并为发展资本主义政治文明成果发挥着自己的功能，尽管这一功能发挥受制于资本主义制度本身矛盾而必然表现为"有限度"。

总言之，政党与政党政治是特定的具体历史条件下经济因素、政治因素、文化因素等诸多领域互融一体作用而形成的，是人类政治社会和政治文明发展到一定历史阶段的必然结果，也是人类现代化历史进程的重要内容构成，反映出人类社会发展的特定需求和前进方向。只不过在各有差异的时空场域，政党与政党政治的生成方式与形态会因不同的具体条件和环境而不同，但相同的是，它们产生之后都必然对本场域的现代化产生一定的影响，这就涉及政党如何在现代化发展进程中发挥作用的问题了。

二 政党在现代化发展进程中发挥重要作用

政党与现代化的交互逻辑表征为一种政党建设发展和现代化建设发展相互依存的关系，政党的存在与发展，需要现代化提供必备的经济基础和政治平台，而现代化的推进发展，又离不开政党的重要作用。需要指出的是，现代化发展的程度越高，对政党的要求自然也就提高，政党必须要通过自身各方面的建设来提升自己的能力以适应现代化的发展需求，反过来，政党本身能够自觉地加强自身的建设并提升自己的能力，就越能够指引和导向现代化朝着高效良性的目标及趋势发展下去。自现代化催生政党以来，各个国家和地区的政党尽管在阶级基础、政治立场、意识形态、与政权的关系等方面千差万别，但都在不断发展并相互作用，与时俱进地调整自身在现代化进程中的角色定位，优化自身在现代化进程中的功能作用，共同成为推动人类现代文明进步发展的重要力量。问题在于，政党是如何在现代化历史进程中发挥作用的？这集中体现在组织动员、发展稳定、利益协调、价值导引四个方面。①

第一，政党在现代化历史进程中起着组织动员作用。任何类型的现代化都需要人的有序参与和社会资源的有效配置，这就需要有效有力的组织动员能力。政党本身就是组织化的产物即一种具有一定组织化程度的政治组织，这是其区别一般社会团队的重要标志。政党也是现代化本身的产物，自产生以来就有推动现代化的重要使命，但政党必须要具备实现现代化的基本力量，其重要职能——"动员"和"组织"则是"增强政党力量之路"②，前者强调和解决的是如何提升社会成员参与政治的基本能力和水平问题，后者强调和解决的是社会成员如何有序地参与政治及其制度保障建设问题，只有这两者实现良性互动和有机融合才能彰显出政党的强大组织力量，为推动和实现现代化提供源源不断的动力支撑。从理论上来说，任何政党都应该具备最大限度地动员和组织整个社会各方面力量为实现现代化建设目标服务的政治职能，这不单单需要对本阶级力量的组织动员和调配，更需要通过组织本阶级的力量来带动整个社会力量的动员与集合。可以这样说，政党能不能有效地"把党内党外、国内国外的一切积极的因素，直接的、间接的积极因素，全部调动起来"③，不仅关系到政党自身阶级基

---

① 论者集中概括了政党职能若干方面的基本内容，其实政党的这些职能也体现为在现代化历史进程中发挥的重要作用，参见王韶兴主编《政党政治论》，山东人民出版社，2011，第138~143页。

② 〔美〕塞缪尔·P. 亨廷顿：《变化社会中的政治秩序》，王冠华、刘为等译，上海人民出版社，2015，第336页。

③ 《毛泽东文集》第7卷，人民出版社，1999，第44页。

础和社会基础的夯实稳固，也关系到现代化建设目标的完成进度和实现程度。具体而言，政党要在现代化中最大限度和有效发挥"动员"和"组织"的效用，就须做到：对组织动员的主体而言，自身的政党纲领、路线方针要与现代化建设的根本目标保持一致，要与时俱进地发展自身的思想理论，始终保持自身组织的先进性；对组织动员的对象而言，既要有效动员本阶级力量参与现代化建设的进程，也要积极动员其他阶级的群众力量参与现代化建设；对组织动员的方式手段来说，政党要依据自身的执政条件把自身的路线、方针和政策通过法定程序上升为国家意志，将自身对现代化建设的战略意图及安排转变为全体人民群众参与现代化的具体实践。

第二，政党在现代化历史进程中起着发展稳定作用。现代化的必备要素就是发展和稳定，二者缺一不可。所谓发展，就是在现代社会中，经济生活品质不断提升、政治生活不断改善、文化生活不断丰富、生态环境不断优化等；所谓稳定，就是现代社会要有良好的政治秩序和稳定的社会环境。尤其是"稳定"的问题更为重要，有论者通过考察分析世界现代化的历史进程得出了这样的论断："现代性孕育着稳定，而现代化过程却滋生着动乱。"① 这种说法其实不无道理，因为在成果日积月累的现代化进程中，确实会滋生和积累出或多或少甚至难以确定的不稳定因素，现代化的成就取得与保持长久的稳定是现代化进程中的一对永恒矛盾，如何破解这样的悖论是现代化面临的一个难题，而政党则是解决这一难题的重要载体。政党在推动现代化中发挥的重要作用就是既要坚持以发展为导向和目标，又要坚持以稳定为保障和底线。对于发展和稳定，政党既需要积极动员和有序引导不同的社会力量参与政治过程中来，让人们享有基本的政治权利，使得人们参与政治有制度保障和秩序供给，也需要强有力的决策执行能力和高精准的预测展望能力。这在中国体现得最为明显，近代中国探索现代化之所以屡屡受挫，其重要原因就在于长期缺乏一个完整独立的统一政权和稳定安宁的社会环境，深受外来侵略势力的打压和欺辱，现代化事业的发展成效也就微乎其微，不能从根本上找到能够发展自己的现代化道路，而在中国共产党成立之后，中国的现代化之路发生了根本改变。中国共产

---

① 〔美〕塞缪尔·P.亨廷顿：《变化社会中的政治秩序》，王冠华、刘为等译，上海人民出版社，2015，第31页。

党不仅为中国的现代化创造了根本的政治制度和稳定的社会环境，更为重要的是，还在社会主义现代化的历史进程中创造了"经济快速发展奇迹和社会长期稳定奇迹"①，这其实就是政党在现代化历史进程中发挥发展稳定作用的一种典范。

第三，政党在现代化历史进程中起着利益协调作用。"人们为之奋斗的一切，都同他们的利益有关"②，利益是人类社会发展的根本前提和基本动力，反映的是人类社会中人与人之间最基本的经济关系。正是在利益需要和利益交集的驱动下，人们从事方方面面的生产，促使社会进步发展。政党是阶级社会中各个不同阶级矛盾与利益冲突发展到特定阶段的历史产物，其产生的目的之一也是为了实现和维护本阶级的根本利益，以及调整与其他社会阶级和阶层之间的利益关系。现代化是一个不断生产和创造社会利益的过程，同时也是一个社会利益分配和社会利益分化的过程，这是因为社会化大生产必然要带来多元化的利益主体、多样化的利益来源和差异化的利益形态，由此产生了特定的复杂多变的社会矛盾，这就需要政党出场进行协调。在现代化建设的具体实践中，如何将方向不同、利益不同的社会力量引领至政党设定的推进现代化的行进轨道中来，是体现政党整合社会力量和处理社会矛盾能力的重要表现，这不仅关系到社会稳定和现代化的有序推进，也关乎政党自身的前途命运。政党既要协调本阶级利益与其他阶级利益、本国家本民族的利益与其他国家其他民族的利益、局部利益与整体利益、当前利益与长远利益等各个方面的利益，也要把握准这不同方面利益关系之间的张力，致力于完善和巩固一个稳定有序的利益共同体。利益的协调与整合需要注重方式方法，比如，对于政党内部，可以通过召开全体党员大会或举行党员代表大会来实现党内成员的利益表达，进而协调利益；对于政党外部，可以通过包括举行恳谈会、听证会或新闻发布会等在内的社会协商的方式进行执政党与民众的沟通与交流，这样执政党的决策才能体现利益代表的广泛性和科学性。

第四，政党在现代化历史进程中起着价值导引作用。不同国家的现代

---

① 《中共中央关于坚持和完善中国特色社会主义制度 推进国家治理体系和治理能力现代化若干重大问题的决定》，人民出版社，2019，第2页。
② 《马克思恩格斯全集》第1卷，人民出版社，1995，第187页。

化不仅在于发展场域、发展进程的时空序列不同，更在于各自的价值导引存在差异，产生这种差异的原因就在于政党对现代化有显著的价值建构与导向作用。一方面，政党对现代化的价值建构不仅要根据一个国家现代化建设和社会发展的客观需要以及大多数人的根本利益来倡导某种主流价值取向，也要反对某些与社会主流价值不相匹配的价值取向，以促使人们对主流价值的认同。而能否完成这一重任则在很大程度上取决于政党的思想理论水平，体现一个政党理论素养的高低就在于理论是否具有科学性和彻底性，因为"理论只要说服人，就能掌握群众；而理论只要彻底，就能说服人"①，这样才能激发广大人民群众在现代化建设过程中的主动性和创造性。另一方面，政党对现代化的价值导向作用体现在政党究竟是代表谁、为了谁的现代化问题上，以西方政党为代表的资产阶级政党和以中国共产党为代表的无产阶级政党在这一问题上有着根本的不同。萨托利曾言，"政党是代表整体的'部分'并试图服务于整体的目的"②，西方政党始终代表的是资产阶级的利益，在推翻封建地主阶级和实现现代化方面起到过一定的社会进步作用，但资产阶级的根本价值立场和价值取向并不是为了让现代化的成果为全体人民所共享，而是代表各个垄断集团的利益，试图永久性地维持资本主义制度及资产阶级的统治，不是"服务于整体"而是服务于部分或少数。两党制也好，多党制也罢，其本质都是少数人对多数人的统治。以中国共产党为代表的无产阶级政党则不同，中国共产党是无产阶级的"先锋队"并始终服务于无产阶级的目的，这一先锋队的根基在于人民，其血脉与人民相通，对现代化的探索和追求不仅是其掌握政权的政治前提，还始终以社会主义为价值取向，为人民群众的幸福美好生活不断推进现代化向前发展。由此，维系少数人利益的资产阶级政党试图让现代化永恒定格于资本主义，而代表大多数人利益的无产阶级政党始终朝着社会主义现代化的目标不断前行，这就形成了两种不同类型政党的鲜明对照。

第二节　开创中国式现代化呼唤先进政党出场

近代中国的国人志士们追求现代化不是没有付出辛劳和牺牲，然总是

---

① 《马克思恩格斯选集》第 1 卷，人民出版社，2012，第 9~10 页。
② 〔意〕G. 萨托利：《政党与政党体制》，王明进译，商务印书馆，2006，第 53 页。

屡屡受挫、事与愿违、难出困境。找出和解析其中内在的根源不能仅仅局限于近代中国某一段历史，还要从大历史观的视角观察中国传统社会体制演进逻辑，即是说近代中国要成功地实现现代化究竟需要什么样的力量或组织，由中国传统社会体制演进至中国近代社会这一过程存在怎样的逻辑线索。

一　中国传统社会体制崩解逻辑是理解近代中国追求现代化的关键

近代中国追求现代化的历史语境还不能单单聚焦于"近代"这一点之上，还要透析"近代"的历史根源即中国传统社会体制，只有理解中国传统社会体制的运作机理和崩解逻辑才能更清晰地抓住近代中国追求现代化的来龙去脉，找到实现中国式现代化的真正答案。

1. 中国传统社会体制的运作机理

中国传统社会体制可谓是根深、叶茂、蒂固，所以其持续的历史时间长度之久远，其积累的历史内容厚度之深沉，非世界其他地区和国家社会体制所能比拟。何以如此？密钥在于中国传统社会体制的运作机理，一句话概言之，中国传统社会体制是集价值理念、组织结构和基本制度三位一体高度秩序化的社会系统，所谓高度秩序化，就是从个人、家庭的安顿再到社会、国家的摆位既各有运作逻辑又能实现有机联系整合，使传统社会能够长久性持续性地运转下去。

具体来看，一是价值主导的稳定性。任何社会的运作皆以基本的价值理念为指导，中国传统社会以儒家思想为价值主导，这得益于西汉时期"罢黜百家、独尊儒术"政策的实施，儒家思想在政治权力的刚性作用下全面提升为正统的意识形态，反过来，儒家思想不断发挥柔性的意识形态功能促进政治权力的巩固，二者相互作用相互促进使得传统社会的皇权统治只是以换汤不换药的方式持续下去即历代王朝只是更替了不同姓氏的皇族却并未完全改变儒家思想的价值理念。再者，儒家思想把"修身齐家治国平天下"作为基本价值理念，充分彰显出个人、家庭、国家和社会层层环扣并有机融为一体的理论旨趣和精神追求。可见，在以这样价值理念为主导的传统社会之中，任何个体都能够在家庭、国家和社会的演进中有着强烈的人生意义。二是组织结构的严密性。值得注意的是，正是儒家思想在意识形态层面作为有效的价值主导，促成了社会组织结构的稳定性和持久性。比如，"大一统"理念突出强调国家层面法统和政统的根本，实现的是整个社会在经济、政治和文化上的高度统一，特别是政治上的中央集权及其对地方行政长官的任免和监督，使得政治上具有高效度的统一与稳定。尽管传统社会王权所到达和渗透的地方是有限度的，正所谓皇权不下县，但在士、农、工、商中，士却为四民之首，这就说明"乡村社会主要由当地士绅、文人贤士予以治理和维持"①，故传统社会组织从中央机构到地方基层都是严密衔接的。三是制度安排的有机性。无论是价值理念的主导，还是组织机构的设定，都离不开制度安排以实现可靠的秩序供给，"修身齐家治国平天下"理念的落地得益于传统社会中科举考试制度的确立和实施，个人的人生规划有着充足实践空间的制度保障，这也反促了儒家思想进一步强化价值主导。当然，传统社会制度安排是多方面的，如对内有中央集权制度和地方郡县制度的紧密协作；对外有朝贡制度为传统社会的华夷关系提供了有效的制度供给，极大促进了国家的统一性与社会的稳定性。总言之，传统社会的价值理念、组织结构和基本制度三层面相互作用、相互促进，制度为组织和文化提供保障，文化通过组织和制度存续，组织有文化和制度支撑，进而发挥着集成性功能，长久性地维持了中国传统社会体制。

2. 中国传统社会体制的崩解逻辑

人类社会由传统向现代的演进不是一个不可能发生的事件，而是一个演进的或早或晚的问题。进一步说，世界上各区域迈向现代社会的方式各有千秋、差异分明。一些欧洲国家如英国之所以能够实现传统社会向现代社会的转变，是因为它是基于内生动力促使古代国家较为稳定地转型，更重要的是，英国本土生成了支撑社会体系转型的阶级力量——贵族，重要的历史事件是1215年贵族们与英国国王之间达成妥协签署的《大宪章》，这部历史性文献标志着英国开始走出统治者恣意妄为、横征暴敛的传统专制状态，步入统治者与被统治者协商共治，落实"同意的统治"，这在不自

---

① 王林、魏永生、徐保安：《当代视域下的中国传统社会管理研究》，人民出版社，2020，第238页。

觉中开启了现代建国的大门。① 不得不承认的事实则是，以英国为代表的西方国家是人类现代化史的先行者，但这并不等于它们在推进人类现代化历程中具有优越性和永恒性。

中国迈向现代呈现出与欧洲国家迥异的历史语境与实践逻辑，中国传统社会体制全面崩解是其向现代转变的重要历史前提，以商品资本、军事暴力为代表的刚性外力冲击着中国传统社会体制，上演了西方现代文明与中国传统文明对撞的历史剧，产生的直接结果就是中国传统社会体制出现裂口而全面崩解，中国社会组织机构逐渐被解构、儒家思想意识形态主导地位逐渐被怀疑、社会基本制度的功能绩效逐渐丧失，迫切需要完成一场旧去新来的社会转型，但关键的问题在于原来传统社会体系在外力作用下无法实现有效的自我转换，原因就在于缺乏一个可靠的支撑力量来担负迈向现代的历史重任，思想家钱穆深刻地看到了这样的问题："目前的中国问题，还是要在中国社会本身内部，找寻一个担当得起中心指导的力量。"② 当时中国社会中各个阶层或阶级自身无法凝聚起能够有效支撑和引领社会发展的力量，这就产生了能够凝聚阶级力量进而将整个社会其他阶级阶层力量整合起来的需要，这就是作为一种特定组织力量的政党生成逻辑指向所在。在中国特殊社会历史条件下，政党的生成，不仅仅是现代化的内在需要，也是凝聚和整合社会力量、创制和建设新型国家的内在需要，值得注意的是，这也是近代中国探索和追求现代化同西方国家推进现代化的另一不同逻辑。

二　近代中国追求现代化屡遭失败就在于其缺乏坚强韧性的组织力量

以暴力式侵略扩张为目的的外来冲击让中国面临着传统帝国体系如何向现代文明社会转型的问题，同时也让中国社会历史发展由古代史转向近代史，基于此，现代化成为近代中国以来国人逐渐认识和不懈追求的重要目标。一批又一批国人为此开展了一场又一场运动，有的向西方学习技术来实现国家富强，有的主张改良政治体制来尝试与西方国家接轨，有的打

---

① 参见任剑涛《〈大宪章〉与英国的现代建国》，《读书》2015 年第 10 期。
② 钱穆：《国史新论》，九州出版社，2012，第 34 页。

着"现代化"旗号来维护清王朝统治,等等,不一而足,然内外交困的现实环境始终无法让前述想法主张变为现实,反而促使近代中国陷入愈加深重的危机。辛亥革命尽管推翻了帝制,在中国大地上初露"民主共和"的曙光,但袁世凯复辟帝制、军阀割据混战等让这一曙光消失殆尽。

1. 近代中国实现"救亡图存"和"发展复兴"举步维艰

鸦片战争以降,近代中国面临的不仅仅是民族危机和国家危难,同时也面临着传统社会体制向现代社会结构转型的迫切难题,质言之,这是一个救亡图存和发展复兴的重大问题。"救亡图存"在于从根本上解除国家和民族受到外来势力的侵略与殖民,为实现自身的独立性发展创造稳定的社会历史环境,培育自主发展的土壤,"发展复兴"在于使中国在顺应世界历史现代化大势中走上一条彰显自身特色的现代化之路,为中华民族的复兴之路提供可靠的实现路径。问题呈现于此,但关键是如何能够合理性地解决这一问题?在1921年中国共产党成立之前,多方政治势力和社会组织先后登场付诸行动进行各种尝试,结果均以失败而收场。

先以轰轰烈烈的太平天国运动为例来看,这场运动声势浩大,斗争范围之广,参与人员之多,前所未有,但最终还是在国内封建势力与帝国主义的联合绞杀下惨烈失败,其原因何在?其中一个重要的原因就是缺乏先进的组织领导。其实,太平天国运动的参与主体以数量相当广泛和具有鲜明革命性特征的农民为主,从应然的角度来看,农民运动在近代中国的历史环境中能够爆发出惊人的彻底改造社会的蓬勃革命力量,太平天国运动前期革命形势的迅猛发展也充分说明了一点,但实际上,这场运动之所以没有将农民革命性持续性地发挥下去,就在于组织力量的匮乏与落后。太平天国运动一开始就是宗教性质的组织发起并领导的,这种组织是基督教与中国封建社会等级观念杂糅的产物,本身就具有明显的落后性,在取得运动的暂时性胜利后,上层领导者大兴土木、贪图享乐、腐化堕落,被历史所抛弃则是必然。这也说明,在近代中国革命运动中,农民阶级的局限性远远大于自身的革命性,从根本上来说,农民阶级相对于无产阶级来说并非先进生产力及先进生产关系的产物,因而在新的革命运动中自然无法承担领导的历史重任,只能在革命运动中扮演革命参与者的角色且必须要在革命运动中不断变革自身与社会生产力发展不相适应的生产关系。

再从颇有成就的辛亥革命来看。自称"洪秀全第二"的孙中山不仅在思想理念层面有比洪秀全相对先进的革命目标和坚韧的革命意志，更在实际行动上有比太平天国运动更为进步的历史功绩，其所领导的辛亥革命让延续数千年的封建君主专制制度退出了中国的历史舞台，使时人受到了民主共和春风的洗礼，让国人从内心深处感受到了现代民主文明，切身认识到这是一种与封建君主专制对立的浩浩荡荡的历史发展主流。然以孙中山为代表的同盟会革命党人并未完整地保护和发展辛亥革命的胜利果实，最终还是为反动军阀所窃取，国家陷入各个帝国主义控制下军阀割据混战的新困境之中。其实，"同盟会从成立到改组为国民党，历时七年，其领导体制因政治环境的变化与会内精英群体政治理念之落差而发生颇多变异，导致出现民主体制的理想设计与实际运作的集权体制之悖论"。① 这说明孙中山领导的革命党，尽管具有促进历史发展进步的一定的革命性，但它并非一个彻底先进的政治组织，因为它无法有效地担负起并完成国家救亡图存和民族发展复兴的历史使命，从本质上来说，形成这一组织的阶级基础也并非来源于先进的阶级，不能走在历史发展的前沿并引领历史前进。

2. 政党对于近代中国追求现代化的历史意义与历史经验

从中国共产党成立之前的政治势力所展开的运动历程来看，要在矛盾错综复杂的近代中国社会中真正担负起和最终完成救亡图存与发展复兴的历史使命，必须同时兼备多项条件：一是在思想价值理念层面上，必须秉持现代民主、平等政治和公平正义的价值理念，要与封建等级、唯我独尊的落后观念进行彻底决裂；二是在行动目标方向上，必须牢牢把握救亡图存和发展复兴的根本目标及使命担当，这是整场运动的总体方向，不能局限于自身阶级的狭隘范围；三是在运动手段途径上，必须紧紧依靠人民群众，开展自下而上的、广大劳动人民群众参与的社会革命，决不能依靠一个阶级或少数社会上层的单打独斗，也不能局限于单个领域的改良运动。无论是太平天国运动，还是辛亥革命，抑或其他运动，主导运动的政治势力皆不同时具备这些条件，因而也就无法完成革命和建设的历史任务。但历史需要这样的政治力量出现就必然要将其生成出来，一个先进的阶级必然要走上历史舞台的中央担负自身的历史使命，从这一先进阶级中也相应地要诞生出先进的政党。

---

① 崔之清主编《国民党结构史论（1905—1949）》（上册），中华书局，2013，第93页。

其实，中国传统社会体制在外国资本主义势力入侵这一外力作用下逐渐崩解，传统社会解构的逻辑方向必然朝着经济、政治与社会的现代化轨道行进，但首要前提则是恢复国家完整的主权和民族的自身独立，摆脱帝国主义列强的殖民统治，实现政权的全国统一，消除军阀割据。这就需要革命，特别是以武装斗争为手段的暴力革命，而开展革命需要有目标方向导引、有路线方针设计、有合理方法运用的组织运动，而不是无目标无预见无路线盲目式的集体行动。政党是现代文明的历史性产物，生来就应肩负发展和推动现代化的历史使命，但不同地域不同历史条件下产生的政党所履行历史使命的程度却不尽相同。值得注意的是，近代中国社会舞台上有不少政党登台亮相，在膜拜西方政治体制心理驱使下上演了以议会竞选、政党组阁为潮流的政党政治闹剧，这种闹剧乱象丛生，虽历经了多党制的实验，在一定程度上推动了中国现代化进程和社会历史进步，但从根本上并没有改变中国社会性质和未来命运。

在近代中国，无论是在理论上还是在实践上，孙中山都是把创建政党与完成革命紧密联结一体的第一人。孙中山在革命屡屡受挫的过程中认识到，中国革命要成功，必须引入政党这一组织力量，他还自觉地将政党与建构现代国家有机结合起来。一方面，他认为政党是现代国家建构和诞生的必备要素。没有政党，建构现代国家就无从谈起。"国家必有政党，一切政治始能发达。"① 政党在现代政治生活中扮演着重要的角色，是构造现代国家的重要力量，这是"党建国家"的逻辑。自1894年建立兴中会起，孙中山就将建国作为这一组织的目标，明确宣告"是会之设，专为振兴中华、维持国体起见"。② 后来成立中国同盟会这一资产阶级新型革命政党之时更为明确地指出了政党的目标宗旨为"建立民国"③，但建立国家并非易事，辛亥革命创立的临时共和国并不持久，孙中山意识到不仅需要强有力的政党，也需要进行武装斗争的军队。另一方面，他认为政党也是现代国家成长和发展不可或缺的力量。孙中山在辛亥革命后的革命实践过程中进一步认识到建设和发展国家的难度并不亚于建立国家，他从各种失败教训中感

---

① 尚明轩主编《孙中山全集》第 7 卷，人民出版社，2015，第 204 页。
② 尚明轩主编《孙中山全集》第 3 卷，人民出版社，2015，第 3 页。
③ 尚明轩主编《孙中山全集》第 3 卷，人民出版社，2015，第 17 页。

悟出来了政党建设国家的一些真理，他为此设计了"军政、训政、宪政"三阶段的政治路线图，这是"党治国家"的逻辑。但后来政党性质的蜕变使得国民党长期停留于训政阶段，以发展民主之名行新的专制统治之实，其始终没能组织和建立一个先进的政党，近代中国的现实问题始终悬而未决，也就更加迫切地呼唤着能够根本解决问题的真正主体。

第三节　先进政党是支撑中国式现代化的主导力量

近代中国追求现代化的一系列历史事实及其背后的经验教训充分说明，不是某一特定集团或阶层也不是一般性的政党能够担负起实现中国式现代化的历史重任，而是需要先进的阶级及其组成的政党组织，问题在于，究竟需要一个什么样的先进政党才能够成为支撑中国式现代化的主导力量，这主要从历史使命、本质属性、建设内容、策略制定等方面看这一政党是否具有先进性，而这些方面的集大成者在政党发展史上唯有无产阶级政党。无产阶级政党本身就诞生于现代资本主义社会之中，所确立的最高价值追求是实现无产阶级和其他劳苦大众的彻底解放，所肩负的历史重任是批判、推翻和超越资本主义，推动人类现代社会和现代文明朝着新的社会形态演进，这就是无产阶级政党与现代化内在逻辑关联的体现，这也意味着中国式现代化同样需要无产阶级政党这一先进政党组织。

一　无产阶级政党的历史使命

政党是社会发展逻辑和阶级斗争线索交织作用的结果，其核心要素是阶级利益，任何政党都为实现本阶级的整体利益而肩负着一定的历史使命。对于无产阶级政党来说，不仅需要认识到实现伟大社会变革的主体力量之所在即"历史使命从何而来"，也需要牢牢抓住自身的根本目标并为之奋斗即"历史使命是什么"，还需要把握实现历史使命路径中的根本要领即"完成历史使命的关键枢纽何在"。

第一，无产阶级是实现伟大社会变革的主体力量。在马克思和恩格斯同时代及之前，诸多思想者之所以难以完整科学地发现社会发展的奥秘究竟何在，原因在于对无产阶级这一社会主体力量的忽视或漠视，诸如青年黑格尔派将无产者群众视为没有"自我意识"和批判头脑的精神敌人，古典经济学代表把无产者同资产者的冲突矛盾视为"社会的自然规律",空想社会主义者只看到无产阶级的苦难与贫穷表象而忽视无产阶级其实是革命性主体力量象征。马克思和恩格斯以历史事实与理论逻辑相结合的方式透析资本主义社会,在分析特定的社会形态中解开了社会形态演进和人类发展规律的密码,更重要的是,他们还不约而同地找到了实现这一具有宏伟历史性革命的主体力量。马克思认为,推动人类历史发展的决定性因素是物质的生活关系及基于其之上的阶级斗争,进行彻底的革命和实现全人类的解放,只能是无产阶级。为此,马克思提出了将科学革命理论与无产阶级革命解放运动进行相互贯通密切结合的历史任务。恩格斯看到了资本主义社会的繁荣现象背后的社会制度问题,并指出无产阶级的未来"可以走的路只有两条:或者饿死,或者革命"。① 要想掌握自身的前途和命运只有选择革命道路,但需要强调的是,贫困问题是无产阶级进行革命的导发性因素,但并不是根本缘由,质言之,无产阶级并不是因为"穷"才进行革命,革命的合理性根据在于历史规律的要求。无产阶级必须发挥历史直接推动者的作用,运用资本主义社会造就的武器改造整个社会,这不仅是为了自身的解放,而是通过消灭资本主义制度,彻底消灭私有制实现人类最彻底的解放,这是无产阶级的历史使命所在。

第二,无产阶级政党的根本目标是实现共产主义。无产阶级政党旗帜鲜明地表达出自己实现共产主义的根本目标,这是基于揭示人类社会发展客观规律的公开表达和自信宣告。无产阶级之所以需要组织成为政党,并不在于其凸显出与广大工人群众根本利益不一致,也并不是试图与其他工人政党相对立,而在于通过政党这一现代组织方式在革命运动中来集中表达无产阶级的观点、意图及目的。无产阶级政党有根本目标的导向,才能在革命运动中具备应有的精神状态、战斗能力和斗争方式。因为无产阶级政党不仅需要知晓和了解特定事物及一般进程的内在规律,更需要有效运用各个领域的规律来推动最终目标的实现,否则,发出的通告或宣言或纲领永远是一句空头口号而已,无产阶级政党承担的历史使命也就自然无法完成,更重要的是,这一使命固然宏伟,但完成起来并不是一件轻松的事情,在实现共产主义这一根本目标的过程中会遭遇方方面面的难题,这就

---

① 《马克思恩格斯全集》第 2 卷,人民出版社,1957,第 584 页。

注定整个过程是一个具有复杂性、艰难性和长期性的过程，无产阶级政党不仅需要坚定自身的信心与信念，更需要在具体操作层面付出不懈的努力。

第三，完成历史使命必须制定和实施科学的党纲。一方面，需要科学制定一定原则的党纲。历史使命的完成在无产阶级政党中需要党纲来确证，其实，党纲的确立及宣告是政党诞生的重要标志，有无党纲也是鉴别一个政党与团体的差异所在，正如恩格斯所说："如果建立一个没有纲领的党，一个谁都可以参加的党，那末这就不成其为党了。"① 完成无产阶级政党的历史使命的过程是一种具有宏观性根本目标和微观性具体任务相结合的过程，也是长期性与阶段性相统一的过程，不仅需要确定无产阶级政党的最高纲领即最终目的，也需要确定无产阶级政党的最低纲领即当下的具体任务，更需要准确把握好党的最高纲领与最低纲领之间的辩证关系。比如，在第一国际前期，马克思考虑到联合广大工人组织的直接目的和工人们的阶级意识现状，在章程、宣言等文件中提到的若干具体问题都直接与工人们的利益紧密相关，以达到争取多数工人组织的目的，其最高纲领就是联合各国工人运动达到推翻资产阶级统治的目的，其最低纲领就是争取和维护工人群众当前的利益。另一方面，需要在实践运动中贯彻实施党纲。制定党纲的目的在于实施和执行，为无产阶级政党及其运动进行正确的方向指引，而实施和执行党纲的关键就在于党纲要为广大无产阶级群众所掌握，唯有如此才能转化为推动完成具体任务和实现根本目标的强大现实力量。在这一过程中不仅要正面宣传和阐释党纲，为使党纲走向群众，还需要积极捍卫党的纲领而不变质，后者在现实的无产阶级运动中表现得更为突出，且大致有两种倾向：一是机会主义的侵蚀，为了获得眼前利益或多数人拥护而不惜拿党纲原则作为交易条件向机会主义、投降主义等屈让妥协，降低党纲的原则规定高度，模糊党纲的性质；二是教条主义的束缚，教条主义者在实际革命运动中常常肢解和裁剪党纲中的个别词句，机械地照搬党纲条文而脱离客观实际情况。无产阶级政党在具体的运动方式上必须根据社会环境的变化和自身实际情况的变化来贯彻执行党纲，开展灵活的革命实际活动，教条化地对待党纲，不仅不能理解和把握党纲的精神实质，也难以实现党的当前目的和根本目标。

---

① 《马克思恩格斯全集》第35卷，人民出版社，1971，第401页。

二　无产阶级政党的本质属性

马克思恩格斯无产阶级政党思想的一个重要贡献就是揭示了政党的本质——阶级性，并科学地说明了政党的基本职能、外部特征和历史作用，为人们认识政党现象及其本质提供了科学的理论工具。作为诸多政党类型中的一种，无产阶级政党的基本属性自然也涵括了阶级性，无产阶级的阶级特质决定其政党的本质属性必然是先进性和纯洁性，这是其有别于其他类型政党的根本之处，并蕴含着无产阶级政党必须永葆先进性和纯洁性的目标导向，这一基本命题逻辑性地延伸出一系列问题指向，而这也恰恰是无产阶级政党本质属性论的内容要点展开。

第一，先进性和纯洁性何以成为无产阶级政党的本质属性。这一问题分析起来，需要从无产阶级和政党两个角度切入，而经典论著《共产党宣言》无疑能够给出具有事实说服力和理论解释力的论证依据。一方面，从无产阶级的角度来看，马克思和恩格斯确立的新世界观，为他们打开了新的理论视野，剖析资本主义社会运行机制及其内在逻辑也就不再是什么惊奇神秘的事件了，资本主义社会的一个主要趋势是越来越裂变为有且仅有两大阶级，二者的根本对立不可避免，资产阶级走向灭亡与无产阶级取得胜利也是一个必然性事件，因为只有无产阶级才是先进生产力及先进生产方式的稳妥掌握者。这凸显出无产阶级先进性和纯洁性的阶级特质，这一阶级特质决定着无产阶级区别于其他任何阶级的生成根基及其历史地位，这也预示着作为代表无产阶级整体利益的政党组织应该承继的阶级属性。另一方面，从政党的角度来看，无产阶级政党的本质属性规定，使这一类型的政党能够与其他政党有着根本的不同。需要强调的是，本质属性绝非等同于唯一属性，其实，从一般意义上来讲，政党本质属性的组成部分包括政党的自然属性、政党的社会属性、政党的价值属性、政党的功能属性等多重属性[①]，也只有在本质属性的这几个方面都具备先进性和纯洁性，才是一个完整意义上先进性和纯洁性的无产阶级政党。

第二，无产阶级政党的先进性和纯洁性究竟具有什么意蕴。从一般意义上来讲，"先进"意味着走在时代前列、引领社会进步，而"纯洁"则是

---

① 参见董连翔《对政党本质属性及先进性建设的再认识》，《江汉论坛》2006年第6期。

指自身特质不受侵蚀不变质。具体来说，无产阶级政党的先进性具有两层含义：其一，无产阶级政党具备在思想、组织、行动等方面胜于其他政党的本质性特征；其二，无产阶级政党在推动人类社会不断进步发展的历程中发挥引领性功能，这二重内涵相互贯通联系，前者是后者的前提性要件，后者是前者的集中性体现。无产阶级政党在领导斗争时必须坚持科学的理论指导并制定科学的党纲、路线及方略，必须从社会发展的正确航向和自身的根本立场出发，这不仅是评判无产阶级政党是否真正彰显本质属性的根本标准，也是无产阶级政党在历史发展进程中保持先进性特质的主要参照。其实，从马克思和恩格斯对共产党人的先进性有关论述中提出了"共产党人是最先进的部分"这一重要命题，也可以看出先进性是无产阶级政党的本质属性，并且在他们的视域下具有一定的生动具体的内涵。[①] 总言之，阶级先进性与政党先进性构成无产阶级政党先进性本质属性的立论基点。

而无产阶级政党的纯洁性则是党员及党组织在思想层面、作风层面、行为层面等同党的性质和宗旨保持一致。《共产主义者同盟章程》对党的这一性质给出了明确规定，即至少要求每一个支部在入盟成员的政治目标、组织程序、行为规范等方面严格把关和明文规定，恰如马克思在给一位友人的信中回忆到共产主义者同盟的性质时说："我们的党在这个十九世纪由于它的纯洁无瑕而出类拔萃"[②]，这就充分说明纯洁性能显现出无产阶级政党"出类拔萃"的内在特质。后来，马克思在《国际工人协会共同章程》第九条中也规定，国际工人协会的"每一支部应对接受的会员的品行负责"[③]，负责"会员的品行"也是旨在保持无产阶级政党纯洁性，这就为保持党内活动步调的一致性和增强创造力、凝聚力、战斗力提供了基本保证。

第三，无产阶级政党先进性和纯洁性之间彰显怎样的关系。这是对前述两方面问题的逻辑延伸，先进性和纯洁性二者之间存在一定的内在必然关系，它们并不是相互对立排斥以至于似乎就可以认为无产阶级政党具有两重特质属性。其实，在马克思和恩格斯的历史语境中，无论是总体实践

---

① 参见钟哲明《马克思主义关于党的"先进性"和"先锋队"的理论》，《政治学研究》2005 年第 3 期。

② 《马克思恩格斯全集》第 30 卷，人民出版社，1975，第 484 页。

③ 《马克思恩格斯选集》第 3 卷，人民出版社，2012，第 174 页。

领域，抑或理论致思范围，先进性和纯洁性都始终贯穿于无产阶级政党的性质、宗旨、任务及全部工作之中，具体贯彻于党支部等各级党组织及全体党员的实际行动中。比如，恩格斯曾对德国社会民主党在帝国国会选举中所争得暂时性胜利给出了积极肯定和高度评价，他指出："德国社会民主党是全世界最统一、最团结、最强有力的党，由于它在斗争中有冷静的头脑、严格的纪律和蓬勃的朝气，它从胜利走向胜利。"① "冷静的头脑、严格的纪律和蓬勃的朝气"鲜明体现了德国社会民主党人在理论素养、组织管理、纪律作风和精神状态上面的积极姿态和纯粹质地，并在复杂斗争中保持着无产阶级政党先进性和纯洁性的本质属性，也正因如此，德国社会民主党人获得一个又一个胜利。

先进性与纯洁性密不可分、互相融合，共同铸成无产阶级政党的本质属性，前者是后者的必要条件与应有之义，因为没有纯洁性，无产阶级政党的先进性就会失去存在的合法性根基，即所谓先进性也就是空中楼阁、无从谈起；后者是前者的鲜明表现与重要保证，没有先进性，无产阶级政党的纯洁性也就不复存在。此外，这也就预示着无产阶级政党的建设必须紧紧围绕二者间的辩证关系而展开，换言之，必须将先进性和纯洁性作为自身建设的主线，无产阶级政党才能在建设实践过程中有的放矢，体现出无产阶级政党建设的针对性和有效性，进而才能在无产阶级革命运动中彰显出先进性和纯洁性政党的磅礴力量。

三　无产阶级政党的建设内容

理解和把握无产阶级政党的建设问题，首先需要理解一般意义上的"政党建设"的内涵，因为"政党建设"绝不仅局限于无产阶级政党这一种政党类型之中，自世界第一个政党诞生以来，政党建设这一命题也就成立并在现实政治社会中展开了。对于马克思和恩格斯所领导参与的无产阶级政党建设而言，在内需外压的历史环境中，它关乎着无产阶级政党生存发展及命运前途走向，关乎无产阶级政党能否恪守自身本质和展现活力韧性，关乎无产阶级政党能否取得国家政权和实现价值目标，他们关于无产阶级政党建设方面的内容主要体现在政治建设、思想建设、组织建设和纪律建

---

① 《马克思恩格斯全集》第22卷，人民出版社，1965，第484页。

设四个板块。

第一，无产阶级政党的政治建设。政党首要之属性当归结于政治属性，政治建设是政党建设的当然构成，而党的政治纲领即党纲又是政治建设的主轴核心，因为党纲凝结了政党的根本性质、指导思想、政治主张和行动路线等政治建设的基本要素。尽管马克思和恩格斯并没有对政治建设进行专门著述，但对党纲问题进行了系统性的论述，提纲挈领地把握了无产阶级政党政治建设的本质所在。具体而言，其一，党纲是政党成立的绝不可少的关键性构成要件。恩格斯在指导美国工人运动时就强调了党纲的重要意义，一个新的党必须确立自己积极的纲领，这一纲领可以根据环境变化和党本身实况作细节性改动和调整，但必须为全党成员所赞同。① 因此党纲的确立及宣告是政党诞生的重要标志，有无党纲也是一个政党与团体的区别所在。其二，党纲能够在党内和党外发挥重要功能。它在党内对党员发挥着统一思想和凝聚共识的重要功能，在党外起着动员和聚集人民群众力量达至革命目标的重要作用。其三，党纲的确立决定着党的建设及价值实现进程。作为世界上首个无产阶级政党的党纲，《共产党宣言》的问世标志着无产阶级政党"以新的政治目标、新的政治力量和新的政治活动影响人类社会发展新征程的开启，以理论逻辑与实践逻辑的高度统一从根本上规定了党的建设的价值指向和建设质量"。② 总概而言，无产阶级政党的政治建设不仅需要制定科学可行的党纲，更需要党内成员严格遵守党纲，在切实行动中践行党的政治路线。

第二，无产阶级政党的思想建设。政治信仰的坚定性根源于思想的坚定性及理论的彻底性，注重从思想建党是思想建设的内在要求，由此强化理论武装成为无产阶级政党思想建设的应有任务。马克思和恩格斯在探索和开展无产阶级政党建设的具体过程中一直都很重视解决思想建设的问题，形成了关于思想建设的内涵要点。具体而言，其一，无产阶级政党指导思想的旗帜要以科学理论为载体及标识。以马克思和恩格斯为代表的首创者在批判继承前人思想成果的基础上揭示了无产阶级所进行的斗争性质、条件和发展规律，进而明确了科学社会主义的本质内涵。恩格斯曾指出，"我

---

① 参见《马克思恩格斯选集》第 4 卷，人民出版社，2012，第 271~272 页。
② 王韶兴：《马克思主义政党建设思想的新时代活力》，《光明日报》2018 年 8 月 29 日，第 11 版。

们党有个很大的优点，就是有一个新的科学的世界观作为理论的基础"①，这个"新的科学的世界观"就是马克思主义哲学，无产阶级政党将此作为自身的理论根基并扎进实践土壤，就能理性地分析和把握无产阶级运动的发展条件、态势及规律，确保无产阶级政党革命行动的正确方向。其二，无产阶级政党要坚决同各类错误思潮进行斗争。无产阶级政党的科学理论指导地位的确立并不是一劳永逸的，在它的周围总是要受诸多错误思潮的侵扰和影响，因此无产阶级政党还必须要积极揭示和批判这些错误思潮。马克思和恩格斯在指导无产阶级政党及工人运动进程中就敢于同蒲鲁东的改良主义、巴枯宁的无政府主义、拉萨尔的机会主义等各种样式的冒牌社会主义进行决不妥协的顽强斗争，斗争越彻底，越能保证思想的科学性和坚定性。其三，无产阶级政党要在实践中与时俱进地发展科学理论。无产阶级政党的科学理论之所以科学就在于它始终把自己视为一个开放而非封闭、发展而非僵化的理论，它能够指导无产阶级政党的实践并根据新的实践经验不断丰富和发展自己，始终站在实践前沿并适应时代发展的需要。

第三，无产阶级政党的组织建设。"在阶级对阶级的政治斗争中，组织是最重要的武器"②，政党的力量源自组织，政党的全部工作需要有力的组织体系予以保障和实现，如何加强无产阶级政党的组织建设也是构成马克思和恩格斯探寻无产阶级政党系列理论与实践的重要主题，总的来说，马克思和恩格斯主要从组织机构和组织原则两个层面切入无产阶级政党组织建设的理论提炼和实践展开。一方面，马克思和恩格斯强调无产阶级政党要建立严密的组织体系。《共产主义者同盟章程》第一至七章的条款不仅勾勒了由支部到代表大会不同层级组织构成的同盟机构框架，而且对各级组织的隶属关系和职权划分作了清晰定位及说明，此外，还对中央委员会和代表大会的成员构成、日常工作的运作规则、会议召开的具体事宜皆作了明文规定③，由此同盟构成了一个层级明晰、职权清楚、结构严密的组织体系。《国际工人协会共同章程》赓续了《共产主义者同盟章程》这一文件的精神，第三至十一条规定了国际工人协会的组织机构，强调无产阶级在反

---

① 《马克思恩格斯选集》第 2 卷，人民出版社，2012，第 10 页。
② 《马克思恩格斯全集》第 25 卷，人民出版社，2001，第 499 页。
③ 参见《马克思恩格斯全集》第 4 卷，人民出版社，1958，第 572~575 页。

对资产阶级的斗争中只有建立与一切旧政党截然不同的政党，才能真正实现一个阶级的行动和促成社会革命的胜利。[①] 另一方面，马克思恩格斯认为无产阶级政党的组织原则就是要始终贯彻民主集中制。对这一原则的坚持和贯彻，首先在于对党员基本权利的保证和基本义务的明确，这集中体现在党的各级委员会选举以及罢免不称职的委员上，改组后的共产主义者同盟就是如此，其章程对盟员选举权的制度化规定及落实执行就是对党员民主权利的保障的体现。此外，在保障党员民主权利的同时也需要集中统一发挥组织的力量，唯有如此，党员权利才有一个可供保障的真正制度平台。

第四，无产阶级政党的纪律建设。纪律严明是无产阶级政党的光荣传统和显著优势，也是其区别于其他任何政党的重要标志。马克思和恩格斯在建立无产阶级政党的过程中对纪律建设问题进行了一系列思考和论述，其一，为什么要开展纪律建设？因为纪律对于无产阶级政党事业发展不可或缺。马克思曾于1859年对德国党组织内部"思想混乱达到了惊人的地步"[②] 的状况表示出较为深切的忧虑，恩格斯也认为，党进行不妥协斗争必须有纪律，特别是无产阶级政党领导革命斗争更不能缺少纪律。由此可见，缺失严明的纪律，党的团结统一就无法形成，无产阶级斗争就难以聚合力量而取得成功。其二，建设什么样的纪律？纪律的基本含义是要求遵守者自觉约束自身的行为以实现一定目标的规矩。恩格斯更多将军队建设中的纪律引入无产阶级政党中，以强调无产阶级政党纪律的必要性，他认为严明的纪律是任何一支军队训练有素的重要保障和基本条件。其三，怎样进行纪律建设？无产阶级政党的纪律建设不仅需要严明的纪律条文，更需要党员严格遵守和执行纪律条文。纪律一旦形成就必须严格执行，这就是令行禁止的鲜明体现，这无疑也是对无产阶级政党纪律权威性严肃性的最佳说明。

四 无产阶级政党的策略制定

在建设无产阶级政党过程中，不仅需要从总体上对无产阶级政党的各方面建设进行横向展开，还需要从具体的角度落实在无产阶级运动实践之中，这就涉及策略这一主题，换言之，只有厘清无产阶级政党的策略问题，

[①] 参见《马克思恩格斯选集》第3卷，人民出版社，2012，第172~174页。

[②] 《马克思恩格斯全集》第29卷，人民出版社，1972，第414页。

"怎样建设无产阶级政党"才能得到完备性回答，马克思恩格斯无产阶级政党思想的总体内容才具有完整性。策略一直是马克思和恩格斯高度重视的主要问题，恩格斯曾明确地提醒德国的各种党派在议会行动中"必须弄清楚自己所代表的利益和应该采取的策略了……也必须明确自己的立场、战斗计划和手段"。① 其中，"明确自己的立场、战斗计划和手段"成为策略的主要构成要素，"立场"是出发点和立足点，"战斗计划和手段"则是展开点和支撑点。因此，在马克思和恩格斯的历史语境中，无产阶级政党的策略大致可分为集约整合力量的团结策略、坚持捍卫原则的斗争策略和依据历史条件的适时策略三类。

第一，集约整合力量的团结策略，就是要团结党内外一切力量实现任务目标。《共产党宣言》文本最后展示的"全世界无产者，联合起来！"这样气势磅礴、振聋发聩的号召声响，意旨就在于向全球范围内宣告，被剥削阶级的一切革命性力量应该团结起来推翻阶级统治，以此才能获得自身的彻底解放，马克思以巴黎公社失败的教训为据充分说明了团结的至关重要性，团结对于无产阶级政党革命目标的实现是何等的重要，真正实现无产者的大联合和大团结也是何等的雄壮，然而，这一号召落实在实际行动上就必须通过一定的策略手段才能实现。

第二，坚持捍卫原则的斗争策略，就是要积极主动驳斥错误思想并坚定原则。无产阶级政党需要正确科学理论指导自身的实践运动，但在党的不同历史发展阶段会受到来自各种错误思想不同程度的影响，这本身就是事物发展过程中的正常状态，尤其是党在幼年阶段更是如此。但面对如此的情况，党必须做的工作便是进行党内斗争，坚持内部斗争更应该是无产阶级政党发展过程中的常态，而且必须学会以斗争捍卫原则，学会斗争并掌握斗争策略是无产阶级政党走向健康发展道路的必备武器，质言之，要理性清楚地把握错误与正确之间的界限，坚持底线原则的恒定性与策略手段的适变性之间的有机统一。

第三，依据历史条件的适时策略，就是要随时随地根据实际不同制定策略。不可否认的是，策略具有基本原理及基本原则的支撑，但策略毕竟本身并不是原则或原理，它是具有一定灵活性的，但是这种灵活性策略的

---

① 《马克思恩格斯全集》第4卷，人民出版社，1958，第49页。

制定也具有一定的根据即结合宏观性时代特点和微观性具体实际来实现。一方面，精准把握特定的时代背景及基本特征是制定实施正确策略的基本依据，马克思和恩格斯站在澄清的理论基础上总体性地分析世界历史及社会发展的总体规律，进而捕捉到所处历史方位下的时代特征，为无产阶级政党制定正确的策略方针提供了可靠的"导航仪"，能够为革命道路指引精确的方向。另一方面，掌握所处当下的具体实际情况是制定实施正确策略的又一依据，光有规律性的认识或者理论性的认识是不足以在不同区域范围展开具体活动的，必须制定适合本地实际的策略方能有效，策略的制定必须充分综合性考量本国或本地区的经济状况、政治事实、社会力量和阶级关系等多重情况。

第四节　中国共产党是中国式现代化的领导力量

现代化的实现需要政党的引领与组织。近代中国在探索现代化的过程中屡屡受挫，并没有真正开辟出一条中国式现代化道路，这就呼唤着在中国场域中的先进政党出现，中国的无产阶级政党——中国共产党，由此诞生。"中国共产党是探索和开辟中国现代化道路的领导核心，党的领导展示了强大政党驱动国家现代化的中国逻辑"①，但中国共产党的诞生不仅有其自身的历史逻辑，充分反映了近代中国社会历史发展的内在逻辑及必然趋势，更重要的是，它一经成立就自觉地担负起探索和实现现代化的历史使命，持续不断地寻找和开辟一条适合中国基本国情的现代化之路，充分展现出中国共产党之"能"，彰显出中国共产党高度的历史主体性，证明中国共产党是一个先进的始终走在时代前列的无产阶级政党。

一　中国共产党的成立及其历史意义

为摆脱民族被欺辱的命运和改变国家长期落后的面貌，不少有志之士向西方先进国家寻找真理，引介了不少对近代中国社会发展历史进程产生过一定影响的各种思想学说，但始终未能彻底改变民族和国家的根本命运，

① 燕继荣、王江成：《政党驱动的国家现代化——中国共产党领导的现代化道路及经验》，载燕继荣主编《北大政治学评论》第 11 辑，商务印书馆，2021，第 78 页。

"直到第一次世界大战和俄国十月革命之后，才找到马克思列宁主义这个最好的真理"①，"最好的真理"指导与先进政党领导的有机结合开启了开天辟地式的新历史时刻，科学认知和合理解决近代中国社会主要矛盾终于不仅具有了科学理论的指导，而且也具有了解决近代中国社会一切现实问题的真正主体即中国共产党，而中国共产党成立又具有怎样的重大意义？

1. 中国共产党的成立具有深刻的历史必然性

中国共产党在成立 60 年之后的一份极具历史意义的重要决议中指出："中国共产党是马克思列宁主义同中国工人运动相结合的产物，是在俄国十月革命和我国五四运动的影响下，在列宁领导的共产国际帮助下诞生的。"②这一重要政治论断不仅具备实实在在的历史内容，也蕴藏着中国共产党诞生的必然逻辑，主要体现在中国共产党成立的四个关键性条件上。

条件之一是马克思主义进入中国并广泛传播。马克思主义是先进的无产阶级政党的指导思想和实现全世界无产阶级自身解放的理论武器，马克思主义在中国的传播从最开始的译介了解到在诸多思想潮流中选择认同再到坚定不移地用其指导实践，其间历经了一个较长的过程。特别是在 1919 年五四运动时期，诸如李大钊、陈独秀、毛泽东等早期马克思主义者不仅在《新青年》《晨报》等极具影响度的革命报刊上刊发研究马克思主义的文章和刊载马克思的原著或某些观点，还通过建立马克思学说研究团体开展学习宣传活动，在全国范围之内掀起了集中宣讲、系统解说和深入研究马克思主义的浪潮，极大地推动了马克思主义在全中国的广泛传播。

条件之二是中国无产阶级数量规模及本身力量的不断壮大。中国无产阶级的活动范围集中于沿海沿江的大城市，在数量上不断增加并具备一定的规模，无产阶级的主体即产业工人的数量"到 1919 年五四运动前夕，已达 200 万人以上"，还有与产业工人密切相连的如手工业工人、农业雇工、苦力运输工人等总人数约 4000 万的非产业工人③；在性质上具有最为彻底的革命品格和斗争精神，更重要的是，随着自身的不断发展，其革命觉悟不断增强，在五四运动时期第一次登上历史舞台显示出了自身的强大力量，

---

① 《毛泽东选集》第 3 卷，人民出版社，1991，第 796 页。
② 《三中全会以来重要文献选编》（下），人民出版社，1982，第 788 页。
③ 《中国共产党历史（1921—1949）》第 1 卷（上册），中共党史出版社，2011，第 25~26 页。

并深刻认识到无产阶级组织成为政党的必要性。

条件之三是先进的知识分子革命队伍和早期地方活动小组的形成。树立马克思主义信仰和具有共产主义觉悟的中国先进知识分子不仅有如李大钊、陈独秀这样的领袖人物，也有如毛泽东、李达、邓中夏等这样的杰出代表，显示出革命队伍的梯度层次性，他们不仅热情地深入广大工农群众之中传播马克思列宁主义，促成其与中国工人运动的有机结合，开展了创建党组织活动的实践，在这一过程中，还在上海、北京、武汉等大城市中建立起了中国共产党早期组织，由此，领袖人物、建党骨干、早期组织、建党实践等基本的组织要素日益完备，集中统一式的全国性政党的成立也就呼之欲出了。

条件之四是列宁创建的建党模式与共产国际的援助。炮声隆隆的俄国十月革命使得先进的中国知识分子真切地感受到科学社会主义在现实中的落地呈现，认识到这力量背后的关键是列宁的建党模式及逻辑，即无产阶级必须建立起高度集中、组织严密、上下统一的新型政党才能取得革命胜利，正如李大钊于1921年3月所言，"中国现在既无一个真能表现民众势力的团体，C派的朋友若能成立一个强固精密的组织，并注意促进其分子之团体的训练，那么中国彻底的大改革，或者有所附托！"① 此外，列宁领导的共产国际也给予中国革命事业一定程度的外来援助，对中国共产党起到了一定的催生作用，主要体现在为中国共产党的建立做理论和组织准备、指导早期制定理论纲领和行动策略、帮助培养大批骨干力量、提供巨额经费援助四个方面。② 因此，随着内外条件的成熟及共同作用，中国的无产阶级政党——中国共产党——的诞生也就成为历史必然，开始担负救国救民的历史重任。

2. 中国共产党的成立对于中国式现代化的历史意义

中国共产党在中国历史乃至全人类史上皆有巨大影响，其成立是20世纪人类发展史上极具影响广度和深度的历史事件，中国是一个具有特殊历史语境意义的东方古老国度，"特殊的国情，决定中国革命建设改革事业必须有一个'特殊的政党'来领导"。③ 自然，自主探索真正属于自己、符合

① 《李大钊全集》第3卷，人民出版社，2013，第350页。引文中的"C派"是指共产党。
② 参见刘淑春、佟宪国《共产国际与中国共产党关系评析》，《马克思主义研究》2019年第10期。
③ 《中国共产党的九十年：改革开放和社会主义现代化建设新时期》，中共党史出版社、党建读物出版社，2016，第1005~1006页。

自己的现代化道路，融入世界的现代化历史潮流，也就更需要一个先进的政党来领导。自从有了中国共产党这一"特殊的政党"，中国革命实现了旧貌换新颜，"新"就在于有了新的领导力量推动着中国问题的合理解决并不断向前发展。解决中国问题的根本在于掌握真理性武器，然而寻找解决问题的真理性答案何其艰难，原因很简单，"不付出相当的独立的劳动，无论在哪个重大的问题上都是找不到真理的；谁怕付出劳动，谁就没有可能找到真理"。①

一方面，中国共产党成为中国式现代化的主心骨和顶梁柱，使得中国式现代化的面貌焕然一新。中国探索现代化是在国家危难和民族危机中启动的，要从根本上走出社会危机重重的困局就必须坚持不懈地推动革命，但中国共产党成立之前的一系列革命斗争前赴后继式的失败，说明没有先进的政党作为领导核心是不可能取得革命的成功的，国家民族独立这一现代化必备要素就不可能获得。中国共产党的成立，意味着中国的革命事业及现代化事业不仅有了坚强的领导核心，同时也有马克思主义这一先进的科学思想作为理论指导，"中国人在精神上就由被动转入主动"②，以高度的理论自信和实践自觉创造了探索中国式现代化的新局面。

另一方面，中国共产党充分发挥人民在中国式现代化中的主体力量，深刻改变了中国人民的前途命运。以往国人志士的现代化探索之所以成效微乎其微，一个重要的原因就是这些探索既不是为了群众，又忽视和远离了群众，不能够充分发挥人民群众在现代化实践中的历史主体作用，不能够激发人民群众内在的历史创造精神。中国共产党本身的根基和源泉就是人民群众，为人民谋幸福的初心深深地镌刻于中国共产党的基因之中。中国共产党成立之后，所确立的目标就是要实现中国人民翻身解放、当家做主、共同富裕和全面发展，所付诸的实践就是将中国人民的力量逐步组织和集中凝聚起来，"党的一切运动都必须深入到广大的群众里面去"③，充分发挥人民主体力量在探索和开创中国式现代化中的重要作用，同时也开启了追求民族解放和人民富裕的历史征程。

———————————

① 《列宁全集》第 23 卷，人民出版社，2017，第 66 页。
② 《毛泽东选集》第 4 卷，人民出版社，1991，第 1516 页。
③ 《建党以来重要文献选编（1921~1949）》第 1 册，中央文献出版社，2011，第 162 页。

二　中国共产党担负领导中国式现代化的历史重任

中国共产党的成立有其内在的历史必然性，但中国共产党领导中国式现代化是否具有其历史必然性？答案自然是肯定的。政党与现代化的交互逻辑映射于中国这一特定场域之下就是中国共产党与中国式现代化之间的内在关联，即中国共产党是中国式现代化的领导力量，"中国共产党成为中国现代化的领导核心力量与最大的发动因素"。① 但需要追问的是，中国共产党自成立之日起为什么能够担负起这样的历史重任？原因不仅仅在于以往各个阶级、社会团体及政治组织既无力又无法找到中国现代化的真正出路和成功之道，也在于中国共产党自身有担负领导中国式现代化的历史重任的能力。

1. 中国共产党担当领导中国式现代化的资格在于其初心使命的规定

中国共产党成立之前，农民阶级、封建统治阶级、资产阶级的改良派和革命派不能真正改变和扭转近代中国积贫积弱的落后局面和根本命运的共同原因不仅在于它们没有最先进思想和理论的科学指导，也在于它们没有坚强有力的政党组织进行正确领导，更在于它们没有且不能有效地团结和动员最广大劳动群众力量进行最为广泛最为深刻最为彻底的革命运动，因而不能担负解决近代中国探索现代化出路问题和改变近代中国命运前途的历史重任。

从普遍意义的视域来看，任何政党的产生都是历史性地附带一定任务和目的的，换言之，政党出现于历史舞台并历史性地完成相应的历史功能，比如，在现代政治中的效用发挥，在现代经济中的角色定位，在现代文化中的功能施用，等等，这些都集约性地指向政党的使命。所谓政党的使命，就是政党所奉之命或承担的任务，这种任务并不是人为主观加以政党之上，而是历史发展规律所表征的基本内容，使得政党的使命具有历史合理性，更使得政党的使命具有特定意义，正如论者提出的"使命型政党"之"使命"是"特指在某种系统而完备的世界观、价值观、人生观指导下，被共同体成员认为具有某种神圣意味，认为应该为之奋斗、奉献乃至牺牲的那

---

① 胡鞍钢：《中国式现代化道路的特征和意义分析》，《山东大学学报》（哲学社会科学版）2022 年第 1 期，第 27 页。

种高远甚至具有很大超越性的价值使命"。① 而中国共产党一经成立就规定了自身的初心使命，党的一大通过的实质起着党章作用的《中国共产党第一个纲领》就明确了党的名称、性质、任务等基本要素构成，而党的一大通过的《中国共产党第一个决议》则明文指出了党在当下处境中的中心任务。② 这就说明，中国共产党自成立之时起就是一个以消灭社会阶级区分和实现共产主义为最终目标、以马克思主义为行动指南的无产阶级的革命政党，其初心规定就是勇担责任之心、坚定信仰之心、殷切为民之心，其使命担当就是为人民谋幸福、为民族谋复兴、为世界谋大同。这与无产阶级政党为人类求解放的价值取向和实现共产主义的远大理想具有理论原点层面的高度一致性，不仅从一般类型划分上成为证实中国共产党属于无产阶级政党的核心标志，也从特定时空上成为根本区别于其他近代中国社会阶级阶层及政党组织不能担负历史重任的资格象征。自中国共产党担负起领导中国式现代化的历史重任以来，中国式现代化就具有了"政党领导、使命驱动"③ 的明显特征，现代化事业在探索中不断创新，在创新中不断发展。

2. 中国共产党担当领导中国式现代化的资格在于其先进理论的旗帜

作为科学揭示包括现代化发展规律在内的人类社会历史发展一般规律的思想学说，马克思主义在内容上是科学的、在逻辑上是严密的、在结构上是完整的，不仅彰显出强大的真理性力量，也显现出磅礴的道义性力量，因而是一种"'放之四海而皆准'的理论"。④ 坚持和发展马克思主义是无产阶级政党区别于其他类别政党的显著标志，无产阶级政党能够从这一科学思想和先进理论中获得科学的理论思维和无限的理论力量，确立合理可行的现代化战略及方针，进而开展符合实际的现代化实践。

中国共产党自成立之日起就把将马克思主义作为改造中国社会的根本指导思想写在自己的旗帜上，党的一大讨论并通过的《中国共产党第一个纲领》共15条，其内容都是按照马克思主义基本原理拟定的。在马克思主

---

① 李海青等：《砥砺前行：引领民族复兴的马克思主义使命型政党》，中国人民大学出版社，2019，第3页。

② 《建党以来重要文献选编（1921~1949）》第1册，中央文献出版社，2011，第4~6页。

③ 李海青：《使命型政党开启现代化新征程》，《学习时报》2020年12月14日，第2版。

④ 《毛泽东选集》第2卷，人民出版社，1991，第533页。

义的指导之下，中国共产党经过实践探索找到如何革命、怎么开展现代化的科学方法，进而开辟出一条适合中国实际的正确道路。当然中国共产党并不是教条式地坚持马克思主义，而是将马克思主义的基本原理同中国的具体实际、同中国的优秀传统文化相结合，以高度的理论自觉不失时机地推进马克思主义中国化的历史进程，不断展现出马克思主义与时俱进的生命活力。马克思主义不是狭隘地局限于某几个国度或某一区域，也不是短期地局限于某一时间阶段，而是具有超越时空的不断开放发展的理论体系，能够集中体现不同时代特征、历史潮流和创新品质，从横向角度来看，不同区域和国度的社会阶级结构、社会历史条件和现实问题导向不一致，现代化的生成和建设的具体形态也就并非一致，关键在于马克思主义基本原理在本区域或本国度的本土化、民族化、具体化；从纵向角度来看，不同时代的历史主题、历史潮流也各有差异，拓展马克思主义基本原理的发展空间，关键就在于要不断回应和解答时代问题、融入和顺应历史潮流、创新和丰富社会实践，纵横交错的结合实现这一基本原理的与时俱进。更重要的是，中国共产党还重视把中国化马克思主义这一与时俱进的理论成果通过党内教育的方式武装全党，团结和激励全体党员干部朝着共同目标前进。总言之，正是因为中国共产党能够坚持马克思主义为思想旗帜并不断发展马克思主义，所以也就能够确立科学的立场观点方法，用科学理论来分析和认清中国的现代化发展进程中的一系列规律，找到解决中国的现代化问题的答案，进而不断开辟和拓展中国式现代化的新局面新境界。

3. 中国共产党担当领导中国式现代化的资格在于其组织体系的优势

近代以来的中国现代化探索的历史足以说明这样一个问题：在中国这样一个人口巨多和规模超大的后发国家，迫切需要一个组织体系严谨、纪律执行严明的政党来整合社会各个阶级的力量为实现现代化给力助劲，充分调动和发挥人民群众的主动创造性和生产积极性，推动国家和社会快速发展。中国共产党的组织体系是按照无产阶级政党组织原则结合中国社会历史的实际建立起来的，不仅能够在党内形成覆盖全国各层级各领域的组织能力，还能够有效动员和组织党外的其他社会力量，最大限度地联合一切可以联合的力量投身于现代化实践之中。

中国共产党能够领导中国式现代化，还在于其为中国式现代化提供了必不可少的组织资源。特别是对于中国来说，起步较晚、资源相对匮乏是实现现代化的重要难题，而以政党为主的组织资源则能够很好地回应和解决这一难题，由此开启了政党的"组织化驱动模式"。① 组织化驱动的意义不仅在于必然的国家建设上，更在于在近代中国其他社会资源不完备不充足的情况下，通过发挥和扩散政党的组织化力量来促使现代化的顺利展开。中国共产党之所以具备高度组织化和大规模组织动员的能力，是与党的自身严密的制度体系和组织纪律分不开的。一方面，中国共产党不断完善党的全面领导制度和民主集中制的根本组织制度，中国共产党自成立之日起就依托于各级党组织，逐步建立个人服从组织、少数服从多数、下级服从上级、全党服从中央的维护党中央权威和集中统一的领导制度，遵循民主集中制的基本原则将全党组织成一个统一的整体，能够最广泛最有效地激发党的创造能力。另一方面，中国共产党以严密的组织纪律来确保组织执行力和组织效能。中国共产党自成立之日起就注重党的组织纪律，针对要加入中国共产党的成员明确提出，"在加入我们队伍之前，必须与企图反对本党纲领的党派和集团断绝一切联系"。② 这其实就是以铁的纪律来维护党的纲领路线，能够确保全党奋斗目标的一致性和奋斗步伐的统一性。

4. 中国共产党担当领导中国式现代化的资格在于其自我革命的特质

政党能够引领现代化的历史进程，并不等于政党引领现代化的过程始终是一路平坦的，关键在于这一政党是否能够在复杂的局势中保持自身的定力和韧性。无产阶级政党领导和开展的事业也不是一帆风顺的，时常会遇到难以预料和错综复杂的难题，这就需要无产阶级"经常自我批判，往往在前进中停下脚步"③，勇于发现、承认并及时解决难题，彰显出无产阶级政党的自我纠错、自我修复和自我更新的能力。

中国共产党自创建起就具备自我革命的内在特质，在实践中表征为一种自我纠错、自我修复和自我更新的能力。中国共产党与中国式现代化是有机统一的整体，中国式现代化需要中国共产党的领导才能不断推进和发展，中国共产党也需要在中国式现代化的发展进程中自我审视以更好地领导中国式现代化。在中国式现代化的进程中，中国共产党的自我革命不仅

---

① 参见陈周旺《政党"组织化驱动"与国家建设》，《南京大学学报》（哲学·人文科学·社会科学）2019 年第 5 期。
② 《建党以来重要文献选编（1921~1949）》第 1 册，中央文献出版社，2011，第 1~2 页。
③ 《马克思恩格斯选集》第 1 卷，人民出版社，2012，第 672 页。

仅体现为对自我的辩证否定，更在于通过自我否定来实现自我超越，其实，中国式现代化的发展本身就是一种革命性的自我扬弃，传统与现代的矛盾、旧事物与新事物的矛盾在现代化进程中无不彰显。因此这也要求中国共产党具备自我革命的能力才能领导中国式现代化，通过党的自我革命来清除中国式现代化进程中的诸种障碍，使得符合事物发展方向的新事物不断壮大，同时通过现代化进程中新事物的成长壮大来进一步反推党的自我革命以增强其主动性自觉性，进而永葆中国共产党的先进性和纯洁性，不断开辟中国式现代化的新局面，为中华民族和中国人民创造幸福生活。

第七章　中国特色社会主义道路与中国式现代化的拓新

　　近代中国探索现代化历经艰难曲折终于找到马克思主义这一科学思想和中国共产党这一先进组织，但科学思想需要在现代化实践中落地生根，先进组织需要在现代化实践中持久发力，质言之，只有在实践中实现科学思想与先进组织的有机融合才能真正开辟出中国式现代化新道路。从人类社会现代化的一般规律和中国历史场域的特殊境遇综合分析可以把握中国式现代化问题其实是道路问题，但问题在于中国式现代化究竟是一条什么样的道路，即这条道路包括哪些基本要素构成。具体而言，一条道路走向何方，这涉及确证目标导向的问题；这条道路由谁来引领组织开辟和推进，这涉及明确领导力量的问题；这条道路具有什么样的现代化内容发展，这涉及明晰内涵演进的问题；这条道路的行进究竟为了什么，这涉及选择价值取向的问题；这条道路所彰显出什么样的状态和风貌，这涉及指明精神品格的问题。也正是这些基本要素的确立和构成，中国式现代化才能够在历史、现实与未来的有序衔接中呈现出集成性立体式图景并走上一条具有丰富内涵、独特样式的新道路。这条新道路贯穿于中国共产党领导中国人民百年奋斗实践的历史全过程，是一条实现社会主义现代化、创造人民美好生活的光明之道，是一条实现中华民族伟大复兴的梦想之道，是一条为人类社会发展进步做贡献的文明之道，既体现了人类社会现代化道路的一般规定性，又凸显了中国特色、中国风格、中国气派的鲜明独特性。然而这条道路并不是主观预设与封闭固化的结果，而是要随着现代化实践活动的深入不断拓宽和延展新视域新内容新图景。

第一节　任何类型的现代化在本质上都是道路问题

　　"中国式现代化"命题的提出，是与中共百年伟大成就和宝贵经验紧密相连的。《中共中央关于党的百年奋斗重大成就和历史经验的决议》明确指出，中国共产党"领导人民成功走出中国式现代化道路"，在未来的赶考之路上要"以中国式现代化推进中华民族伟大复兴"。① 中国共产党在历史、现实和未来之中都是与"中国式现代化"分不开的，这给出了中国式现代化是一条道路的性质定位，换句话说，中国共产党就是要通过创造和走出中国式现代化这条新道路来实现自身为人民谋幸福、为民族谋复兴的初心使命。问题在于，中国式现代化究竟是一个什么道路？对于这一问题的解答首先需要从一般意义的"现代化"这一角度加以分析，在这里尝试从现代化纵向发展的理论维度和现代化横向比较的历史维度探讨回答现代化为什么在本质上都是道路问题。

一　从现代化纵向发展的理论维度来看，现代化演进规律运行与特定历史主体抉择的综合结果就是道路的确定

解析一般意义上的"现代化"，就是要洞察和抓住"现代化"的本质所在，即是说，现代化问题在本质上究竟是一个什么样的问题。学界对现代化的定义层出不穷、观点多样，但最终的落脚点都不谋而合地指向为进程或过程，即使有"社会变革"②之说，但其也体现为一种过程，这在本质上其实就是一种道路，即是说，任何现代化的源起、兴起和发展都是一种道路的展开。但问题在于，究竟什么是道路？

1. 道路的内涵与确定道路的意义

从词义解析的角度来看，"道路"就是"地面上供人或车马通行的部分"③，但"道路"更具有深层次的哲学意涵。具体而言，"道路"就是一种能够"供人或车马通行"的途径，作为特定的主体完成通行过程始终是一个闭合性流程但并不等同于"通行"就此完全终结，这就意味着"道路"具有历史暂时性和现实直观性特征，其中也暗隐着"通行"的方向或目标，即使是目标也有阶段性目标和根本性目标之分，通过一定的途径完成阶段性目标最终也是要不断朝着根本性目标进发，这就意味着"道路"具有历

---

① 《中共中央关于党的百年奋斗重大成就和历史经验的决议》，人民出版社，2021，第64、24页。
② 〔美〕吉尔伯特·罗兹曼主编《中国的现代化》，陶骅等译，上海人民出版社，1989，第4页。
③ 《现代汉语词典》第7版，商务印书馆，2016，第270页。

史永恒性和现实必然性特征，这就说明"道路"既是一种途径，也是一种方向，前者具有功能意义和现实意义，后者具有引领意义和理想意义，道路的暂时性中包含着永恒性，道路的现实性中蕴藏着理想性，不论是途径还是方向，道路的确定都是历史规律性与主体抉择性统一的结果。"道路关乎党的命脉，关乎国家前途、民族命运、人民幸福。"① 由此可见，确定一条什么样的道路，不仅仅是现代化成功与失败的问题，更是一个政党、一个国家、一个民族的兴衰问题。

2. 现代化演进规律与特定历史主体是确定道路的两个必不可少因素

道路的确定是两个必不可少因素的综合结果：一是现代化演进规律；二是特定历史主体，前者的展开运行与后者的价值选择决定着现代化呈现出一条什么样的道路。具体来说，所谓现代化演进规律就是指现代化的必然展开逻辑指向，侧重历史发展的客观性，这是与工业化、市场化分不开的，工业化既是经济现代化的关键环节，更是整个现代化的核心构成，是推动现代化不断演进的基本力量。何以如此？马克思和恩格斯基于唯物史观科学分析了工业化在世界历史生成与演进中的重要意义，这一成果的诞生和确立，是以《德意志意识形态》为文本标志，以正式诞生的唯物史观为理论地基的，其重大的历史功绩就在于，既找到了世界历史实证性的物质根源，同时还把现代化同世界历史的内在关联打通。特别是大工业，"它首次开创了世界历史"②，其积极意义就在于全世界范围内的国家、民族与个人能够相互联系和相互交往，使闭关自守和片面局限不再成为可能。这对于现代化的走向具有理论旨归与实践旨趣的双重指向：在理论旨归层面提出了转向世界历史天地的方法遵循，在生产力全面发展的基础上形成的普遍性社会交往的唯物史观大逻辑，为人类的"历史"向"世界历史"转变提供了科学论证，既拒斥一切主观臆想的想象图式又证伪诉诸人的本性的神秘天意的可能性；在实践旨趣层面提出了如何深入推进世界历史的现实课题，改变世界是一个需要摄入现实力量的实践课题，如何使各民族各区域走向世界历史，这便是一个方法问题。此外，市场化也是推动现代化

---

① 胡锦涛：《坚定不移沿着中国特色社会主义道路前进 为全面建成小康社会而奋斗——在中国共产党第十八次全国代表大会上的报告》，人民出版社，2012，第10页。
② 《马克思恩格斯选集》第1卷，人民出版社，2012，第194页。

不可或缺的重要力量，它其实是工业化展开及社会化大生产兴起的逻辑延伸，因为随着工业化的不断扩展，传统的自然经济运行必然要被现代的市场经济机制所取代，原子式、单个人、利益关联性不强的社会必然要被你中有我、我中有你的利益共同体社会所代替，在现代化的社会结构中，每一个经济活动单元在向其他经济单元获取所需的同时也要向另外的经济单元提供他者所需的产品，双方相互依存、相互依赖、彼此相连而成为一个社会经济有机整体。总言之，现代化演进规律既是人类历史发展长河中存在的一种特殊规律，也是人类社会进入资本主义时代以来社会发展进程中的一种普遍规律，是人类由传统社会向现代社会演进、变迁和发展进程中所形成的不以人的意志为转移的铁的必然性。

所谓特定历史主体就是指同现代化历史规律决定作用相对应的能动主体，侧重历史主体的选择性。人类历史的现代化有其内在的客观发展规律和铁的必然性逻辑，但这并不意味着现代化的历史进程就是一个由规律机械决定的死板过程，更重要的是，这一过程的另一面还处处体现了历史主体的主观意志及其能动作用，特别是历史主体的自觉选择。尽管这并不是人类社会现代化历史进程的决定性因素，但至少会对现代化的历史进程起着加快或延缓的历史作用，这是与现代化所处的具体社会历史状况和特定历史主体的差异相关的。这就说明现代化道路的选择和确立与历史主体分不开，这关涉两个问题：一是历史主体为什么在现代化道路的创造中起到这样一种能动性的选择作用；二是历史主体的选择作用在创造现代化道路中的限度范围在哪里。就前一问题来看，作为历史主体，社会化的人是整个社会体系变化和运作的承担者，人的实践活动则是现代化历史规律的体现者，当人的能动特性发挥出来的时候，现代化运动就明显带有主体选择的印迹，现代化发展的客观规律基于人们的根本利益反映在人们的意识之中而形成特定的思想主张和观念意向，并能对现代化的实践活动起着重要的引导作用。但是在现实的具体环境中，不同主体的具体状况不尽相同，诸如理论知识水平和实践活动能力的不同，生理基础和心理素质的不同，社会经验和文化素养的不同，分析问题角度和解决问题方法的不同，等等，其对现代化历史规律的反映程度和思维把握也就不同，因而其所制定的具体行动方案和实现手段也就不同，导致的结果就是走上现代化道路和现代化的实现程度也不同。而恰恰是这种历史主体选择作用，使得现代化发展的客观规律表现出现代化图景的多样性和丰富性，这也说明现代化道路的选择不是唯一的，而是多元的。列宁曾言，"一切民族都将走向社会主义，这是不可避免的，但是一切民族的走法却不会完全一样"①，这里的"走法"就说明作为历史主体的不同民族对于现代化道路的选择和创造方式有自主性的选择权。从后一问题来说，历史主体选择的自主性和多元性并不意味着历史主体在创造现代化道路的历史活动中是万能的甚至能够忽视和脱离现代化发展的客观规律。因此，对历史主体的选择作用还应该注重客观评估和限制明确，既不能忽略和低估这种作用，也不能无限夸大和过于抬高这种作用。从根本上来说，历史主体对于现代化道路的选择意向最终还是由隐藏于背后的现代化规律所决定。尽管人们在现代化的具体实践活动中能够作出千差万别的具体选择，但不管哪一种选择，都是对现代化规律不同程度、不同方面、不同层次的反映，不同的选择形式反映的现代化历史内容是统一的，并表征出现代化发展的客观规律。更重要的是，虽然历史主体貌似具有选择的随意性与自主性，但只有符合规律的选择才能够达到现代化历史活动的目标，才能真正选择和创造出一条符合自身实际的现代化道路，偏离规律的选择则是要走弯路甚至遭遇失败，故此，无论哪一种选择都必须符合现代化规律才可能达到期望目标，现代化的历史趋势正是通过现代化规律的历史必然性作用而呈现出来。

二　从现代化横向比较的历史维度来看，现代化历史内容的丰富性与特定历史主体现实条件的复杂性的结合造就了现代化道路选择的多样性

人类社会发展由传统向现代转变、由国别历史向世界历史演进，这一历史图景由西方国家率先拉开序幕，这是不争的历史事实。西方国家抓住历史机遇首先开启了工业革命的发动机，创造了先进的工业文明，在这种文明的供给滋养下向全面性的现代社会挺进，促进了人类现代化历史进程滚滚向前，与此同时也逐渐拉开了与非西方国家的差距，一时之间成为世界的政治、经济和文化中心，西方国家由此产生了居高临下的莫名优越感，似乎人类现代化的历史应该由西方国家来独立执笔书写，但历史发展的事

---

① 《列宁选集》第 2 卷，人民出版社，2012，第 777 页。

实又并非西方所愿，现代化内容本身就在历史发展过程中不断生成和丰富，各个民族各个国家特定的历史主体根据自身的现实条件选择了不同的现代化道路，充分证明和而不同、多元共生才是世界现代化发展演进的规则秩序和必然趋势。

1. 现代化发展"一元"与"多元"之争的实质也是道路问题之争

现代化首先在西方土地上生根发芽和蓬勃生长，工业的繁荣和现代文明的新生激发了西方人创造社会财富和向往幸福生活的强烈热情与创新动力，但也让西方人产生了一种"西方中心主义"的论调，西方社会科学流行的是一种"一元"的现代化发展观点，西方诸多思想大家和哲学大师都秉持和认同这样的论调，如在黑格尔看来，世界历史的发展就好比天上太阳的升落，"欧洲绝对地是历史的终点"。① 这种"历史终结论"其实就是"西方中心主义"，一方面，现代文明在西方社会的降临和衍生，使得西方人产生了在物质层面的强势性和道德层面的优越感，这种局部的、暂时的、单一的现代化被西方人塑造成为一种"西方优越"的神话，在他们看来，拥有先进工业文明的欧洲处于并将永远处于全世界的中心位置。另一方面，首先迈进现代社会门槛的西方人又认为，他们走上现代化的道路必然要成为全世界所有地区通往现代化的唯一之路，西方社会的现代化历史为全世界的现代化发展铸就了一块永不过时的模板，所谓"西方化＝现代化"的论调也就被烘托而出，"普世价值"的话语也就四处流散。然而现代化在资本逻辑的驱动下脱离了西方场域向全世界其他区域延展与生长，伴随世界历史内容的不断拓展，演绎着多元现代化文明的图景，自然产生现代化发展"多元"的呼声，挑战了"一元"现代化发展观点，"一元"与"多元"之争在现代化的历史舞台上徐徐拉开，由此产生一个问题：现代化的发展到底是"一元"还是"多元"？

"一元"现代化发展的观点主张，西方现代化具有不分时空的普遍性，在全世界范围都具有输出运用的价值，其他国家或地区或早或晚必然要走上西方现代化道路，质言之，世界现代化体系的内核就是西方现代化，其他国家走上现代化只能模仿和复制西方现代化。这样的主张在人们的思想世界长时间成为主流，除了德国古典哲学集大成者黑格尔从哲学层面提供

①　〔德〕黑格尔：《历史哲学》，王造时译，上海书店出版社，2001，第 106 页。

理论根据，还有社会学家帕森斯也认同这样的观点。帕森斯以结构功能理论和社会系统理论为其现代化理论提供基本框架①，这样的理论曾在西方社会学界独占鳌头、风靡一时，产生了重大影响，但它以历史进步主义为理论依据，把西方的现代化作为衡量全世界所有国家现代化发展的尺度，主张非西方的国家应该抛弃自身的历史文化传统，全盘接受西方现代化，认为世界现代化图景在发展模式、制度架构和道路选择方面具有明显的同质性特征，这其实完全忽视了不同国家各自不同的自然环境、历史遗产和社会境况，否定了现代化发展道路的多样性与异质性。与"一元"现代化发展的观点相对应的则主张，现代化的发展是多元的而非一元的、是丰富的而非单一的、是整体的而非局部的。这种主张承认现代化发展的一般规律和进步特质，但否定西方现代化的一元性和普世性，认为现代化存在于不同时空、不同文化传统的国家，由此各个国家现代化道路及样态也就各有差异、不尽相同，国内外现代化研究的诸多学者从不同角度都秉持和论证这样的观点。以色列著名的现代化理论学者艾森斯塔特从研究"现代性"的角度证伪了西方现代化的"一元"论，他明确指出，多元现代性最重要的内涵指向就是现代性不等同于西方化，"现代性的西方模式不是唯一'真正的'现代性"②，多元现代性的展开结果就是现代化的多元样貌及形态。中国学者罗荣渠以马克思多线式的历史发展观为理论地基，以全球现代化的大变迁为总体性视角，以世界现代化总趋势和中国现代化道路为研究对象，提出了以生产力为现代化中轴的"一元多线历史发展观"。③ 这种观点是从生产力的维度观察分析社会历史发展，突出强调了大工业生产在人类现代社会的革命性变化，叙述了世界现代化历史进程的多线性、多路径及其相互之间的互动作用，这既坚持了唯物史观的基本原则，又发展和丰富了现代化研究的基本理论。

因此，现代化的发展应该是多元的，不同国家应该在坚持自身独特的历史文化传统这一根本前提下不断吸收多元现代化的有益成果，也正是现

---

① 参见〔美〕塔尔科特·帕森斯《社会行动的结构》，张明德、夏遇南、彭刚译，译林出版社，2012。
② 〔以〕S. N. 艾森斯塔特：《反思现代性》，旷新年、王爱松译，生活·读书·新知三联书店，2006，第38页。
③ 罗荣渠：《现代化新论——世界与中国的现代化进程》，北京大学出版社，1993，第52页。

代化道路选择存在多样性，人类现代化发展才呈现出鲜明的不平衡性和差异性。其实，立足于不同现代化实践的现代化研究，特别是"中国人的现代化研究既需要说明世界现代化的共同趋势，也需要明察这些多样性、差异性。两者结合，才能总结出具有解释功能的、符合历史真实的现代化理论"。① 更重要的是，从现代化实践产生出来的现代化理论要不断回应和解释各类层次的现代化问题，最终为自身的现代化道路演进和发展起到理论指引的作用，为探索人类现代化发展的一般规律作出应有的理论贡献，而不是抢占解释现代化的制高点去误导别国的现代化发展道路。

2. 多元共生的现代化历史格局体现了现代化道路选择的多样性

历史地看，不同国家、不同地区的现代化进程各有特色，因为不同地方的内外条件势必造成现代化的启动时间有先有后、变革动力有强有弱，促成现代化发展的有利因素相互之间的搭配效应与交互作用也会不一样，世界现代化发展的道路选择、制度结构和阶段性目标各有差异。例如，尽管英国、法国、美国等国在现代化道路选择和发展模式方面有着鲜明的同质性，但由于其在传统农业转型、经济增长、工业化程度等方面也存在明显的差异性，这些国家自然在现代经济制度和政治制度方面也表现出明显的不同。② 西方现代化尚且如此，遑论世界现代化的历史格局。

其实，现代化的内涵是丰富而非单一的，是持续的而非间断的，正如论者所言，"现代化是一个包罗宏富、多层次、多阶段的历史过程"。③ 因此，现代化是一个集经济现代化、制度现代化、思想现代化、治理体系和治理能力现代化等多维内容于一体的历史过程。人们对现代化的认识首先兴起于以机器大工业为重要标志的经济现代化，现代化促使人类社会由传统向现代转变的重要标志就是机器的全面推广使用，主要的历史事件就是英国 18 世纪工业革命的爆发。一时之间，机器大工业的浪潮席卷了西方，世界不少国家趁此东风走上了资产阶级主导的现代化道路，造就了人类历史上前所未有的创造社会财富的宏伟之力，正如马克思和恩格斯对资产阶级历史功绩充分肯定的那样："资产阶级在它的不到一百年的阶级统治中所

---

① 董正华：《现代化研究的反思》，《史学理论研究》2021 年第 5 期，第 136 页。
② 参见罗荣渠主编《各国现代化比较研究》，陕西人民出版社，1993，第 167~240 页。
③ 罗荣渠：《现代化新论——世界与中国的现代化进程》，北京大学出版社，1993，第 16 页。

创造的生产力，比过去一切世代创造的全部生产力还要多，还要大。"① 然而此时世界各个地区的现代化道路在时间起点上并非同步进行，在发展过程中也并非节奏一致，特别是东方与西方的发展差距越来越大，以至于当代的西方学者用"大分流"的术语来概括和描述 1800 年以来中国与欧洲之间的现代经济发展差异②，这就说明，在工业革命之后中国和欧洲在走上现代化道路上出现了巨大的差别。其实自 19 世纪中叶起，随着各国历史发展阶段的不同和世界政治经济秩序的变动，亚洲内部也发生了现代化起步时间大体相同而发展道路及最终结果却大相径庭的历史现象，典型的例证就是人们熟知的中国和日本，前者试图通过向西方学习技术的洋务运动走上富强道路却最终破产失败，后者开展了向西方全面学习的明治维新运动，较为成功地走上了资本主义发展道路，经过 30 多年的发展取得了富国强兵的成效。

总之，无论是发达国家还是不发达国家，对于现代化道路的选择方式都是多元的，这一方面要随着现代化历史内容的不断发展和丰富而延展现代化图景的意涵，随着现代化在世界历史的展开过程中不断显现出丰富内容，各个国家只有以开放包容的态度充分汲取现代化的多元文明才能够抓住推动自身现代化的历史机遇并融合于现代化的历史潮流之中，而不至于落伍掉队。另一方面也要根据复杂的特定历史主体现实条件来构想和实施现代化道路的具体方案，抓住现代化的历史机遇和顺应现代化发展的历史潮流，并不等于盲目跟风和复制照抄，而是要立足于本国的具体社会环境和历史文化传统，将其与多元现代化的成果紧密结合起来，制定和实施符合本国实际的现代化方案，走出一条彰显本国特色的现代化道路。但不管这两方面的条件发生怎样的变化，"世界上没有放之四海而皆准的具体发展模式，也没有一成不变的发展道路。历史条件的多样性，决定了各国选择发展道路的多样性"。③ 现代化是一项整体性、复合性、系统性的宏大工程，现代化道路的选择既要坚持现代化发展的规律性和普遍性，又要坚持各国发展的多样性和特殊性，必须从本国的历史底蕴、文化传统和经济发展的

---

① 《马克思恩格斯选集》第 1 卷，人民出版社，2012，第 405 页。

② 参见〔美〕彭慕兰《大分流：欧洲、中国及现代世界经济的发展》，史建云译，江苏人民出版社，2003。

③ 《习近平谈治国理政》第 1 卷，外文出版社，2018，第 29 页。

基本实际出发，走出真正属于自己的道路，才能繁荣世界现代化发展的实践图景，进一步巩固和发展现代化多元共生、和谐相处的格局。

第二节　中国式现代化是在特定时空场域中选择道路

对于中国式现代化究竟是一个什么问题的解答还需要从"中国式"的特殊语境中进行解析。尽管现代化问题从一般意义上来讲是道路选择的问题，但不同的国家或民族选择现代化道路的方式却不尽相同。原因很简单，影响现代化道路选择的因素有很多，如历史文化、自然禀赋、国际条件、国内结构、制度机制、组织个人等，不同时空场域因素交互措置下的现代化道路选择方式也就自然不同，中国自然也不例外。"要适合中国情况，走出一条中国式的现代化道路。"① 中国的现代化道路探寻和选择就是以近代中国的独特历史背景为起点、以中国共产党发展历史为过程、以中国式现代化新道路创造为结果而呈现出独特性，进而不断生成和演绎出具有鲜明中国特色的现代化图景。

一　从道路选择的起点看，近代中国独特历史背景是中国式现代化道路选择的现实境遇②

中国的走向问题其实就是选择正确道路的问题，特别是"近代以降，中国的根本问题是针对'中国向何处去'而选择一条正确的道路问题"。③但起点不同，道路的选择方式也就不同。中国式现代化的运作和发展是具有特殊的历史背景的，特别是近代中国，既遭遇了后发国家的普遍困境，又存在中国文明独特的剪不断理还乱的繁重包袱，这些具有独特性的现实

---

① 《邓小平文选》第 2 卷，人民出版社，1994，第 163 页。
② 正是由于近代中国独特历史背景的生成，中国现代化进程才逐渐展开，并引入"近代化"这一重要概念进入解释中国整体的现代化进程中，恰如论者指出，"'近代化'一词在研究现代化史时是一个颇具张力的重要概念，并不是可有可无的。尤其在研究中国现代化的完整进程中，引入'近代化'概念显得十分必要，它恰好能表达出中国现代化进程的独特性。所谓'中国近代化'，即中国近代历史上的现代化过程，也可以说是中国早期的现代化"。马敏：《现代化的"中国道路"——中国现代化历史进程的若干思考》，《中国社会科学》2016 年第 9 期，第 30~31 页。
③ 韩庆祥：《论中国道路及其本源意义》，《中国特色社会主义研究》2020 年第 2 期，第 5 页。

境遇对道路的选择具有显著的影响，而近代中国的基本历史背景主要体现在自然历史环境、政治体制结构和外部国际环境三个方面。

具体来说，第一，从自然历史环境上看，近代中国始终存在庞大人口过剩压力和人均自然资源占有相对短缺的困境。在 1840 年鸦片战争发生之时，中国的人口总数就已然超过 4 亿，年平均增长率在 4‰左右，即使后来相继发生太平天国战争、西部的战乱、光绪大灾等一系列事件，1880~1909 年人口的年平均增长率还是能够达到 6‰；1910~1953 年这段时间，虽然受到各种战乱和各类自然灾害的影响，但是人口的年平均增长率仍有 7‰，以至于新中国成立之时人口数量已高达 5.4 亿。[①] 庞大的人口数量导致的直接影响就是自然资源人均占有长期处于相对贫乏短缺的状态。以关乎国计民生的人均粮食产量为例，根据学者对中国 1400~1957 年近 6 个世纪的粮食单产量的统计，"中国按人计算的原粮的平均产量，很少低于四百斤（两百公斤）或高于七百斤（三百五十公斤）"，而在这 6 个世纪之中，"中国的消费水平曾经缓慢而参差不齐地上升过百分之二十到三十。也许是上升过一个时期，然后又下落"。[②] 这就说明中国在这段时间的人均粮食产量长期处于维持不变或增长幅度微乎其微的状态。再看近代中国经济产业结构的变化，虽然在向西方学习的过程中实现了一定程度的工业化，促进了经济结构变迁，特别是进入 20 世纪之后，中国的工业经济有所增长，但这种增长是有限的，到了 30 年代中期工业产值仅占全国总产值的 18.9%，加上第三产业也只有 37.1%。[③] 从以上案例中我们可以得出以下结论：其一，中国的人口快速增长与经济快速发展是非同步性的，导致自然资源的使用处于超负荷承载状态，对现代化的起步和推进是一种明显的劣势；其二，近代中国经济结构长时间段内难以得到优化与调整，农业仍然是国民经济的大头部门，说明国计民生的重心还是偏向于彻底解决老百姓的温饱问题，遑论腾出空闲资金为工业革命和科学创新增添动力。因此，中国式现代化在这样的自然历史背景中起步的特殊性、发展的艰难性可见一斑。

---

① 参见葛剑雄《中国人口史》第 1 卷，复旦大学出版社，2002，第 154~156 页。
② 参见〔美〕德·希·珀金斯《中国农业的发展（1368—1968 年）》，宋海文等译，上海译文出版社，1984，第 12~13、14 页。
③ 参见〔美〕吉尔伯特·罗兹曼主编《中国的现代化》，陶骅等译，上海人民出版社，1989，第 415 页。

第二，从政治体制结构上来看，近代中国长期处于政治衰败和四分五裂的局面。拥有中央集权和统一国家是现代化启动和运作的必需条件，无论是西欧的德、法还是亚洲的日本，它们开动现代化运作的机器都是有一个强有力的王权或中央政府在支撑和运作。本来近代之前的中国处于中央集权的有效控制下曾经出现过繁荣盛世，社会秩序稳定，经济财富倍增，国家统一巩固，这应该是中国启动现代化的绝好机遇，然此时的中国深受"天朝上国"文化中心主义的影响而与现代化的历史潮流失之交臂。鸦片战争之后，中国政治局面出现了严重的衰败迹象，一场场民主革命运动的兴起促使清政府的政治绩效几乎趋近于零，造成的结果就是"政治的权威与权力危机，社会的认同与整合危机，文化道德的失范与脱序危机数症并发，使中国处于前所未有的乱局之中"。① 清政府在试图以"新政"的方式启动现代化之时，已是自身政治能力完全不能驾驭之时了，最终走向灭亡。辛亥革命推翻皇权之后，中国依旧处于军阀割据的内乱局面之中，中国的现代化步履蹒跚、进展极为迟缓。因此，中国式现代化的起步面临着与他国现代化不一样的特殊局势就是，由于缺乏行之有效的中央集权，中央与地方长期处于对峙状态，地方割据势力各划地盘，社会秩序极不稳定，内乱丛生。也就是说，要真正发展和推进中国式现代化，非得改变近代中国政治衰败和四分五裂的局面不可，要为其塑造一种安定团结、理性主导和秩序规范的内部环境。

第三，从外部国际环境来看，近代中国长期受西方列强的侵略和掠夺陷入民族危机困局。近代以来，中国就被贴上了"被动挨打"的标签，资本主义列强对华的五次大规模战争给中国带来了深重灾难，军事侵略的背后始终夹杂着经济掠夺、政治欺辱、外交欺凌和文化渗透等多重侵略方式，使得近代中国始终处于一种民族受到殖民、主权受到破坏的亡国灭种困境之中。如何摆脱这样的危机？洋务运动、戊戌变法、义和团运动、辛亥革命等一系列运动都试图找到正解却总是力不从心，只不过国人们在尝试拯救民族和融入多元世界的过程中渐渐地认识到中国在世界中的位置，萌生了现代政治意义上的民族主义，但民族主义的把握是有一定尺度界限的，把握得准，能够为推动现代化起到凝聚人心和整合社会意识形态的重要作

---

① 许纪霖、陈达凯主编《中国现代化史（1800—1949）》第 1 卷，学林出版社，2006，第 7 页。

用；把握不准，极易产生极端化的民族主义，滋生出盲目排外仇外的情绪，自然会产生一些非理性行为，对推进现代化进程极为不利。民族主义在近代中国追求现代化的历程中演绎着一把"双刃剑"的角色，"民族主义往往竟然淹没了现代化并使其转移了主要进程"。① 总之，要推进和发展中国式现代化，让近代中国彻底地走出民族危亡的困局是必要前提，问题是谁能让以及通过什么样的方式实现民族的完全独立解放和国家主权的统一完整。

二　从道路选择的过程看，中共党史发展的逻辑主线就是探寻中国式现代化的正确道路

合理解决"近代中国向何处去"的问题，关键在于找寻一条正确的现代化道路，这一重任以历史性选择的方式落在了中国共产党这一先进组织上。中国共产党一经成立，就在自身建设发展的过程中不断探索正确的道路，同时在创造新的正确道路的过程中不断完善自身建设，始终把道路问题与党自身发展问题逻辑性融为一体。"道路问题是关系党的事业兴衰成败第一位的问题，道路就是党的生命，道路就是党的事业的命脉。我们党领导的革命、建设、改革事业都经历了寻找正确道路的艰难过程。"② 中国共产党的事业就是以人民至上为根本立场、以共产主义为最高理想、以推进现代化为实现路径的事业，通过完成这项事业来践行自己的初心使命，但完成这项宏伟事业的关键在于能够找到一条正确的现代化道路，而中共党史发展的逻辑主线就是探索一条符合中国国情的现代化道路。从中共党史发展的历史脉络来看，"中国式现代化新道路即中国新现代性道路，包括革命道路和发展道路"③，在不同的历史时期有不同的主题及任务。大体来说，中国现代化的阶段可分为现代化起步（1840~1911年）、局部现代化（1912~1949年）、全面现代化（1949年至今）三个阶段。④ 正如前述，鸦片战争之后的近代中国长时间处于四分五裂、政治衰败、民族危机之中，要实现现代化就必须通过革命的手段来实现国家独立和民族解放，从这个意义上来

---

① 〔美〕C. E. 布莱克：《现代化的动力》，段小光译，四川人民出版社，1988，第104页。
② 《十七大以来重要文献选编》（上），中央文献出版社，2009，第93页。
③ 任平：《论全面认识"中国式现代化新道路"的出场逻辑》，《阅江学刊》2022年第1期，第6页。
④ 参见何传启《中国现代化进程的阶段划分与模式演进》，《人民论坛》2021年第24期。

说，"革命是现代化的一个方面"①，革命的出场也就具有历史进步性和道德正义性，革命是实现现代化的重要手段和必要方式，实现现代化是革命的根本旨趣和归宿。

具体来看，中国共产党在新民主主义革命时期完成的是以"革命"为主题的救国大业，为走上独立完整的现代化道路提供了必要的根本的社会历史条件；在社会主义革命和建设时期完成的是以"建设"为主题的兴国大业，开启了社会主义现代化道路的历史起点；在改革开放和社会主义现代化建设新时期完成的是以"改革"为主题的富国大业，开创了社会主义现代化建设的新局面；在中国特色社会主义新时代进行的是以"复兴"为主题的强国大业，取得了全面建成小康社会的历史性成就，开启了全面建设社会主义现代化国家新征程。但值得注意的是，中国共产党探索现代化道路的历史进程并非坦途无阻、一帆风顺，也历经过不少曲折弯路，但建设社会主义现代化的信念和决心却从未动摇过。比如，在察觉和认清苏联社会主义建设模式的弊端之后及时"以苏为鉴"并独立自主地探索自己的社会主义现代化建设道路；"文化大革命"结束后以实行改革开放战略决策为历史起点，开辟了具有中国特色的社会主义现代化建设新道路；在东欧剧变、苏联解体和国际共产主义运动陷入低潮之时仍然坚定不移地走社会主义现代化建设道路，扩大对外开放充分汲取人类现代化文明成果。

由此可见，党自身的命运与中国的现代化道路命运是紧密联结在一起的，中国共产党100多年来的奋斗历程就是中国共产党领导人民艰辛探索正确的现代化道路，最终"成功走出中国式现代化道路，创造了人类文明新形态"。② 也正是在中国共产党领导下，中华民族最终探寻到了实现从站起来、富起来到强起来的正确现代化道路，并促使国家由积贫积弱走向繁荣富强，宏伟历史成就的取得也为回答"中国共产党为什么能"之问提供了最为真实、最为可靠、最为准确的答案。

---

① 〔美〕塞缪尔·P.亨廷顿：《变化社会中的政治秩序》，王冠华、刘为等译，上海人民出版社，2015，第221页。
② 《中共中央关于党的百年奋斗重大成就和历史经验的决议》，人民出版社，2021，第64页。

三 从道路选择的结果看，中国式现代化新道路在世界现代化版图中具有鲜明的中国特色

中国式现代化新道路是中国共产党在中国的社会历史条件中独立探索、自主创造的宏伟成就。从独特境遇中历史性生成的现代化道路成就在世界现代化版图中具有鲜明的中国特色，主要体现在人口规模大、全体人民共同富裕、物质文明和精神文明相协调、人与自然和谐共生的现代化、和平发展等五个方面。

具体而言，一是人口规模大。正如前述，中国近代以来人口数量始终在世界范围处于遥遥领先地位，特别是新时代的中国拥有 56 个民族容纳 14 亿多人口，人口数量已经是西欧的 3 倍、美国的 4 倍，尽管存在丰富的资源禀赋和明显的潜在优势，但同时也存在切实做大经济发展"蛋糕"艰巨任务、控制收入分配差距等严峻挑战，这本身就是中国基本国情的显著特征，而要实现一个人都不能落下的现代化，并让所有人整体性地进入现代化社会、共享现代化发展成果，这更是人类现代化史上未曾有过的案例。全面建成小康社会历史性成就的取得，意味着占世界五分之一人口的中国向现代化历史进程迈进了重要一步，这也就意味着中国式现代化新道路能创造人类现代化史的发展奇迹。二是扎实推进和实现全体人民共同富裕。中国式现代化新道路有中国共产党的领导为政治保证，有以人民为中心的发展理念，以全体人民的共同奋斗实干为主体力量，以先富带后富、帮后富为方针政策，以中国特色社会主义制度体系为制度保障，追求的全体人民共同富裕也正一步步稳妥扎实地实现，为人类现代化提供了中国样本和中国方案，而这也恰恰是中国式现代化新道路区别于西方资本主义现代化道路的根本标志。三是实现物质文明和精神文明协调发展。中国式现代化新道路始终坚持的是人的全面发展和社会全面进步，在实践中既推动经济社会高质量发展，建设现代化经济体系，增强经济实力和综合国力，又坚持马克思主义在意识形态领域的指导地位，以社会主义核心价值观引领文化建设，不断实现和发展物质文明与精神文明协调并进的"高度的文明"。[①] 四是实现人与自然和谐共生。西方现代化走的是一条以轻视自然、破坏自然为代价换取发展成绩的现代化道

---

① 《三中全会以来重要文献选编》（下），人民出版社，1982，第 1042 页。

路，中国式现代化新道路则着力打造节约资源、保护环境的空间格局，注重建设人与自然的生命共同体，推进经济社会发展全面绿色转型，走的是生态优先、绿色发展的现代化之路，积极为全球生态文明建设和实现可持续发展贡献力量。五是实现和平发展。西方现代化之路的资本原始积累来自殖民掠夺，是以血和火的粗暴野蛮手段来攫取他国财富而实现的，中国式现代化新道路始终走的是和平发展道路，所秉持的是和平共处、合作共赢、共同发展的价值理念，正如论者所指出的，"中国式现代化是在不断回应国际社会的质疑中发展着的现代化，是为人类发展找寻新路的现代化；中国式现代化是在破解发展中国家现代化面临的各种悖论中成长的现代化，是能够解决世界性难题的现代化；中国式现代化是在创造人类奇迹过程中壮大的现代化，是不断为人类发展作出更大贡献的现代化"。① 历史上是如此，现实中是如此，未来也会如此，这是一条发展自身与造福世界同时并举的现代化新路。

第三节　中国式现代化是一条以民族复兴为目标导向的道路

试问路在何方？这其实是在叩问道路的目标指向何在，只要有目标的指引，人们就能够最终走上一条正道进而达到目标点。正因为中国式现代化有着清晰的且具有社会现实性和历史必然性的目标，才能够开辟并走上一条新道路。所谓社会现实性和历史必然性，其根据就蕴藏于中国近现代史、中华民族伟大复兴和中国式现代化三者之间的逻辑关联中。正是有民族复兴作为自身的目标导向，中国式现代化不仅能够走上一条适合自己的正确大道，也能够走出一条成就宏伟的创新大道，还能够走出一条前途光明的康庄大道。

一　中国近现代史是一部不断探索和发展现代化的历史

大历史观是对唯物史观科学历史观的完整承继和创新发展，是分析解剖历史现象、认知把握历史规律、预知抓住历史大势的根本方法。"大历史观作为一种研究视野与评价方法，是指将考察对象置于纵深历史长河与广

---

① 辛向阳：《中国式现代化对世界发展的重大影响》，《理论与评论》2021 年第 5 期，第 5 页。

阔空间背景中来审视，结合历史潮流、时代特征来诠释，以洞察历史真谛，揭示历史发展规律。"① 以大历史观来审视和分析中国近现代史，这 180 多年的历史总结起来其实可概括为中国人民不断探索和发展现代化的历史，中国的现代化问题只有置于 180 多年来的中国近现代史坐标参照之下才能得以生成和破解。

一方面，从中国近现代史的起点来看，鸦片战争引发的民族危机促成了现代化问题的生成。1840 年的鸦片战争改变了中国历史演进的基本方向，成为中国近代史的开端，其中显现的重要历史意蕴则是，在西方列强侵略的外力作用下，中国被迫卷入了以资本主义为文明表征的现代化历史潮流之中，在深受资本—帝国主义侵略的同时也开始认识和汲取资本主义中的现代文明，但人类历史演进和文明发展的终点并不在于资本主义，继承和超越资本主义的社会主义既是人类文明发展的新形态，也是世界现代化历史进程的新方向，中国近现代史不仅接触和认识了资本主义现代文明，更重要的是接受和发展了社会主义现代文明，但不管是哪一种文明形态，对于特定历史语境下的中国来说，都必须实现民族独立和国家完整。1840 年以后，中国开始逐步探索现代化，尝试各种方法路径，但被动挨打、明显劣势的状态注定了这一探索过程是极其艰难的且要付出惨重代价，找到一条适合自己的、能够促进国家发展和推进民族复兴的现代化道路也是异常艰辛的，因为此时的中国处于资本主义世界体系的边缘位置，受到处于中心位置的资本主义强国不断侵略压迫与疯狂掠夺，始终难以独立自主地开启现代化的航程，难以跟上世界现代化历史发展潮流，也就难以共享到人类社会现代化的成果，质言之，不从根本上解决民族危机，实现现代化无异于痴人说梦。

另一方面，从中国近现代史的过程展开来看，中国始终以不同手段和方略开展一系列现代化运动。接触资本主义现代化这一新事物之后，中国人开始质疑并逐渐走出天朝上国的旧心理困境，为此探索现代化在中国的实践形态，从模仿西方式的现代化到怀疑西方式的现代化再到批判西方式的现代化，从物质层面的现代化到制度层面的现代化再到文化层面的现代化，对现代化进行了许多探索却效果甚微，这既反映出中国近现代史上国

① 陈金龙：《大历史观视域下的中国共产党百年历史》，《求索》2021 年第 3 期，第 5 页。

人探索现代化之艰难，又反映出中国现代化要走出一条正确道路确实需要科学指导思想和先进政党组织，特别是从 1840 年鸦片战争开始至 1921 年中国共产党成立之前这 80 余年时间里，中国先后发起了三次影响较大的现代化运动：以洋务运动为代表的第一次现代化，其核心是物的现代化；以维新运动和辛亥革命为代表的第二次现代化，其核心是制度的现代化，以新文化运动和五四运动为代表的第三次现代化，其核心是思想和文化的现代化。[①] 这一系列探索运动尽管各有其历史意义却皆因缺乏科学指导思想和先进政党组织而不能成功。中国共产党成立之后，始终坚持以马克思主义为思想旗帜，不断推进马克思主义中国化时代化，中国的近代史发展方向及现代化运动趋势发生了新的变化，新中国的成立不仅意味着为中国式现代化创造了根本前提和必要准备，也意味着中国近代史转为中国现代史，开启了中国式现代化新的历史起点，中国现代化的面貌从此焕然一新、生机勃发。

二　实现中华民族伟大复兴是中国近现代史的主流主线

历史总是一国、一地区的民族经过劳动所创造出来的，中国近现代史自然就是中华民族经过伟大斗争和不懈努力所创造出来的历史，这一历史就是实现"中国梦"的历史。习近平总书记指出，"实现中华民族伟大复兴，就是中华民族近代以来最伟大的梦想"。[②] "最伟大"突出了历史的本质所在，说明实现中华民族伟大复兴是中国近现代史的本质内涵及主流主线，中国人民的一切奋斗和一切创造都是为了实现民族复兴。

所谓复兴，不等于历史的倒退重复，况且历史也不可能回到之前。民族复兴的本质就在于跟上历史发展的潮流，为人类社会进步继续作贡献。在近代之前，中国为人类社会进步提供了强大动能，一直能够跟上和顺应历史发展的潮流，无论是经济总量、科技发明，还是制度绩效、国家治理，都在世界上处于领先地位，特别是康乾盛世所创造的辉煌达到了历史顶峰，正如论者指出，"中华民族经过秦汉以来两千多年的发展，至康乾盛世，其经济取得了有史以来的最高成就。她的农业、手工业、贸易、城市发展等，

---

①　参见秦宣《中国式现代化的历史逻辑探析》，《当代中国史研究》2022 年第 2 期。

②　《习近平谈治国理政》第 1 卷，外文出版社，2018，第 36 页。

都曾达到世界先进水平"。① 然而由于封建制度绩效功能的逐渐衰竭，加之缺乏社会形态演进和制度更新的动力机制，辉煌的历史注定不能持续下去，而辉煌过后就是渐渐落伍、走向暗淡。鸦片战争之后，内部统治者腐朽不堪，加之外部侵略者肆意践踏，使得中华民族陷入受辱受难的困境。但中华民族并没有就此沉沦下去，而是奋起反抗、勇于创造，对内与腐败的统治者作毫不妥协的较量，对外与霸道的西方列强做坚决斗争，中华民族自近代以来就在为实现中华民族伟大复兴而不懈奋斗。从倡导"振兴中华"到提出"中华民族复兴"，从提出"中华民族伟大复兴"到把中华民族伟大复兴高度概括为"中国梦"，中国近现代史上为实现中华民族伟大复兴的可歌可泣案例事迹不胜枚举，不断地接近实现中华民族伟大复兴这一宏伟目标，不断地为实现人类社会进步发展作出了突出贡献。

三　中国式现代化是实现中华民族伟大复兴的重要途径

实现中华民族伟大复兴这一宏伟目标，需要一定的途径即中国式现代化，这说明二者之间是一种目标与手段、方向与道路的关系。其实在中国共产党成立之前，一批又一批国人志士意识到了现代化与民族复兴之间存在某种关联，但这种意识却并不清晰彻底。具体而言，一方面，他们对现代化的认知在总体上呈现出从表象感知向本质接触的模糊不定状态。例如，洋务运动的代表们在比较分析中西文明之后认为中华文明主要就是器不如人，因此提出了"中体西用"的认知理念，试图通过"取西人器数之学，以卫吾尧、舜、禹、汤、文、武、周、孔之道，俾西人不敢蔑视中华"。② 然而由于传统守旧势力根深蒂固，加之内外环境危机重重，谋求富强的洋务运动终究因缺乏现代化的现实条件而逃脱不开破产的厄运。再如，中国本土成长起来的资产阶级在民族危机的刺激下曾一度树立起"变法图存""振兴中华"的雄心，他们想通过类似于"君主立宪""民主共和"的制度构建和制度革命来实现现代化，然而在内外反动势力的联合绞杀下，资产阶级的现代化运动方案也走向失败。事实证明不聚焦社会主要矛盾的破解

---

① 徐伟新、刘德福：《落日的辉煌——17、18世纪全球变局中的"康乾盛世"》，人民出版社，2016，第4页。

② 丁凤麟、王欣之编《薛福成选集》，上海人民出版社，1987，第556页。

和社会根本性质的改变，任何现代化的方案都是有明显缺陷的。另一方面，他们对民族复兴最终目标的认识也是片面局限的。民族复兴是中华民族全体人民的梦想，需要民族形成实现这一梦想强大的凝聚力和向心力，不能置全体人民于不管不问，自己在那里单打独斗甚至独享成果，换句话说，没有全体人民参与的梦想始终是一种空想。无论是洋务运动，还是辛亥革命、维新变法，都无法有效动员全体人民参与推进现代化的运动中来，失去人民主体力量的支撑，注定一切运动都不可避免失败。

中国共产党成立之后，实现中华民族伟大复兴进入一个新的历史起点，所谓的"新"就新在中华民族伟大复兴终于有一条正确的道路和实现途径即以中国式现代化推进中华民族伟大复兴。中国共产党在探索和拓展中国式现代化这条途径过程中，是将政党的历史使命、国家的建设方略、民族的前途命运和人民的主体力量有效集成一体，在实现中华民族伟大复兴这一主流主线中不断完成不同历史时期的阶段性任务，充分地激发了以中国式现代化推进中华民族伟大复兴的民族凝聚力，中国式现代化在中华民族伟大复兴的目标导向下不断取得历史成就，反过来又使得中国人民不断地接近民族复兴宏伟目标。

第四节　中国式现代化是一条以党的领导为政治主导的道路

中国式现代化的道路虽有清晰的目标导向，但并不等于能够轻轻松松地实现这一目标，也不等于能够直接走出一条实现目标的正确道路，还需要领导力量即特定的政党发挥作用。政党作为一种独特的政治组织，在现代化进程中扮演着不可或缺的重要角色，这不是人们主观能动性的随意产物，而是人类现代化演进规律的运行逻辑使然。尤其是"政党政治所具有的'公共治理属性'与'社会阶级属性'的互构与联结，进一步从根本上决定了政党政治在社会现代化进程中承担着不可替代的政治主导作用"。①这对于具有特殊历史社会境遇的中国式现代化而言更是如此，而在这一条道路上承担不可替代的政治主导作用的就是中国共产党的领导，主要体现

---

① 王韶兴：《现代化进程中的中国社会主义政党政治》，《中国社会科学》2019 年第 6 期，第 6 页。

在理论思维、战略规划和组织力量三个方面。

一 以理论思维把准现代化的总体方向

中国式现代化要实现民族复兴的宏伟目标，既需要从具体性上了解和认知特定的客观实际形势，又需要从总体性上把握未来的发展趋势，这不是简单的直观反映所能完全到达的，而是需要用理论思维去驾驭。理论导引和思想引领是党的领导的重要体现，也是其独特优势所在，它突出以理论思维的方式把握中国式现代化演进的来龙去脉及内在规律，始终用马克思主义的立场观点方法去准确认知和理性分析具体的客观形势，进而在历史、现实和未来统一连贯中把握中国式现代化道路。

具体来说，一方面，认清当下的历史方位，为明确中国式现代化的阶段性目标及具体性任务提供客观依据。在新民主主义革命时期，以毛泽东为主要代表的共产党人把马克思主义基本原理同近代中国社会形态及阶级状况的客观实际紧密结合起来分析，终于找到了造成旧中国社会黑暗衰落的矛盾根源，厘清和回答了新民主主义革命的性质、对象、任务、动力、领导者与同盟军以及发展前途等一系列问题，精准地把握住了革命与现代化的逻辑关联，制定了集工业化新型经济、民主化新型政治和中国化新型文化于一体的新民主主义式的纲领①，这就是要以无产阶级革命的手段从根本上扫除中国式现代化的制度性障碍。新中国成立后，中国共产党深刻认识到建立不久的新政权面临着复杂严峻的国际国内形势，牢牢把握住了新民主主义向社会主义转变的历史方位及任务指向，具体开展了土地改革、恢复国民经济、抗美援朝等一系列运动和战争，这为现代化的推进和发展提供了必要的资本积累和稳定的建设环境。邓小平通过总结新中国成立后的正反两方面的历史经验和改革开放以来的实践经验，精准研判了中国社会发展阶段及社会主要矛盾，提出了党在新的历史条件下全面建设小康社会、加快推进社会主义现代化的重要任务。

另一方面，展望未来的发展趋势，为把握中国式现代化的前景及走向提供参照。中国共产党的理论思维不仅在于看到过去和当下，还在于能够

---

① 参见成龙、郭金玲《中国共产党对中国现代化道路的百年探索》，《武汉大学学报》（哲学社会科学版）2021年第4期。

预见将来。毛泽东善于依据调查研究和正确的现实国情认知来预测和把握未来的发展趋势，他更是突出强调了领导与预见的逻辑关系，直言道，"如果没有预见，叫不叫领导？我说不叫领导"。① 可见，能够预见和善于预见也是中国共产党的领导的具体表现之一。邓小平也善于立足历史时代的视角研究中国基本国情及具体实际，运用前瞻性的思维方式进行理论思考，在设计和构思社会主义现代化建设道路的时候总是认真地回顾历史、立足现实和展望未来，"总结历史是为了开辟未来"，"要总结现在，看到未来"②，这就是主张要从历史与现实的结合中把握未来。正因中国共产党善于预见，才能先见性地考虑到推进现代化的过程中可能遇到的各类风险挑战因素，才能化解危局、转危为安，最终总揽全局、协调各方。

二　以战略规划确定现代化的基本方案

中国共产党以理论思维把握中国式现代化的总体方向固然不可或缺，但还需要在这一道路中进行有针对性和可操作性的战略规划安排以开展具体的实践活动，通过设定阶段性目标规划及其具体实施步骤，把控推进现代化的时间节点和路线举措。中国共产党在深刻把握近代中国社会所处的历史方位及客观形势的基点上认识到革命是为中国式现代化奠定根本政治前提和制度基础的必要手段，但这场革命既不能毕其功于一役即在近代中国社会中直接建立起社会主义基本制度，也不能长久停留在民主革命阶段止步不前，要实现革命的根本胜利，就要在分步完成民主革命和社会主义革命上写两篇大文章，质言之，中国式现代化只能在完成革命阶段性目标的过程中分步推进。

新中国成立之后，五年规划（计划）是推进中国式现代化建设大业和道路发展的重要战略安排，也是贯彻党的领导原则、落实党的基本路线的重要体现，还是推动国民经济和社会发展的重要举措，所涉及的内容涵括经济、政治、文化、社会、生态、军队、国防、外交、党建等方方面面。恢复国民经济之后，毛泽东敏锐地看到了战略规划对于现代化建设的重要意义，"准备在几个五年计划之内，将我们现在这样一个经济上文化上落后

---

① 《毛泽东文集》第 3 卷，人民出版社，1996，第 394 页。
② 《邓小平文选》第 3 卷，人民出版社，1993，第 271、308 页。

的国家，建设成为一个工业化的具有高度现代文化程度的伟大的国家"。①
制订和实施"一五"计划总体比较顺畅，成就也相当可观，1956 年工业总
产值为 703.6 亿元，相比上年增长 28.2%，超过了"一五"计划规定的
1957 年所要达到的水平。②"一五"计划的超额完成，促使一穷二白的新中
国在工业技术水平方面有很大的提高，逐步建立起了门类较为齐全的基础
工业体系。随着现代化建设经验的不断积累，党不仅进一步认识到五年计
划是推进社会主义现代化建设的重要抓手，更认识到制订五年计划的科学
性和可操作性。1964 年，党决定以"两步走"的方略来实现现代化，"从第
三个五年计划开始，我国的国民经济发展，可以按两步来考虑：第一步，
建立一个独立的比较完整的工业体系和国民经济体系；第二步，全面实现
农业、工业、国防和科学技术的现代化，使我国经济走在世界的前列"。③
后来对国情及社会主要矛盾的误判导致这一方略的实施并没有达到理想目
标。改革开放后，邓小平在精准研判中国基本国情和洞察分析全球变革局
势的基础上提出了中国现代化的"三步走"发展战略④，这一战略也是通过
继续制定和实施五年规划（计划）来逐步实现的，通过实施"六五"计划
和"七五"计划，中国于 1990 年实现了基本解决人民群众温饱问题的目
标；通过实施"八五"计划和"九五"计划，中国于 2000 年实现了让人民
生活总体上达到小康水平的目标；经过"十五"计划到"十三五"规划的
奋斗，中国于 2020 年实现了全面建成小康社会的目标并开启全面建设社会
主义现代化国家新征程。总言之，中国共产党制定和实施科学的战略规划，
既符合现代化建设的一般规律，又符合中国独特的基本国情和社会具体实
际，使得中国式现代化道路越走越宽广。

① 《毛泽东文集》第 6 卷，人民出版社，1999，第 350 页。
② 《中国共产党历史（1949—1978）》第 2 卷（上册），中共党史出版社，2011，第 360 页。
③ 《周恩来选集》（下卷），人民出版社，1984，第 439 页。
④ 党的十三大报告指出："党的十一届三中全会以后，我国经济建设的战略部署大体分三步
　　走。第一步，实现国民生产总值比一九八○年翻一番，解决人民的温饱问题。这个任务已
　　经基本实现。第二步，到本世纪末，使国民生产总值再增长一倍，人民生活达到小康水平。
　　第三步，到下个世纪中叶，人均国民生产总值达到中等发达国家水平，人民生活比较富裕，
　　基本实现现代化。"《十三大以来重要文献选编》（上），人民出版社，1991，第 16 页。

三　以组织力量落实现代化的战略蓝图

推进中国式现代化需要思想层面的理论思维把握和战略规划制定，还需要以强大的组织力量加以落实。中国共产党的力量来自组织，党的全面领导、党的全部斗争要靠党的坚强组织体系来实现，中国共产党是一个"无产阶级中最有革命精神的广大群众组织起来为无产阶级之利益而奋斗的政党"①，"组织起来"是党的领导的主要优势体现，从党的中央组织到地方组织再到基层组织都坚韧有力、充分发挥作用，无论现代化建设所面临的形势多么严峻困难，都能够克服化解；无论现代化建设的具体任务多么艰巨繁重，都能够圆满完成。

从党的一大至七大，先后确立和不断完善了党的中央领导机构、地方组织及基层组织，明确了民主集中制的组织原则，强调了维护党的纪律，逐渐形成了一套集组织路线、组织原则、组织制度和组织机构于一体的组织系统，在革命实践活动中转化为强大的组织力量，有力地推动了新民主主义纲领的贯彻落实。新中国成立后，党中央通过在政府机构内建立党的组织机构、坚持和加强党中央的领导权、推进和完善基层党组织建设等一系列举措，为实现现代化建设目标的五年计划提供了政治素养过硬、技术技能扎实、工作作风优良的党员干部队伍。改革开放后，为开创社会主义现代化建设新局面，党果断地把组织建设转回至正常运行轨道上来，以建设"革命化、年轻化、知识化、专业化"②的党员干部队伍为重要内容，为新时期的社会主义现代化建设提供了更为可靠的组织保障力量，"三步走"发展战略逐步得以不断实现和持续推进。总之，要推进现代化建设就应全面贯彻党的组织路线，不断完善上下贯通、执行有力的组织体系，建设政治过硬、具备领导现代化建设能力的干部队伍，切实培养和用好现代化建设的可靠人才，为走好中国式现代化道路提供坚强有力的组织保障。

---

① 《建党以来重要文献选编（1921~1949）》第 1 册，中央文献出版社，2011，第 162 页。
② 《邓小平文选》第 2 卷，人民出版社，1994，第 396 页。

第五节 中国式现代化是一条以增容提质为内涵演进的道路

其实任何现代化道路都能够呈现出包罗宏富的历史图景，中国式现代化道路也是如此。更重要的是，中国式现代化道路之所以具有丰富的历史内涵与现实内容，就在于它经历了一个从单一局部的现代化向整体全面的现代化跃升、从追求速度赶跑为主向注重高质量的发展转变、从处于世界边缘位置向走近世界舞台中央扩展的演进过程，将人类社会现代化演进的一般规律同中国独特的社会历史条件与实践语境结合起来不断创造、丰富和升华现代化的新内涵，中国式现代化正是以这样的增容提质途径不断创新、拓宽和发展新道路。

一 从单一局部的现代化向整体全面的现代化跃升

滥觞于西方的现代化以机器大工业全面推广使用促使新的社会文明历史性生成，这种文明在出场的初始阶段所展现的创造社会财富的爆发力让人们对工业文明似乎产生了膜拜心理，这不能不说是工业文明的进步性作用体现，因此"现代化＝工业化"在特定的历史时期有其成立的历史根据。马克思在其著述文本中也常常把"现代（化）""现代社会"与"大工业""资本主义"纠缠式地联结在一起，但马克思却立足于唯物史观的理论基石以批判的眼光洞察剖析了"现代大工业""资本主义的现代化""资本主义的现代社会"。一方面，马克思敏锐地察觉到现代大工业是一种"集中起来的力量"，这种力量"到处打破民族的藩篱，逐渐消除生产、社会关系、每个民族的民族性方面的地方性特点"。① 这是对工业化的正面肯定和充分认可，揭示出工业化是传统的农业社会向现代化社会转变的必然途径。工业化是现代化的前提基础和内核所在，一国或地区在向现代化转变的过程中工业产值所占国民经济的比重不断上升并取代农业产值成为经济主体，所以在某种程度上工业化确实等同于现代化。另一方面，马克思并没有将现代大工业神圣化，而是看到了资本主义社会制度下的工业化深受资本异化

---

① 《马克思恩格斯全集》第 10 卷，人民出版社，1998，第 585 页。

逻辑的统治，真正创造现代工业文明的工人阶级是受奴役统治的对象，劳动者劳而不得，资本家不劳而获，"资本主义的现代社会"是一种不自由不平等的社会，也是一个"单向度的人"① 的社会。

对于中国而言，中国共产党对现代化的内涵认识经历了由单一局部向整体全面发展的过程。在革命时期，毛泽东深刻地认识到"民主革命的中心目的就是从侵略者、地主、买办手下解放农民，建立近代工业社会"。② 民主革命不仅仅是要实现民族独立和人民解放的目标，也要走上新民主主义工业化道路，并在革命胜利前夕发出了"使中国稳步地由农业国转变为工业国"③ 的历史先声。新中国成立后，刘少奇受毛泽东之托对新中国工业化问题进行深入系统的研究，设计了以"首先恢复农业及一切可能恢复的工业，其次发展农业和轻工业以及少数必要的重工业，然后发展重工业，然后依靠已经建立起来的重工业进一步发展农业和轻工业"④ 为内容"四步走"的新民主主义工业化建设蓝图。周恩来于 1954 年提出了"建设起强大的现代化的工业、现代化的农业、现代化的交通运输业和现代化的国防"⑤，这是对以工业化为主要目标的现代化内涵的拓展延伸和丰富深化。改革开放之后，中国式现代化的内涵在赓续"四个现代化"基础上拓展了社会主义经济、政治、民主和法制等制度要素，覆盖物质文明、精神文明等方方面面。进入中国特色社会主义新时代，中国式现代化的内涵拓展到"国家治理体系和治理能力现代化"⑥ 而变得更为丰富更为充实，社会主义现代化建设被融入经济、政治、文化、社会、生态等国家治理体系的方方面面。

二　从追求速度赶跑为主向注重高质量的发展转变

既然现代化是一个由传统社会向现代社会转变迈进的历史过程，那么这一过程在不同地域的国家有快有慢、有先有后，因为不同国家所面临的具体社会历史基础和现实活动条件不一致，因而不同时期的国家向现代化

① 〔美〕赫伯特·马尔库塞：《单向度的人——发达工业社会意识形态研究》，刘继译，重庆出版社，2016。
② 《毛泽东文集》第 3 卷，人民出版社，1996，第 206 页。
③ 《毛泽东选集》第 4 卷，人民出版社，1991，第 1437 页。
④ 《刘少奇年谱（1898—1969）》（下卷），中央文献出版社，1996，第 283~284 页。
⑤ 《周恩来年谱（1949—1976）》（上卷），中央文献出版社，1997，第 413 页。
⑥ 《中共中央关于全面深化改革若干重大问题的决定》，人民出版社，2013，第 3 页。

转变的过程中重心偏向也就会不一致，可能注重农业的现代化，也可能注重工业的现代化，在工业现代化的过程也有轻工业和重工业之分，不同的重心选择也就产生了不同的现代化道路选择。

中国共产党在革命时期的主要任务是为现代化的建设和推进创造必要的根本社会条件，适当积累工业现代化的经验。新中国成立以后，中国式现代化又迈进了一个新的历史阶段，有论者将新中国成立以来的现代化史总体划分为八个阶段，即以经济建设为中心、先工业化后公有化的新民主主义现代化；建立公有制、推进工业化且重工业优先的现代化；以钢为纲、赶英超美、全民办工业的急速赶超型现代化；农业现代化优先、兼顾国防与重工业—基础工业的稳健型现代化；以国防现代化为主导、以三线建设为重点的应急型现代化；实现以高指标、新跃进为特征的赶超型现代化；以解决温饱、改善民生为中心的小康探索；以消除短板、五位一体为特征的全面小康道路。① 从论者的概括中不难发现中国式现代化内涵演进中的一条明显线索：中国式现代化由追求速度赶跑转变为注重高质量的发展。在强大的政党领导力量和统一稳定的国家政权保证下，中国要步入以走上工业化道路为目标的正常发展轨道，实现发展目标的重要途径就是社会主义工业化。在基本完成社会主义工业化之后，不仅要避免中国被开除"球籍"的危险，还要跟上世界历史发展潮流，走在世界前列，这就需要追求速度以应急和赶超，尽管在这一过程中因经验不足走了一些弯路，但经过改革开放40多年发展的积累，我国充分抓住和利用了全球化发展的重要机遇终究跟上了现代化的历史潮流，1978年至2017年的中国经济发展"年均增长9.5%，平均每8年翻一番，远高于同期世界经济2.9%左右的年均增速，在全球主要经济体中名列前茅"。② 即使遭遇新冠疫情，中国也能成为全球唯一实现正增长的主要经济体。但是，速度领先并不意味着质量优先，中国式现代化道路的推进还需要高质量的发展来夯实。在新时代的历史方位上，要素驱动转为创新驱动的动力机制正在奋力形成，城乡发展与区域发展、物质文明和精神文明、经济建设和国防建设等关系的协

---

① 参见何爱国《新中国七十年现代化探索的演进》，《理论与现代化》2020年第1期。
② 《波澜壮阔四十载 民族复兴展新篇——改革开放40年经济社会发展成就系列报告之一》，国家统计局网站，2018年8月27日，http://www.stats.gov.cn/ztjc/ztfx/ggkf40n/201808/t20180827_1619235.html。

调正在逐步推进，以绿色发展促推人与自然和谐共生正在全面落实，以国内大循环为主体、国内国际双循环相互促进的新发展格局正在着力构建，处理好"做大蛋糕"与"分好蛋糕"、体现效率与促进公平的关系正在统筹进行，以实现高质量发展扎实走好、推进中国式现代化道路。

三　从处于世界边缘位置向走近世界舞台中央扩展

近代以降，中国遭受了西方列强粗暴侵略所带来的难以形容的磨难羞辱，国人也试图以探索和追求现代化来改变中国被压迫被欺凌的命运，甚至想让中国自强振兴，但终究无功而返，造成如此境况的原因就是中国长期处于资本主义世界体系的边缘位置，这是一种明显处于劣势和落伍的位置。20 世纪 30 年代，有一国人针对中国的现代化问题公开指出，中国是"一个似乎是站在二十世纪文明圈外的非现代的国家"①，这一言论明显指出了中国处于世界边缘位置的现实窘境。成为探索中国式现代化之路主心骨的中国共产党自觉地认知到国家独立和人民解放对于现代化的重要意义，因为"没有一个独立、自由、民主和统一的中国，不可能发展工业"②，也只有中国真正独立统一了、中国人民自由民主了，才会为中国不再边缘、摆脱落后提供起码的前提条件。

新中国成立后，已经"站起来"的中国人民继续在中国共产党的领导下开始探索新的现代化道路以发展自己，经过 3 年的国民经济恢复，改变了旧中国满目疮痍、极度落后的经济面貌，使"工业生产力的地位得到加强，现代工业的比重有所上升，为我国开始由农业国逐步转变为工业国打下了基础"。③ 随后中国共产党团结和集中一切可以团结的力量基本完成"三大改造"，在成功建立起社会主义基本制度之后，中国式现代化并没有停顿下来，此时的毛泽东还深刻意识到了不发展中国就有被开除"球籍"的危险④，开启了以工业化为主体内容的社会主义现代化建设新进程。改革开放

---

① 杨幸之：《论中国现代化》，《申报月刊》第 2 卷第 7 号，1933 年 7 月，第 56 页。
② 《毛泽东选集》第 3 卷，人民出版社，1991，第 1080 页。
③ 《中国共产党简史》，人民出版社、中共党史出版社，2021，第 164 页。
④ 毛泽东于 1956 年 8 月 30 日指出："你（指中国——引者注）有那么多人，你有那么一块大地方，资源那么丰富，又听说搞了社会主义，据说是有优越性，结果你搞了五六十年还不能超过美国，你像个什么样子呢？那就要从地球上开除你的球籍！"《毛泽东文集》第 7 卷，人民出版社，1999，第 89 页。

40 多年以来，中国式现代化按照小康社会的奋斗目标和"三步走"战略规划利用国内国际一切优势条件及机遇稳妥地发展自己，其中，"1979—2012年，中国对世界经济增长的年均贡献率为 15.9%，仅次于美国，居世界第 2位。2013—2018 年，中国对世界经济增长的年均贡献率为 28.1%，居世界第 1 位"。① 中国式现代化完成了从较低水平的总体小康向高质量的全面小康、从粗放式发展到高质量发展的历史性跃进，让有被开除"球籍"之危的中国逐渐步入世界舞台的中央，为人类社会现代化的百花园增添了一朵美丽之花，更为其他国家尤其是发展中国家探寻现代化道路提供了具有示范意义的参考样本，还为多样性的人类文明形态书写了新内容，而这正是坚定不移地走中国式现代化道路的必然逻辑和定力所向。

第六节　中国式现代化是一条以人民至上为价值取向的道路

"现代化的本质是人的现代化"②，没有人，也就没有现代化。西方世界开启的现代化应然是大多数人通过劳动创造出来的现代化，但吊诡的是，西方的现代化是见物不见人的资本至上的现代化，资本越增殖，引发政治、经济、文化、生态等总体性危机的概率就越大，人的自由全面发展越是不可能。中国共产党领导的中国式现代化追求和坚持社会主义的价值取向，批判并超越资本至上逻辑，开创的是以人为目的、以物为手段、既要见物又要见人的现代化新图景，其本质"是以人的现代化为主题，以人的自由全面发展和人类解放为根本价值追求的现代化"。③ 中国式现代化道路坚持人民至上是由中国共产党根本性质及宗旨取向和人民群众历史主体地位的双重逻辑所决定的，这条道路从起点确立到过程展开再到终点归属都始终坚持人民至上为基本原则和价值理念，不断维护和发展最广大人民群众的根本利益。

---

① 《国际地位显著提高 国际影响力持续增强——新中国成立 70 周年经济社会发展成就系列报告之二十三》，国家统计局网站，2019 年 8 月 29 日，http://www.stats.gov.cn/ztjc/zthd/bwcxljsm/70znxc/201908/t20190829_ 1694194. html。
② 《十八大以来重要文献选编》（上），中央文献出版社，2014，第 594 页。
③ 赵义良：《中国式现代化的本质意蕴与价值追求》，《中国特色社会主义研究》2022 年第 1期，第 5 页。

一　中国式现代化符合人民的根本利益

要把握中国式现代化的价值核心要义，就要以现实的人为逻辑起点并深刻洞悉人类社会现代化演进的一般规律和中国式现代化演进的特殊规律。现实的人在不同社会实践发展阶段中会产生不同层级的需要，既有物质需要，也有精神需要，既有生存需要，也有发展需要，质言之，实现、维护和发展人民的根本利益就是要回应和解决人民在特定实践活动中产生的相应需要。中国共产党在领导探索和推进中国式现代化的实践过程中始终把人民的需要作为出发点，无论是革命时期打土豪分田地、抗击日本侵略者、打倒国民党反动派统治，还是改革开放时期创立家庭联产承包责任制、创设经济特区，抑或是新时代开展的抗击新冠疫情斗争、抵御自然灾害斗争，都是围绕解决人民群众的生存需要问题展开的，主要涉及人民群众的人身自由解放、生命安全保障和衣食住行问题。特别是在满足衣食住行的基本生存需要之后，人民群众的需要逻辑性地递进至发展需要层次，后者表现的需要问题就呈现出高级化、多样性、宽层次的特征，即人民群众对美好生活的向往。具体来说，一是更有质量的基本生存，人民群众基本生存需要由只看数量向追求质量的转变，这既是人民物质生活的集中体现，也是人民对美好生活追求的一部分，因此在中国式现代化道路上要让人民群众穿得更加舒适、吃得更加健康、住得更加恬逸、行得更加便捷。二是充盈的精神生活，随着人民群众生存需要的满足、物质生活的持续改善，如何让人民群众有与丰富物质生活相匹配的美好精神生活也成为必须解决的问题，因此在中国式现代化道路上必须为人民提供充盈的精神食粮。三是社会公平正义，人民群众不仅仅需要生存和安全保障，还需要幸福感和获得感保障，这就离不开社会的公平正义，因此在中国式现代化道路上要制定一系列重大举措来维护社会的公平、正义和安全，捍卫人民的美好生活。

值得注意的是，中国式现代化符合人民的根本利益不仅呈现出全面性特征，也彰显出整体性和全过程性特征。对于中国人口基数庞大的国情来说，如何在中国式现代化道路上全面性地实现最广大人民的根本利益，是对中国共产党能力的严峻考验，特别是毛泽东和邓小平在不同的历史时期都一致性地认识到了中国特殊的实际情况："中国的人口多、底子薄"①；"一个是底子薄。第二条是人口多，耕地少"②，在某种意义上，我们就是要在"一穷二白"且人口规模庞大的基础上实现现代化，而这注定了开辟、创出和坚持一条正确道路并不简单轻松。但经过党的百年奋斗，14亿多中国人民整体性地迈进了全面小康社会，中国式现代化道路不断创造了新奇迹新成就，对世界现代化的版图格局和人类社会发展史影响深远。

二 推进中国式现代化以人民为主体力量

中国式现代化道路的开辟和创新，离不开党的坚强领导，但也离不开强大的人民群众力量的支持，因为"人民是历史的创造者，群众是真正的英雄。人民群众是我们力量的源泉"。③ 一批又一批的国人在旧民主主义革命时期所开展的现代化事业之所以屡屡失败，就在于他们没有也不能把人民有效地团结和组织起来，革命志士孙中山分析了近代中国社会松散的景象，"以一盘散沙之民众，忽而登彼于民国主人之位，宜乎其手足无措，不知所从，所谓集会则乌合而已"。④ 然孙中山面对如此社会境况显得无奈无助，因为他没有科学的理论指导和强大的政党组织支撑来改变近代中国一盘散沙的困局。

中国共产党始终坚持唯物史观的哲学根基，结合中国特殊的社会阶级结构充分地彰显中国人民在探索中国式现代化道路上的主体力量。工人阶级是先进生产力的集中代表，是推动现代化的主体力量，但近代中国与工人阶级占全部人口大多数的西方工业大国有着明显不同的社会阶级结构，前者的实际情况是农民阶级占全部人口的80%以上，工人阶级的人数不多"却是中国新的生产力的代表者，是近代中国最进步的阶级"。⑤ 毛泽东在把握这样的客观实际之后精准地厘清了中国革命的基本问题是农民问题，必须塑造和建设以工人阶级为领导力量与以农民阶级为主体力量相统一的革命队伍，这就实现了唯物史观的理论逻辑与近代中国社会阶级的实践逻辑的有机统一，促进了革命与现代化事业的发展。新中国成立后不久，就开

① 《毛泽东文集》第8卷，人民出版社，1999，第302页。
② 《邓小平思想年编（1975—1997）》，中央文献出版社，2011，第116页。
③ 《习近平谈治国理政》第1卷，外文出版社，2018，第5页。
④ 《孙中山选集》（上卷），人民出版社，2011，第400页。
⑤ 《毛泽东选集》第1卷，人民出版社，1991，第8页。

展了覆盖全国范围 5.7 亿人的选举，历史性地确立了人民民主专政的国体，工人阶级为其领导力量，工农联盟为其阶级基础，经过中国共产党领导下的工人阶级与农民阶级的革命联合，恢复发展了国民经济，有序推进了"一化三改造"，不断开创了现代化建设事业的新局面。改革开放战略决策的实施，不仅体现了中国共产党恢复解放思想、实事求是思想路线的具体落实，更激活了新时期社会主义现代化建设的人民主体力量。正是农民的大胆摸索和敢为人先，家庭联产承包责任制才得以出炉创立和推广实施，进而扩大了农民的经营自主权，并以此促推了以扩大企业自主权为主要内容的城市经济体制改革，加快了中国工业化和城市化历史进程。

三　中国式现代化取得的成果为人民共享

中国式现代化道路既要从人民的根本利益出发，在发展过程中也要依靠人民，当然最终取得的成果要为人民共享，以此不断保护、激活和发挥人民精神及人民力量，这样才是在现代化进程中完整坚持人民至上价值理念的体现。经过党的领导力量和人民主体力量的积极互动、有效综合而形成的推进中国式现代化道路的强大合力，在现代化的历史过程中必定会创造出一系列发展成果，并让全体人民共享现代化成果。"共享"作为一种抽象的原则要求和价值规范，不仅充分体现了中国式现代化的人民性和正义性，也鲜明凸显出中国式现代化的社会主义本质属性及其优越性，是根本质别于西方资本主义现代化的重要标识。

中国共产党领导人民浴血奋斗 28 年，所取得的重大成果就是建立了中华人民共和国，使中国人民站起来了，人民真正成了国家、社会和自己命运的主人，这为中国式现代化事业的推进提供了基础条件。中国共产党执政 70 多年来，建立了社会主义基本制度，实行了改革开放战略决策，使中国人民富起来了、强起来了，把做大"蛋糕"和分好"蛋糕"统筹推进，比如针对城乡之间、地区之间、行业之间的收入差距问题，在持续推进经济健康发展的过程中，完善和强化制度政策的公平性公正性，依法保护合法收入，调节规范过高收入，坚决取缔非法收入，不断扩大现代化发展成果对广大劳动人民群众的惠及面，不断增强人民群众的获得感和幸福感，进而切实尊重人民的主体地位，保护人民创造的积极性。再如，小康社会的全面建成是社会主义现代化建设的重要战略安排环节之一，其本质就是让全体人民共享发展成果的小康，"不让一个人掉队，不让一个区域落下，不让一个民族滞后"。① 在党的领导下，14 亿多中国人民共同完成了农村贫困人口全部脱贫、贫困地区全部摘帽、解决区域性整体贫困等底线任务和标志性指标，最终打赢了新时代脱贫攻坚战。

但需要强调的是，中国式现代化的"共享"并不是养懒汉、"吃大锅饭"，既不能绝对平均也不能贫富悬殊，它需要共建共创，在坚持公平正义的价值底线基础上人人劳动、人人贡献、人人共享。总言之，"落实共享发展是一门大学问"②，只能在深层次多维度持续推进中国式现代化的具体实践中去探索和求解这一大学问的答案要点。

第七节　中国式现代化是一条以独立自主为精神品格的道路

以追求人类社会文明进步为旨趣的现代化历史潮流不可阻挡，各个民族各个国家会以不同的方式途径走上现代化道路，不同的现代化道路可能会呈现出不同的精神样态和风貌品格，或是被动低沉、萎靡不振，或是主动自信、生机勃勃。近代以降，中国人在以"向西方找真理"的方式探索和追求现代化的艰辛历程中呈现出盲目自大向被动消极的极端态度颠倒，终于在中国共产党成立后找到了能够实现现代化的正确道路，经过"走俄国人的路"到"学会自己走路"再到"走自己的路"，彻底完成了由被动消极样态到主动从容风貌的逻辑转换，终于走上了中国式现代化这条自己的路，并为这条道路塑造了独立自主的精神品格，为"走好自己的路"提供了不可或缺的精神之魂。

一　在出发点上，有底气走自己的路

"走自己的路，是党百年奋斗得出的历史结论。"③ 中国式现代化正确道路的创造和确立是百年党史的重大成果，不仅是走自己的路，而且走的是一条正道、对路。这一历史结论的得出、这一重大成果的取得，确实来之

---

① 《中国的全面小康》，人民出版社，2021，第 39 页。
② 《习近平谈治国理政》第 2 卷，外文出版社，2017，第 216 页。
③ 《中共中央关于党的百年奋斗重大成就和历史经验的决议》，人民出版社，2021，第 67 页。

不易，足以让世人进行理性思考去探寻蕴藏其中的学理依据和逻辑理路。

　　一方面，为什么要走自己的路？这一问题其实是"为什么不能走别人的路"的同义反问。从 1840 年至中国共产党成立之前，中国人探索和追求现代化的过程总体是盲目的、非理性的，从认为器不如人、技不如人到制度、政体不如人再到思想、文化不如人，甚至到最后发现什么都不如人，尝试向西方寻找通往现代化之路的真理，一场场模仿西方之路的现代化运动接二连三的失败，最终导致近代国人精神萎靡被动，社会始终处于黑暗深渊之中。可见，照搬照抄别人走过的路始终无法取得最终的成功，因为这样的方式在思想理念和精神观念上其本质就是依附他者而丧失了自身主体性、原创性、独立性。当然，这并不是在否定各个国家各自的现代化道路，人类现代化演进规律的一般性与各个国家自身特殊的社会历史条件结合下自然会生成不同类型的现代化道路，因为"推动一个国家实现现代化，并不只有西方制度模式这一条道，各国完全可以走出自己的道路来"。① 关键是他者之路未必就是自己之道，可能是弯路、偏路甚至是邪路，而自己走出来的路也未必是别人走过的路。

　　另一方面，能走自己的路吗？要走自己的路并不等于能走自己的路，前者是从应然角度、可能性方面得出的观点，后者就要从实然角度、现实性方面进行考量分析。中国式现代化在中国共产党成立之后终于能够走上自己的路了，原因主要包括文明底蕴、科学理论、坚强政党、民心民力四个方面，前两者是理论引领因素，后两者是现实力量因素，这四个方面的因素综合作用使中国式现代化能够且有底气走自己的路。一是中国式现代化具有深厚的文明底蕴。"中华民族是具有非凡创造力的民族，我们创造了伟大的中华文明，我们也能够继续拓展和走好适合中国国情的发展道路。"② 中国历经 5000 年的历史积淀和文明积累足以证明中华民族完全具备非凡的自主创造能力和鲜明的独立自主精神品格，在历史、现实和未来中都能够实现中华文明新陈代谢和自我发展。二是中国式现代化具有科学的理论指导。马克思主义传入中国并为先进的中国人所接受，开启了马克思主义中国化的实践历程，中国式现代化就有不断向前发展新的理论引领力和精神

---

① 《习近平关于社会主义政治建设论述摘编》，中央文献出版社，2017，第 7 页。
② 《习近平谈治国理政》第 1 卷，外文出版社，2018，第 40 页。

面貌，"自从中国人学会了马克思列宁主义以后，中国人在精神上就由被动转入主动"。① 三是中国式现代化具有坚强的政党领导。中国共产党的成立使得中国人在探索和追求现代化的道路上有了可靠的主心骨，先进的政党组织能够为中国式现代化提供源源不断的力量支撑。四是中国式现代化具有强大的民心民力。现代化之路的选择和发展，最终还是人民所决定的，人民力量的团结凝聚才能促使中国式现代化自力更生，走上自己的路。总之，正是由于前述四方面因素的相互融合作用，中国式现代化才能够准确认清和牢牢把握自身的本质规定性、独特优越性，能有底气地走自己的路。

二　在视野面上，学习借鉴他者之路

他山之石可以攻玉，这既是一种提醒也是一种启示。对于中国式现代化而言，之为提醒，就在于不要只埋头走自己的路，还需要拓展自己的视野，向外看其他国家的现代化之路；之为启示，就在于要借鉴世界现代化的"他山之石"，批判性吸收其中的优秀成果为自己所用。中国式现代化能够自主原创性地走出一条正确的道路，就在于其能以批判的眼光借鉴现代化的他者之路，从比较现代化的视域中汲取人类现代化的文明精华为自己所用。

十月革命让处于黑暗迷惘中的中国看到了一条新道路的希望与曙光，这就是要以一场新的革命去寻找现代化之路。十月革命给中国送来马克思列宁主义的同时，也让中国人对俄国人所走的路充满期待，于是得出了"走俄国人的路"② 这样的结论，开始以苏俄为师，但是走俄国人的路绝不是随意性偶然性的选择偏好，而是当时的中国先进知识分子结合中国的社会历史现实并通过比较世界各国道路进行深入思考和理论分析得出的最终结果。需要肯定的是，俄国人的路为中国人道路选择提供了马克思主义的理论指导和社会主义的价值引领、理想目标，即是说，中国共产党所探索的现代化必须以马克思主义为理论指导，必然要走上社会主义，但如何在中国特定的历史语境下取得革命的成功并走向社会主义却是一个曲折的历史过程。建党后的一段时间，中国共产党曾认为只要按照苏俄道路搞以城市为中心的革命运动就能顺利走上社会主义道路，但一度遭受严重失败，直到以毛泽东为主要

---

① 《毛泽东选集》第 4 卷，人民出版社，1991，第 1516 页。
② 《毛泽东选集》第 4 卷，人民出版社，1991，第 1471 页。

代表的共产党人认真厘清了近代中国区别于俄国的独特国情，选择了农村包围城市、武装夺取政权的方式取得了革命的根本胜利。新中国成立后，由于世界两极格局的态势，中国坚持"一边倒"，历史性地走向社会主义的现代化道路，但问题是如何搞社会主义建设？毛泽东对此曾提出"要认真学习苏联的先进经验"①，后来苏联社会主义建设暴露出一些错误和缺点，这让毛泽东对苏联经验进行了深刻反思，特别强调要以苏为鉴，要从中国具体国情出发，要实事求是、独立自主地寻找社会主义现代化建设道路。

始终坚持胸怀天下的中国共产党在历史转折关头果断实施改革开放战略，使社会主义现代化建设迈进了新时期，"新"就在于拥有了更为宽广的视野，融进了世界现代化的潮流。改革开放初期，中国学习借鉴他者之路主要体现为引进外国先进技术及管理经验、引进国外资本等，这对于促进经济发展和推进现代化进程、尽快改变国家积贫积弱的局面和提高人民生活水平具有明显的作用。在社会主义现代化建设的新阶段上中国仍然要借鉴他者之路，胸怀两个大局，把实现全面建设社会主义现代化强国与推进更高水平对外开放有机统一起来，以综合性创新性的学习借鉴其他国家现代化的经验。"中国注意学习借鉴其他国家的先进经验，同时没有放弃本国的文化财富和民族智慧。中国的现代化道路有其鲜明特点，更具包容性。"②可见，中国式现代化在学习和借鉴现代化的他者之路的过程中不仅能够保持开放包容的心态，还能够保持自主原创的毅力和定力。

三　在落脚点上，善于走好自己的路

走自己的路，不在于一时一域，而在于全过程全时段，不仅要走好自己的路，也要善于走好自己的路。中国式现代化在中国共产党的领导下之所以不仅能够独立自主地探索出并走上一条正确的发展之道，而且能够走稳、走好、走远，其原因有二：一是源自坚定的道路自信；二是源自丰富的历史经验。

就前者言，中国共产党成为中国一切事业的最高领导力量以来其就自

---

① 《毛泽东年谱（1949—1976）》第 2 卷，中央文献出版社，2013，第 22 页。
② 《"中国成功开辟了一条中国式现代化道路"——访巴西知名中国问题专家埃万德罗·卡瓦略》，新华网，2021 年 10 月 24 日，http：//www.news.cn/2021-10/24/c_ 1127990496.htm。

觉地将中国优秀传统文化精华、马克思主义基本原理有机融入现代化建设事业的实践之中，铸就了坚定的道路自信，特别是对于长期处于落后状态后发型国家行列的中国来说，注定要付出不少的辛劳代价，注定要走不少的曲折弯路。实践铸就信念，信念在实践中坚定，中国式现代化道路不是以某一书本教条或权威主观意志来确立的，也不是照搬模仿其他国家现代化道路来选择的，而是在中国共产党的领导下根据特定历史阶段的具体实际来创造符合本国国情的发展道路，正是中国共产党为中国式现代化道路提供了精准的价值定位、科学的理论导引、坚实的制度支撑和根本的政治保障，这一道路的实践才迸发出活力，把近代中国呈现出迷惘自卑的消极状态历史性地转变为从容自信豪迈的积极状态。在道路自信的引领下，中国式现代化道路在与中国历史上的道路、人类现代化他者之路的历时性比较中显现出路之新、路之好，在与西方资本主义现代化道路的共时性比较中彰显出路之优、路之正。

从后者论，中国共产党领导探索和推进中国式现代化之路已有百年的历史，长久的历史积淀为中国式现代化善于走好自己的路提供了丰富宝贵的经验，这些经验既来自对走对路的坚持不懈和经验总结，也来自对走过弯路的及时纠正和教训汲取。在革命推动现代化的历程中，由于革命经验的缺乏和对国情认识不足，中国共产党曾一度陷入教条主义泥淖之中，但随着革命斗争经验丰富，对基本国情的准确研判，我们终于锁定了新民主主义革命的问题导向和发展目标，使中国社会朝着社会主义前途发展。在社会主义建设时期，由于社会主义现代化建设经验相对缺乏、社会主义制度体系还不够健全，加之复杂多变的国际局势影响，社会主义现代化建设之路出现严重曲折，但改革开放及时使这条路重回正道，脱离了走老路的窠臼，避免了走邪路的危险，并开创了中国特色社会主义新道路，以此推动新时期的现代化建设。中国特色社会主义是实现中华民族伟大复兴的唯一正确道路，也是实现社会主义现代化建设最终目标的唯一正确道路，"不仅走得对、走得通，而且也一定能够走得稳、走得好"。[①] 总言之，中国式现代化在走对、走稳、走好的道路上不断创造辉煌成就和广阔前景，成为世界现代化图景中一条光明大道。

---

① 习近平：《在纪念辛亥革命110周年大会上的讲话》，人民出版社，2021，第7页。

结 语

现代化是人类寻求自我发展的重要途径，表征出历史发展和文明演进的一般规律。中国在"历史向世界历史的转变"① 的趋势所向和"东方从属于西方"② 的特定境遇中开启了现代化的探索和追求。鸦片战争以来中国现代化的探索历程颇为坎坷曲折、多灾多难，但为继续探索适合中国国情的现代化之路提供了深刻教训和必要经验，其中，一个重要的原因就是缺乏科学理论的指导和先进政党的领导。中国共产党成立以来，就始终把实现现代化作为念兹在兹的历史使命和奋斗目标，在中国大地上自觉运用马克思主义这一认识世界、改造世界的强大思想武器，领导中国人民谱写了中国式现代化的历史篇章。

一 研究的几点结论

中国探索和实现现代化的历程是苦难艰辛、波澜壮阔的，特别是由中国现代化到中国式现代化的跃升，既有实践层面的根本性转变，也有思想层面的质变性飞跃，本书聚焦和围绕这一研究主题得出如下几点结论。

1. 中国现代化的探索历程彰显出鲜明的文化冲突和思想碰撞

近代以来，国人志士对现代化的认知和实践是从显性的物质层面向隐性的思想层面摸索前进的，这一方面反映了中国对现代化的探索并不是一步到位、一蹴而就的，而是呈现出由单一向多维、由浅显向深层的认知轨迹和实践足迹，注定对现代化一般发展规律的认识和把握要历经一个较长甚至曲折的过程；另一方面反映出在中国近代的时空场域下探索现代化，文化冲突和思想碰撞不可避免，这不单单是中国自身传统观念与现代理念

---

① 《马克思恩格斯选集》第 1 卷，人民出版社，2012，第 169 页。
② 《马克思恩格斯选集》第 1 卷，人民出版社，2012，第 405 页。

的冲突（古今之分），也包括中国文化与西方文化的冲突（中西之别），这似乎是任何现代化皆要遭遇的难题。

如何应对这一难题？一言以蔽之，就是要坚持古为今用，西为中用，批判继承，综合创新。具体而言，第一，要在马克思主义的指导下批判地继承传统文化。对传统文化从总体上进行剖析和分离，摒弃封建的意识形态和腐朽的生活方式，运用马克思主义对一般的思想范畴和文化成分进行创造性转换，从总体上进行解析、诠释和重构，进而为中国的现代化建设服务。第二，吸收和借鉴世界各国创造的先进文明成果。既要不失时机地引进世界范围的科学技术和管理模式，吸收世界优秀历史文化遗产以及先进的文学艺术，也要坚定自信地对外开放，让中国的优秀文化成果走向世界，让世界认知、了解、接纳中国。第三，用马克思主义的科学世界观和方法论去批判审视一切文化遗产，用历史唯物主义的观点对文化遗产进行分析，依据实践去进行检验，断定它们的历史作用和科学地位。反对"所谓坏就是绝对的坏，一切皆坏；所谓好就是绝对的好，一切皆好"① 的形式主义，用历史的辩证的观点对一切优秀文化成果进行吸收和改造。

2. 从中国现代化到中国式现代化跃升的关键在于科学理论指导和先进政党领导

马克思主义这一科学理论的指导和中国共产党这一先进政党的领导是中国现代化到中国式现代化的跃升的关键所在，也是中国式现代化的核心要素。以马克思主义为科学理论指导，是与近代中国特定的社会历史条件和文化传统语境相符合相适应的，深刻地影响了中国近代史的发展进程和中国现代化的发展方向。首先，近代中国政治改革举步维艰、经济发展在夹缝中求生和文化转型进退维谷的客观现实境况，使得中国追求现代化陷入多重僵局，迫切需要一种科学理论指导走出困境。其次，20世纪初至五四运动前的近代中国在国内外一系列现实运动中发生了深刻性变化，促使马克思主义在中国的广泛传播并得到不少知识分子的认同，这些知识分子最终成为马克思主义者，马克思主义者与非马克思主义者进行了影响深远的三次大论争，更深入地促进了中国人民对于马克思主义的选择、接受和认同，同时为中国共产党这一先进政党组织的成立提供了必要的思想准备。

---

① 《毛泽东选集》第 3 卷，人民出版社，1991，第 832 页。

最后，马克思主义与中国式现代化在真理指导、理想同构、价值会通、精神契合等方面的内在关联，意味着马克思主义能够深刻塑造和改变中国式现代化，同时中国式现代化也能够不断丰富和发展马克思主义。

政党与现代化的交互逻辑说明了中国的现代化需要政党的引领和组织，更重要的是，近代中国探索现代化的一系列历史事实及其背后的经验教训充分说明，既不是某一特定集团或阶层也不是一般性的政党能够担负起实现中国式现代化的历史重任，而是需要先进的阶级及其组成的政党组织。中国场域中的先进政党就是中国的无产阶级政党——中国共产党，它一经成立就自觉地担负起探索和实现现代化的历史使命，初心使命的规定、先进理论的旗帜、组织体系的优势、自我革命的特质使得中国共产党成为中国式现代化的领导力量。由此，中国共产党领导中国人民持续不断地寻找和开辟一条适合中国基本国情的现代化之路，既彰显出先进政党高度的历史主体性和自觉性，又充分展现出中国共产党之"能"。

3. 中国式现代化归根结底是要开辟出一条适合中国国情的现代化道路

中国式现代化的问题在本质上就是道路问题。马克思主义这一科学理论进入中国并在中国得到广泛传播和认同，并不等于中国能够自然而然实现现代化；中国共产党这一先进政党成立之后，并不意味着中国能够轻轻松松实现现代化。实现现代化的根本立足点就是在实践中开辟出一条正确的现代化道路，质言之，要在实践中实现科学理论与先进政党的有机融合。

中国式现代化是在特定时空场域中选择道路，是以近代中国的独特历史背景为起点、以中国共产党发展历史为过程、以中国式现代化新道路创造为结果而呈现出独特性，进而不断生成和演绎出具有鲜明中国特色的现代化图景。纵观中国共产党领导中国人民百年奋斗实践的历史全过程，正是因为中国共产党自觉把马克思主义基本原理同中国具体实际相结合、同中华优秀传统文化相结合，充分发挥了马克思主义认识中国的"思想力量"和改造中国的"物质力量"，才创造了中国式现代化新道路。这条道路来之不易、成就不凡，是一条以民族复兴为目标导向、以党的领导为政治保证、以增容提质为内涵演进、以人民至上为价值取向、以独立自主为精神品格的现代化之路，承载着实现社会主义现代化、创造人民美好生活、实现中华民族伟大复兴、为人类社会发展进步作贡献的奋斗目标和价值诉求，既体现了人类社会现代化道路的一般规定性，又凸显了中国特色、中国风格、中国气派的鲜明独特性。

二　研究的未来展望

"中国式现代化史无前例"①，其本质内涵之丰富、发展成就之宏伟、历史影响之深远，可谓绝无仅有。这也意味着中国式现代化必然蕴藏着极具价值的理论富矿，值得人们从多维度、多学科的角度进行深度开掘。本书的尝试性研究仅为冰山一角，对于研究的不足还需要深度的批判和自我批判，对于研究的展望还需要更多的理论工作者参与其中，要为中国式现代化提供必要的理论解释和前瞻谋划。在这里，笔者试图提出若干需要继续拓展研究的问题及思考。

1. 阐释中国式现代化研究的基本概念

厘清基本概念是理论研究的逻辑起点。中国式现代化的实践历程并非一成不变，对之解释的概念单元也不一而足，诸如"中国式的现代化""中国式的现代化道路""中国式现代化新道路"等，严格意义上来说，这些概念的内涵与外延有着各自的边界、差异与特征，学界如何提炼出有较高共识度和解释力、能够阐释中国式现代化研究的基本概念则是一个关键问题。值得关注的是，学界以概念史研究的方法对中国式现代化研究的基本概念进行解读，但多是对"内涵扩展和变迁了什么"作了介绍与解读，却少有对"内涵为什么会扩展和变迁"进行深度解析与阐释。本书的着力点在于尝试从思想探源的角度追溯"中国式现代化"的历史起点，但是最终呈现出来的研究结果还是存在明显的遗缺，原因在于这一问题具有高度的复杂性，这个问题既涉及理论层面上"中国式现代化"相关基本概念的界定，又关涉实践层面上回答"中国式现代化"从何而来、向何而去的问题，期待同人进一步深入研究和解答。

2. 厘清中国式现代化研究的若干关系

中国式现代化，无论是内部还是外部，均存在互相作用、互相影响的若干对关系，但需要厘清和处理好的主要有三对关系。一是现代与传统的关系。这是一对历久弥新的关系，且要伴随中国式现代化的深入推进而流

---

① 《以中国式现代化推进中华民族伟大复兴（领航中国）》，《人民日报》2022年9月8日，第2版。

变。中国式现代化并非"飞来峰",也有自己的生长点和立足地即传统,而传统也非永恒,必然要被新的事物即现代所取代,对于有着数千年历史的中国,如何在中国式现代化的发展研究中处理传统与现代的关系十分必要。二是中国式现代化与人类文明新形态的关系。现代化是人类文明发展的路径和标识,中国共产党领导人民成功走出中国式现代化道路,创造了人类文明新形态,如何认识二者之间的关系,这不仅是解释中国社会历史发展大逻辑的需要,也是回应人类文明发展大趋势的需要。三是中国式现代化与其他国家现代化的关系。中国式现代化绝对不是国外任何国家现代化的翻版,但需要通过比较的方式求现代化发展规律之同,存各自现代化独特历史、独特文化、独特国情之异,共同呈现出世界现代化多元化道路和多样性图景。

3. 构建中国式现代化研究的知识体系

习近平总书记强调,"加快构建中国特色哲学社会科学,归根结底是建构中国自主的知识体系"。① 中国式现代化归根结底是一条自主创新、自我发展的现代化之路,研究和回答中国式现代化一系列重大理论问题和实践问题,必须用具有中国特色的哲学社会科学构建中国式现代化研究的知识体系。中国式现代化研究非一人能完成、非一学科能研透、非一时能完结,它是一项全方位多视域跨层次的创新性研究,涉及的学科领域多种多样,目前,学界多个学科领域的研究者从不同专业视角研究了中国式现代化的历史脉络、生成逻辑、历史成就及基本经验,展现出这一道路承载的丰富历史内涵和现实意蕴,诠释出这一道路蕴藏的理论特质和显著优势。但是,如何有效构建和呈现出中国式现代化研究的知识体系?换言之,如何实现中国式现代化研究从相对零散、碎片的知识点向完备性、整全性的知识体系转变?这一知识体系的构成涵括中国式现代化的基本概念、指标体系、战略框架、研究范式等若干要素,其重要功能就在于用中国自己的现代化理论来回应和解决中国式现代化一系列问题,拒斥那种照搬别国尤其是西方世界的现代化知识体系。

---

① 《习近平在中国人民大学考察时强调 坚持党的领导传承红色基因扎根中国大地 走出一条建设中国特色世界一流大学新路》,《人民日报》2022年4月26日,第1版。

"密纳发的猫头鹰要等黄昏到来时，才会起飞。"① 对中国式现代化研究不仅需要回溯反思，更需要"高卢雄鸡的高鸣"式的前瞻引领，唯有二者结合起来才有望推进中国式现代化的创新性研究。中国已经历史性地迈进了实现第二个百年奋斗目标的新征程，"从二〇二〇年到二〇三五年基本实现社会主义现代化，从二〇三五年到本世纪中叶把我国建成社会主义现代化强国"②，中国式现代化战略安排的时间表和路线图已经呈现在人们眼前，实践活动正紧锣密鼓地进行着，理论研究的脚步也应跟进甚至超越、引导，中国学者在广阔的实践舞台上开展中国式现代化研究，共同出谋划策，以中国式现代化推进中华民族伟大复兴，也就更有无比坚定的历史主动性和无比强大的前进动力。

---

① 《黑格尔著作集》第 7 卷，邓安庆译，人民出版社，2017，第 15 页。
② 《中共中央关于党的百年奋斗重大成就和历史经验的决议》，人民出版社，2021，第 71 页。

参考文献

一　马克思主义经典著作及党和国家重要文献

《马克思恩格斯全集》第 1 卷，人民出版社，1995。

《马克思恩格斯全集》第 10 卷，人民出版社，1998。

《马克思恩格斯全集》第 25 卷，人民出版社，2001。

《马克思恩格斯全集》第 29 卷，人民出版社，1972。

《马克思恩格斯文集》第 1 卷，人民出版社，2009。

《马克思恩格斯选集》第 1-4 卷，人民出版社，2012。

《列宁全集》第 23 卷，人民出版社，2017。

《列宁选集》第 1-4 卷，人民出版社，2012。

中国李大钊研究会编注《李大钊全集》第 3 卷，人民出版社，2013。

《李大钊文集》（上、下），人民出版社，1984。

《陈独秀文集》第 1-2 卷，人民出版社，2013。

《蔡和森文集》（上），人民出版社，2013。

《瞿秋白文集》（政治理论篇）第 2 卷，人民文学出版社，1985。

《毛泽东文集》第 3 卷，人民出版社，1996。

《毛泽东文集》第 6-8 卷，人民出版社，1999。

《毛泽东选集》第 1-4 卷，人民出版社，1991。

《毛泽东书信选集》，中央文献出版社，2003。

《周恩来选集》（下卷），人民出版社，1984。

《刘少奇选集》上卷，人民出版社，1981。

《邓小平文选》第 2 卷，人民出版社，1994。

《邓小平文选》第 3 卷，人民出版社，1993。

《胡锦涛文选》第 2 卷，人民出版社，2016。

《习近平谈治国理政》第 1 卷，外文出版社，2018。

《习近平谈治国理政》第 2 卷，外文出版社，2017。

《习近平谈治国理政》第 3 卷，外文出版社，2020。

习近平：《在纪念马克思诞辰 200 周年大会上的讲话》，人民出版社，2018。

习近平：《在庆祝中国共产党成立 100 周年大会上的讲话》，人民出版社，2021。

习近平：《在纪念辛亥革命 110 周年大会上的讲话》，人民出版社，2021。

习近平：《加强政党合作共谋人民幸福——在中国共产党与世界政党领导人峰会上的主旨讲话》，人民出版社，2021。

中共中央文献研究室编《毛泽东年谱（1949—1976）》第 2 卷，中央文献出版社，2013。

中共中央文献研究室编《周恩来年谱（1949—1976）》（上卷），中央文献出版社，1997。

中共中央文献研究室编《刘少奇年谱（1898—1969）》（下卷），中央文献出版社，1996。

《中国共产党第二次至第六次全国代表大会档案汇编》，人民出版社，1981。

中共中央党史研究室：《中国共产党历史 第 1 卷（1921—1949）》（上册），中共党史出版社，2011。

中共中央党史研究室：《中国共产党历史 第 2 卷（1949—1978）》（上册），中共党史出版社，2011。

《中国共产党简史》编写组编著《中国共产党简史》，人民出版社、中共党史出版社，2021。

中共中央文献研究室、中央档案馆编《建党以来重要文献选编（1921—1949）》第 1 册，中央文献出版社，2011 年。

《中共中央文件选集》第 3 册，中共中央党校出版社，1992。

中共中央文献研究室编《三中全会以来重要文献选编》（下），人民出版社，1982。

中共中央文献研究室编《十三大以来重要文献选编》（上），人民出版社，1991。

中共中央文献研究室编《十七大以来重要文献选编》（上），中央文献出版社，2009。

中共中央文献研究室编《十八大以来重要文献选编》（上），中央文献出版社，2014。

《中共中央关于全面深化改革若干重大问题的决定》，人民出版社，2013。

《中共中央关于坚持和完善中国特色社会主义制度　推进国家治理体系和治理能力现代化若干重大问题的决定》，人民出版社，2019。

《中共中央关于党的百年奋斗重大成就和历史经验的决议》，人民出版社，2021。

二　国内学者著作

《康有为政论集》上册，中华书局，1981。

《孙中山全集》第2、14卷，人民出版社，2015。

《孙中山选集》（上），人民出版社，2011。

《薛福成选集》，上海人民出版社，1987。

《饮冰室合集》第1—5册，中华书局，1989。

冯桂芬：《校邠庐抗议》，中州古籍出版社，1998。

龚书铎：《中国近代文化概论》，中华书局，1997。

郭建宁：《当代中国哲学》，复旦大学出版社，2008。

贺麟：《近代唯心论简释》，商务印书馆，2011。

贺麟：《文化与人生》，商务印书馆，2015。

胡绳：《从鸦片战争到五四运动》，人民出版社，2010。

蒋廷黻：《中国近代史》，上海古籍出版社，2002。

金耀基：《从传统到现代》，中国人民大学出版社，1999。

李连科：《中国哲学百年论争》，商务印书馆，2004。

罗荣渠：《现代化新论——世界与中国的现代化进程》，北京大学出版社，1993。

罗荣渠：《现代化新论——中国的现代化之路》（增订本），华东师范大学出版社，2013。

罗荣渠：《现代化新论续篇——东亚与中国的现代化进程》，北京大学出版社，1997。

罗荣渠主编《各国现代化比较研究》，陕西人民出版社，1993。

马建忠：《适可斋记言记行》，辽宁人民出版社，1994。

钱乘旦：《世界现代化历程》，江苏人民出版社，2015。

石仲泉：《〈毛泽东哲学批注集〉导论》，中共中央党校出版社，1988。

王韬：《弢园文录外编》，中华书局，1959。

魏源：《海国图志》上册，岳麓书社，2001。

吴忠民：《中国现代化论》，商务印书馆，2019。

谢立中、孙立平主编《二十世纪西方现代化理论文选》，上海生活·读书·新知三联书店，2002。

熊吕茂：《梁漱溟的文化思想与中国现代化》，湖南教育出版社，2004。

张君劢、丁文江：《科学与人生观》，岳麓书社，2012。

张君劢：《哲学与人生》，上海人民出版社，2020。

张琢：《九死一生——中国现代化的坎坷历程和中长期预测》，中国社会科学出版社，1992。

郑观应：《盛世危言》，中州古籍出版社，1998。

中国社会科学院近代史研究所编《范文澜历史论文选集》，中国社会科学出版社，1979。

邹容：《革命军》，中华书局，1971。

三　国外学者著作

〔德〕黑格尔：《历史哲学》，王造时译，上海书店出版社，2001。

〔美〕C·E. 布莱克：《现代化的动力》，段小光译，四川人民出版社，1988。

〔美〕成中英：《文化、伦理与管理——中国现代化的哲学省思》，贵州人民出版社，1991。

〔美〕吉尔伯特·罗兹曼主编《中国的现代化》，国家社会科学基金"比较现代化"课题组译，江苏人民出版社，1988。

〔美〕塞缪尔·P. 亨廷顿：《变化社会中的政治秩序》，王冠华、刘为等译，上海人民出版社，2015。

〔美〕塔尔科特·帕森斯:《社会行动的结构》,张明德、夏遇南、彭刚译,译林出版社,2012。

〔美〕西里尔·E·布莱克:《比较现代化》,杨豫译,上海译文出版社,1996。

〔美〕西蒙·库兹涅茨:《各国的经济增长》,常勋等译,商务印书馆,2011。

〔美〕伊曼纽尔·沃勒斯坦:《现代世界体系(第一卷)——16 世纪的资本主义农业和欧洲世界经济的起源》,郭方等译,社会科学文献出版社,2013。

〔美〕英格尔斯:《人的现代化》,殷陆君译,四川人民出版社,1985。

〔日〕富永健一:《社会结构与社会变迁——现代化理论》,董兴华译,云南人民出版社,1988。

〔以〕艾森斯塔德:《反思现代性》,旷新年、王爱松译,生活·读书·新知三联书店,2006。

〔以〕艾森斯塔德:《现代化:抗拒与变迁》,张旅平等译,中国人民大学出版社,1988。

四　中文学术论文

艾四林:《中国式现代化新道路的世界意义》,《马克思主义理论教学与研究》2022 年第 1 期。

陈理:《中国共产党与中国现代化》,《马克思主义与现实》2021 年第 2 期。

陈锡喜:《把握中国式现代化新道路对人类文明新形态贡献的方法论研究》,《思想理论教育导刊》2022 年第 3 期。

陈志刚:《中国式现代化及其规律性和多样性》,《马克思主义理论学科研究》2021 年第 5 期。

成龙、郭金玲:《中国共产党对中国现代化道路的百年探索》,《武汉大学学报》(哲学社会科学版)2021 年第 4 期。

戴木才:《深刻把握中国式现代化的丰富内涵》,《中国党政干部论坛》2020 年第 12 期。

董德福、齐培全:《论中国式现代化道路的独特性与超越性》,《思想教育研究》2022 年第 4 期。

董慧、汪筠茹：《中国式现代化道路的生态意蕴及其经验启示》，《湖北大学学报》（哲学社会科学版）2022 年第 3 期。

董慧：《中国共产党探索现代化道路的百年进程》，《人民论坛》2021 年第 32 期。

董慧：《中国式现代化道路的文明意蕴》，《思想理论教育导刊》2022 年第 3 期。

董慧：《中国式现代化新道路的深刻内涵与经验启示》，《学校党建与思想教育》2021 年第 13 期。

董志勇、毕悦：《中国式现代化的发生逻辑、基本内涵与时代价值——基于文明新形态的视角》，《政治经济学评论》2021 年第 5 期。

豆勇超：《百年中国式现代化探索：历程、成就与经验》，《中国延安干部学院学报》2021 年第 4 期。

段妍：《比较视域下中国式现代化道路的世界意义》，《东岳论丛》2022 年第 4 期。

段妍：《中国式现代化道路及其实践的世界意义》，《思想理论教育》2021 年第 8 期。

郭晗、任保平：《中国式现代化新道路的世界意义》，《国家治理》2021 年第 37 期。

韩爱勇：《中国现代化道路中的政治制度、政治理念及其世界贡献》，《东南学术》2022 年第 3 期。

韩庆祥：《论中国道路及其本源意义》，《中国特色社会主义研究》2020 年第 2 期。

韩喜平、郝婧智：《人类文明形态变革与中国式现代化道路》，《当代世界与社会主义》2021 年第 4 期。

韩喜平、郝婧智：《中国式现代化道路的世界意蕴》，《马克思主义理论学科研究》2022 年第 2 期。

何爱国：《新中国七十年现代化探索的演进》，《理论与现代化》2020 年第 1 期。

何爱平、李清华：《马克思现代化视野下中国式现代化道路的逻辑进路》，《中国特色社会主义研究》2022 年第 1 期。

何传启：《中国式现代化与全面建设现代化国家新征程》，《中国党政干部论坛》2020 年第 12 期。

何传启：《中国现代化进程的阶段划分与模式演进》，《人民论坛》2021 年第 24 期。

洪银兴：《论中国式现代化的经济学维度》，《管理世界》2022 年第 4 期。

胡鞍钢：《中国式现代化道路的特征和意义分析》，《山东大学学报》（哲学社会科学版）2022 年第 1 期。

胡洪彬：《中国式现代化新道路：生发逻辑、内在机理与成功密码》，《学术界》2021 年第 10 期。

胡绳：《〈从鸦片战争到五四运动〉再版序言》，《近代史研究》1996 年第 2 期。

黄宝成、周育国：《中国式现代化道路的内涵特质、原则遵循、实践方略》，《经济问题》2022 年第 2 期。

黄广友、韩学亮：《中国式现代化道路与人类文明新形态的生成——基于马克思恩格斯文明理论的分析》，《山东大学学报》（哲学社会科学版）2022 年第 3 期。

黄建跃：《从小康社会到美好社会：中国式现代化战略的演进》，《探索》2020 年第 6 期。

蒋永穆、祝林林：《中国共产党百年中国式现代化道路探索的历史经验》，《求是学刊》2022 年第 2 期。

鞠忠美：《中国式现代化新道路的形成逻辑》，《山东社会科学》2021 年第 12 期。

寇美琪、商志晓：《中国式现代化道路的创造性成就与创新性价值》，《东岳论丛》2022 年第 4 期。

李红军、刘晓鹏：《论中国共产党百年现代化建设的三重维度》，《青海社会科学》2021 年第 3 期。

李建平、叶静：《中国式现代化的特征、路径和优势》，《当代经济研究》2022 年第 1 期。

李俊文：《中国式现代化道路的理论内涵》，《马克思主义哲学》2021 年第 4 期。

李龙强、罗文东：《中国式现代化新道路：历程、特征和意义》，《马克思主义与现实》2021 年第 5 期。

李洋：《开创具有中国特色中国风格中国气派的现代化新道路》，《马克思主义研究》2021 年第 7 期。

林伯海、李潘：《正确把握中国式现代化新道路中的若干辩证统一关系》，《思想理论教育导刊》2021 年第 11 期。

林进平：《中国式现代化是推进中华民族伟大复兴的必由之路》，《中山大学学报》（社会科学版）2022 年第 3 期。

刘方平、吴争春：《中国式现代化的政治经济学分析：共同富裕及其建构逻辑》，《新疆社会科学》2022 年第 1 期。

刘军：《中国式现代化新道路的科学内涵与动力源泉》，《人民论坛》2021 年第 28 期。

刘守英：《中国式现代化的独特路径》，《经济学动态》2021 年第 7 期。

刘一博：《中国式现代化对破解历史周期率难题的探索与贡献》，《马克思主义理论教学与研究》2022 年第 2 期。

刘勇、章钊铭：《胸怀天下：中国式现代化道路的三重意蕴》，《江苏社会科学》2022 年第 3 期。

鲁明川：《中国式现代化道路的生成逻辑与世界意义》，《行政论坛》2021 年第 4 期。

罗平汉：《中国共产党与中国现代化》，《历史研究》2021 年第 2 期。

罗荣渠：《论一元多线历史发展观》，《历史研究》1989 年第 1 期。

马敏：《现代化的"中国道路"——中国现代化历史进程的若干思考》，《中国社会科学》2016 年第 9 期。

马敏：《中国式现代化新道路的历史演进及前瞻》，《历史研究》2021 年第 6 期。

孟鑫：《中国式现代化道路的显著特征》，《科学社会主义》2020 年第 4 期。

潘丽嵩、范晓阳：《中国式现代化新道路的传统文化底蕴研究——在"两个结合"中坚定中国特色社会主义理论自信》，《西北民族大学学报》（哲学社会科学版）2022 年第 1 期。

亓光、魏凌云：《习近平关于中国式现代化重要论述的理论阐释》，《行政论坛》2021 年第 6 期。

钱乘旦：《反现代化——一个理论假设》，《学术界》2001 年第 4 期。

邱海平：《中国共产党现代化思想的发展》，《理论与现代化》2021 年第 6 期。

任平：《论全面认识"中国式现代化新道路"的出场逻辑》，《阅江学刊》2022 年第 1 期。

任志江、林超、汤希：《从新民主主义工业化道路到中国式现代化新道路——中国共产党对现代化道路的百年探索》，《经济问题》2022 年第 2 期。

荣开明：《中国式现代化新道路几个基本问题的思考》，《江西师范大学学报》（哲学社会科学版）2021 年第 4 期。

阮博：《论理解中国式现代化新道路的辩证视域》，《社会主义研究》2021 年第 6 期。

桑明旭：《中国式现代化新道路与唯物史观的公共性逻辑》，《理论探索》2021 年第 5 期。

沈江平：《中国式现代化道路文化基因阐析》，《东南学术》2022 年第 3 期。

石建国：《中国共产党矢志现代化强国的百年历程及其启示》，《邓小平研究》2021 年第 5 期。

石建勋：《中国共产党领导中国现代化的历史进程、规律与基本经验》，《海南大学学报》（人文社会科学版）2021 年第 4 期。

宋学勤：《中国式现代化道路生成的历史逻辑》，《学术前沿》2021 年第 24 期。

宋艳华：《论中国式现代化的科学内涵、实践优势与价值超越》，《思想教育研究》2021 年第 12 期。

孙琳琼、解缙：《中国式现代化新道路深刻彰显历史辩证法意蕴》，《哈尔滨工业大学学报》（社会科学版）2022 年第 3 期。

孙照红：《"中国式"现代化：历程、特色和经验》，《中州学刊》2021 年第 2 期。

田鹏颖、崔菁颖：《唯物史观视域下的中国现代化道路探索》，《中国特色社会主义研究》2021 年第 1 期。

田旭明、李智利：《中国式现代化道路的发展伦理智慧》，《湖湘论坛》

2022 年 3 期。

涂良川：《中国式现代化新道路的三重逻辑》，《学术交流》2021 年第
12 期。

王福兴、尹勇：《中国式现代化道路的百年流变、评判依据以及核心特
质》，《高校马克思主义理论教育研究》2022 年第 1 期。

王水兴：《中国式现代化新道路与人类文明新形态》，《学术界》2021
年第 10 期。

王岩、吴媚霞：《中国式现代化新道路与人类文明新形态的内在逻辑理
路》，《思想理论教育》2021 年第 11 期。

王赟鹏：《中国共产党现代化道路的百年探索与基本经验》，《湖南科技
大学学报》（社会科学版）2021 年第 3 期。

王增智：《中国式现代化的世界历史意蕴及其意义》，《福建师范大学学
报》（哲学社会科学版）2022 年第 3 期。

王治东：《论中国式现代化新道路的三重逻辑特性》，《思想理论教育》
2021 年第 11 期。

辛向阳：《中国式现代化的三大特质》，《思想理论教育导刊》2022 年
第 3 期。

邢云文：《中国式现代化道路的世界历史意义》，《天津社会科学》2022
年第 1 期。

徐国民：《中国式现代化新道路的本质规定性及其方法论基础》，《理论
月刊》2022 年第 3 期。

徐建飞：《中国式现代化道路的生发脉络与世界意义》，《江苏社会科
学》2022 年第 3 期。

徐坤：《中国式现代化道路的科学内涵、基本特征与时代价值》，《求
索》2022 年第 1 期。

徐坤：《中国式现代化道路的哲学意蕴》，《人文杂志》2022 年第 3 期。

许耀桐：《中国共产党对中国式现代化新道路的百年探索》，《中共福建
省委党校（福建行政学院）学报》2021 年第 5 期。

姚新中：《传统与现代化的再思考》，《北京大学学报》（哲学社会科学
版）2015 年第 3 期。

阎树群、黎日明：《习近平关于中国式现代化新道路重要论述的原创性

贡献》，《学习论坛》2022 年第 3 期。

燕继荣：《中国共产党领导的中国现代化：探索、成就与经验》，《学术前沿》2021 年第 11 期。

燕连福：《中国式现代化的历史演进、内涵扩展和未来指向》，《西北师大学报》（社会科学版）2022 年第 3 期。

杨荣刚：《中国式现代化道路蕴含的辩证逻辑及其实践要求》，《马克思主义研究》2022 年第 2 期。

杨文圣、李旭东：《中国共产党百年现代化思想的演进与启示》，《天府新论》2021 年第 4 期。

杨章文：《论中国式现代化道路的整体性逻辑》，《探索》2022 年第 1 期。

仰海峰：《中国式现代化的特点》，《马克思主义理论教学与研究》2022 年第 1 期。

于安龙：《习近平关于中国式现代化重要论述的新贡献》，《经济学家》2022 年第 3 期。

于安龙：《中国式现代化发展动力论析》，《上海经济研究》2022 年第 5 期。

于金富、郑锦阳：《中国式现代化新道路形成的历史逻辑、制度逻辑与实践逻辑》，《经济纵横》2022 年第 2 期。

运迪：《中国式现代化新道路对人类文明的新贡献》，《同济大学学报》（社会科学版）2021 第 6 期。

臧峰宇：《中国式现代化新道路的哲学内涵》，《中国人民大学学报》2021 年第 4 期。

张波、孙振威：《论新时代中国式现代化新道路内在逻辑及世界意蕴》，《贵州社会科学》2022 年第 2 期。

张浩、邹志鹏：《在比较中彰显中国式现代化道路的优越性》，《贵州社会科学》2022 年第 1 期。

张恺、孙培军：《共同富裕是中国式现代化的鲜明特征》，《湖北行政学院学报》2022 年第 2 期。

张润峰、梁宵：《中国式现代化道路的结构要素及辩证逻辑》，《西安财经大学学报》2022 年第 2 期。

张神根、黄晓武：《改革开放与中国式现代化新道路》，《马克思主义与现实》2022 年第 1 期。

张晓明：《中国式现代化新道路通向人类文明新形态》，《特区实践与理论》2022 年第 1 期。

张艳涛、王婧薇：《中国式现代化的基本内涵及其开创意义》，《中国浦东干部学院学报》2021 年第 6 期。

张跃国：《中国式现代化及其生成条件》，《开放时代》2022 年第 1 期。

张占斌、王学凯：《中国式现代化：理论基础、思想演进与实践逻辑》，《行政管理改革》2021 年第 8 期。

张占斌：《中国共产党领导中国式现代化的经验启示》，《学术前沿》2021 年第 22 期。

赵昌文：《中国式现代化道路对人类文明的主要贡献》，《红旗文稿》2021 年第 24 期。

赵义良：《中国式现代化的本质意蕴与价值追求》，《中国特色社会主义研究》2022 年第 1 期。

中共天津市委党校课题组：《习近平关于中国式现代化新道路重要论述的理论贡献》，《天津行政学院学报》2022 年第 2 期。

钟慧容、刘同舫：《中国共产党现代化事业的百年历程与经验》，《北京师范大学学报》（社会科学版）2021 年第 4 期。

周康林：《中国式现代化道路的哲学意蕴探析》，《中国特色社会主义研究》2022 年第 1 期。

朱丽颖、张小鹏：《中国式现代化新道路的世界历史定向》，《理论探讨》2022 年第 2 期。

邹一南：《中国式现代化新道路的时空特征与实践逻辑》，《理论视野》2022 年第 3 期。

李娟：《中国社会史大论战的来龙去脉》，《中国社会科学报》2017 年 2 月 21 日。

秦宣：《中国式现代化是"五个文明"相协调的现代化》，《光明日报》2022 年 5 月 27 日。

唐爱军：《中国式现代化的"并联式"逻辑》，《中国社会科学报》2022 年 4 月 26 日。

王衡：《中国式现代化新道路的要义与优势》，《中国社会科学报》2021年12月1日。

郑敏：《深刻把握中国式现代化新道路的出场语境》，《社会科学报》2021年11月11日。

后 记

"中国式现代化"，是中国共产党第二十次全国代表大会备受关注的焦点之一。

现代化源于西方而风行于世界，但今日之世界现代化，已非西方现代化之初的现代化。从现代化到中国式现代化，中国经历了怎样的思想论争？又经历了怎样的实践探索？曾经奉为"不二选择"的西方现代化模式如何走向穷途末路？我们又如何一步步开拓了中国式现代化之路？这是本书作者努力探索的问题。

从现代化到中国式现代化，这条道路的探索无比艰辛与曲折。从鸦片战争到洋务运动，从戊戌维新到辛亥革命，从新文化运动到五四运动，代代仁人志士抛头颅洒热血，在探寻中国的现代化之路上困顿前行。中国共产党把马克思主义基本原理同中国具体实际相结合、同中华优秀传统文化相结合，团结带领中国人民为实现中华民族伟大复兴付出艰巨努力，创造出了一个个世所罕见的奇迹，成功探索创造出中国式现代化道路。

中国共产党第二十次全国代表大会报告提出：从现在起，中国共产党的中心任务就是团结带领全国各族人民全面建成社会主义现代化强国、实现第二个百年奋斗目标，以中国式现代化全面推进中华民族伟大复兴。

中国式现代化是中国共产党领导的社会主义现代化，既有各国现代化的共同特征，更有基于自己国情的中国特色。中国式现代化是人口规模巨大的现代化、全体人民共同富裕的现代化、物质文明和精神文明相协调的现代化、人与自然和谐共生的现代化、走和平发展道路的现代化。中国式现代化的本质要求是：坚持中国共产党领导，坚持中国特色社会主义，实现高质量发展，发展全过程人民民主，丰富人民精神世界，实现全体人民共同富裕，促进人与自然和谐共生，推动构建人类命运共同体，创造人类文明新形态。与此同时，我们的现代化兼收并蓄，是在对西方现代化与后现代化扬弃的基础上选择的中国式现代化之路。

中国式现代化的推进和拓展，让中华民族伟大复兴迎来前所未有的光明前景。对中国式现代化的理论溯源、前瞻思考、战略谋划、科学布局、整体推进是一项需要长期研究和探索的重大课题，本书力求成为研究这一课题的一块砖、一片瓦。但囿于专业水平和研究能力，本书难免挂一漏万，敬请学界同仁、广大读者批评指正，以使其日臻完善。感谢中南大学熊吕茂教授对本书选题的启蒙。在本书写作过程中，作者参考了国内外专家学者的研究成果，行文中尽量一一注明出处，未能详尽列出的文献在此一并表示歉意和感谢。社会科学文献出版社的领导为本书的顺利出版付出了辛勤劳动；西南财经大学马克思主义学院院长、博士生导师唐晓勇教授慷慨为本书赐序，是对我们研究团队的肯定和鼓励。在此，一并致以衷心的感谢！

本书是西南民族大学马克思主义学院"中国式现代化研究团队"集体研究成果。刘松涛主要负责书稿统筹规划、修改完善和统稿工作；建红英撰写第一、二、三、四章；薛小平撰写绪论、结语、第五、六、七章。在书稿写作过程中，我们深切感受到了团队协作对科学研究的重要性，无论是选题、书名、研究框架和行文风格，都体现了集体智慧和力量。这一阶段性成果，增强了我们在学术探索之路上的坚定与执着。愿我们团队心怀学术梦想，在有组织的科学研究中继续前行。

感谢学校对马克思主义理论学科的重视。本书出版受西南民族大学"双一流"建设专项引导资金（MKS2023021）资助，也是马克思主义理论博士点培育学科系列成果之一。

作 者

2023 年 7 月

图书在版编目（CIP）数据

从现代化到中国式现代化 / 建红英，刘松涛，薛小
平著. -- 北京：社会科学文献出版社，2024.1（2024.10 重印）
ISBN 978-7-5228-1573-2

Ⅰ.①从…　Ⅱ.①建…②刘…③薛…　Ⅲ.①现代化
建设-研究-中国　Ⅳ.①D61

中国国家版本馆 CIP 数据核字（2023）第 049398 号

从现代化到中国式现代化

著　　者 / 建红英　刘松涛　薛小平

出 版 人 / 冀祥德
责任编辑 / 王玉敏
文稿编辑 / 陈　冲
责任印制 / 王京美

出　　版 / 社会科学文献出版社·马克思主义分社（010）59367126
　　　　　　地址：北京市北三环中路甲 29 号院华龙大厦　邮编：100029
　　　　　　网址：www. ssap. com. cn
发　　行 / 社会科学文献出版社（010）59367028
印　　装 / 三河市尚艺印装有限公司

规　　格 / 开　本：787mm × 1092mm　1/16
　　　　　　印　张：16.25　字　数：265千字
版　　次 / 2024 年 1 月第 1 版　2024 年 10 月第 3 次印刷
书　　号 / ISBN 978-7-5228-1573-2
定　　价 / 89.00 元

读者服务电话：4008918866